미래를 바꾼

디자인 전쟁

디자인 분쟁사례를 통해 배우는
지식재산권의 역사와 미래

손동주 · 신윤선 · 이정목

박영사

추천글

디자인의 세계는 아름다움과 혁신의 전시장이자, 창작자들의 치열한 전장입니다. “미래를 바꾼 디자인 전쟁”은 이러한 전장을 세밀하게 조명하며, 디자인과 지식재산권이 우리 사회에서 어떻게 혁신과 발전에 기여했는지 그리고 왜 중요한지를 깊이 있게 다루고 있습니다.

저는 LG에서 제품 선행디자인 개발과 디자인 양산 업무를 수행하며 체득한 디자인과 기술의 융합, 특허청과 특허심판원에서 지식재산권을 다루며 깨달은 법적 보호의 필수성 그리고 대학에서 학생들에게 디자인을 가르치며 느낀 교육의 중요성을 이 책에서 발견하게 되어 너무나도 반가웠습니다. 이 책은 현대 대기업들 사이의 디자인 분쟁부터 디자인권의 국제적 보호, 지식재산권의 미래에 이르기까지 다양한 주제를 시대의 흐름에 맞게 다루고 있습니다. 또한, 디자인 특허 관련 규정을 현대화하는 데 밑거름이 된 대표적인 디자인 분쟁인 삼성과 애플 사이의 ‘스마트폰 전쟁’과 같은 현대적 사례를 통해 이론이 실제로 어떻게 적용되는지를 보여주고 있습니다.

“미래를 바꾼 디자인 전쟁”은 디자인과 지식재산권에 대한 새로운 시각을 제시하는 흥미진진한 책입니다. 이 책은 디자인이 우리의 삶과 사회에 미치는 영향과 함께, 지식재산권이라는 중요한 개념에 대한 깊은 이해를 제공합니다.

각기 다른 디자인 분야에서 활동해 온 저자들은 디자인의 역사부터 현대의 대기업 간의 디자인 분쟁에 이르기까지 다양한 주제를 다루며, 독자들에게 디자인과 지식재산권의 상호작용을 탐구하는 기회를 제공합니다. 각 장마다 다양한 사례와 저자들의 오랜 실무 경험에 의한 이야기가 함께해 여러분들은 이 책을 통해 디자인이 어떻게 세상을 변화시키고, 지식재산권이 현대의 우리 사회에 영향을 미쳐왔는지 이해하게 될 겁니다.

다시 말해, 이 책은 입문자부터 숙련자까지 다양한 독자들에게 유익한 책입니다. 디자인과 지식재산권에 대한 이해를 이야기 형식으로 구성하여 처음 입문하는 사람도 쉽게 접근할 수 있습니다. 각 장마다 흥미로운 이야기와 실제 사례를 담아 지식재산권의 중요성을 보여주며, 이를 통해 복잡한 개념을 쉽게 이해할 수 있습니다. 또한, 지식재산권에 어느 정도 식견이 있는 분이라면 새로운 관점과 발상의 전환을 유도하는 데 도움이 될 수 있는 내용을 담고 있습니다. 디자인과 지식재산권에 대한 기본적인 이해를 원하는 입문자들에게는 친숙한 스토리 형태로 구성되어 있어 쉽게 이해할 수 있으며, 숙련자에게는 새로운 시각과 인사이트를 제공해 발전할 수 있는 책입니다.

독자 여러분도 '로베르트'와 함께 디자인과 지식재산권의 세계를 탐험해 보면 좋을 것 같습니다.

"미래를 바꾼 디자인 전쟁"은 디자인 분야에 관심 있는 모든 분에게 추천하고자 합니다. 이 책은 디자인의 역사적인 측면부터 현대적인 대기업 간의 디자인 분쟁까지 다양한 주제를 다루고 있습니다. 또한, 지식재산권과의 관련성을 강조해 독자들에게 다양한 시각과 관점을 제공합니다. 이 책에서는 실제 디자인 분쟁사례와 저자의 경험을 통해 지식재산권의 중요성을 설명하고, 이를 통해 이론뿐만 아니라 현실에서 일어난 사례를 제시하고 있어 지식재산권을 이해하는 데 도움을 주고 있습니다. 이와 더불어 지식재산권이 단순히 개인의 이익만을 위한 것이 아니라 사회적으로도 중요하다는 것을 강조하고 있는데, 지식재산권이 어떻게 혁신과 발전을 끌어내는지 또한 그것이 사회적 가치를 창출하는 데 어떤 역할을 했는지에 대해서도 설명하고 있습니다. 무엇보다 이 책은 독자들에게 기존의 생각을 뒤집거나 새로운 시각을 제시하는 데 주력하고 있습니다. 지식재산권이 창작자와 디자이너뿐만 아니라 모든 이들에게 중요하다는 것과 이를 보호하는 것이 혁신과 발전의 핵심이라는 인식을 '로베르트'라는 인물을 통해 독자들에게 전하고 있어 기존의 디자인이나 지식재산권 관련 책들과 차별화하고 있어 우리에게 다양한 지식과 인사이트 그리고 이야기를 제공합니다.

지식재산은 새로운 아이디어를 가진 사람이라면 공정한 과정을 거쳐 누구나 획득할 수 있는 21세기형 자산입니다. 독일의 법학자 루돌프 본 예링(Rudolf von Jhering)은 "권리 위에 잠자는 자는 보호를 받지 못한다"라고 말했습니다. 이는 자신의 권리를 주장하지 않고 지키려고 노력하지 않으면 마땅히 누려야 할 권리도 침해당할 수 있다고 말합니다. 창작자의 권리를 넘어 다양한 부가가치를 창출하는 소중한 지식재산은 제대로 보호받지 못하고 그 중요성을 인식하지 못한다면 훌륭한 창작자와 디자이너는 더 이상 나타나지 않을지도 모릅니다.

마지막으로 이 책은 디자인과 지식재산권에 대한 깊은 이해를 바탕으로, 창작물의 가치를 인정하고 보호하는 문화를 만들어 가는 데 기여하리라 생각합니다. 모든 창작자, 디자이너, 법률 전문가 그리고 이 분야에 관심 있는 사람들에게 이 책은 필독서가 될 것이라 생각합니다.

이 책은 우리에게 디자인의 진정한 가치와 그것을 왜 보호해야 하는지를 다시 한번 깨닫게 합니다.

저는 디자인과 지식재산권에 직접적인 관여를 해온 창작자였고, 법적 보호를 담당한 관리자였고, 지금은 교수로서 이를 가르치는 수혜자였기에 디자인과 지식재산권의 사회적 가치가 얼마나 중요한지를 잘 알고 있는 사람입니다. 디자인과 지식재산권에 관심이 있는 분 그리고 자신이 저자나 창작자가 되고자 하는 분에게 꼭 읽어야 할 책이라고 생각합니다. 이 책을 통해 우리들은 디자인과 지식재산권에 대한 이해와 통찰을 얻을 수 있을 뿐 아니라, 우리가 살아가는 이 사회의 변화와 혁신에 대한 이해를 넓힐 수 있을 겁니다.

건국대학교 산업디자인학과 박해림 교수

'지키느냐 뺏기느냐, 이것이 문제로다'

이 책은 우리의 일상을 더 아름답고 풍요롭게 하는 디자인이라는 창조적 영역과 그 당연한 권리를 지키려는 노력에 관한 이야기입니다.

사람의 마음을 사로잡는 디자인이 기업의 가치, 새로운 성장동력이 된 지금, 지식재산권 방어는 기업과 창작자의 운명을 결정할 생존 과제처럼 중요합니다.

또 지식재산권은 보호받을 때 창의적인 활동과 결과물들이 풍성하게 꽃필 수 있음은 당연합니다.

저자들은 시대를 넘나드는 로베르트를 통해 디자인권과 지식재산권에 대한 궁금증을 함께 풀어가는 의미 있는 여정을 선사합니다.

저자들은 오랜 현장 실무 경험을 가진 디자이너로서 지식재산권의 분쟁을 다양한 역사적인 사례를 통해 재미있게 들여다봅니다.

저작권분쟁의 시작이 된 15세기 독일의 인쇄공 '요하네스 구텐베르크' 금속활자 인쇄술과 권리에 대한 새로운 이해를 가져다준 영국 왕실의 권력과 저작권의 역사도 흥미롭습니다.

저작권법의 역사적 전환점이 되었던 16세기 말 셰익스피어 시대와 17세기 말 저자들의 반란, 18세기 앤 법령, 창작자의 권리와 그들의 작품이 어떻게 보호되어야 하는지에 대한 논의를 촉발한 19세기 '프랑켄슈타인'의 저자 '메리 셸리'의 저작권 소송, 20세기 RCA와 판스워스의 텔레비전 특허 전쟁과 슈퍼맨 캐릭터 저작권 전쟁, 21세기 SCO 그룹과 IBM 간의 리눅스 관련 저작권 침해 소송 등 시대별 다양한 분쟁 사례를 보여줍니다.

오랜 기간 글로벌 이슈가 되었던 삼성과 애플의 7년 전쟁은 디자인의 지식재산권이 미래의 시장 주도권을 선점하기 위해 어떻게 상대의 사업 활동을 제한하고 압박하는지, 그 이면의 전략적 의도를 보여주기도 합니다. 또 기술과 디자인의 중요성 그리고 지식재산권의 힘이 얼마나 중요한지를 잘 설명하고 있습니다.

세계적인 기업들의 디자인 분쟁 사례만 보더라도 2011년 LG와 소니, 2015년 아디다스와 스케쳐스, 2016년 나이키와 스케쳐스, 2017년 애플과 스와치, 2018년 구찌와 포에버21, 2019년 레고와 레핀, 2021년 삼성과 화웨이, 2022 애플과 샤오미의 소송이 끊임없이 일어났습니다. 글로벌 시장에서 디자인 경쟁이 얼마나 치열한지를 말해줍니다.

디자인 분쟁은 디자인의 독창성과 저작권의 불명확성 때문에 생겨납니다. 따라서 디자인권, 상표권, 특허권 등 지식재산권의 법적 보호를 활용하는 것이 중요합니다.

기술의 발전과 환경의 변화에 따라 디자인 분쟁도 더 복잡해집니다. 기업들도 지식재산권을 어떤 범주에서 관리하고 경쟁 기업의 전략에 어떻게 대응해야 하는지가 생존을 위한 중요한 전략이 되는 시대가 됐습니다.

지식재산권은 단순히 보호만을 의미하는 것이 아니라 그것을 바탕으로 한층 더 발전된 창작과 가치 창출을 위해서도 지켜져야 하는 약속입니다.

무기는 디자인이고, 방패는 지식재산권이란 말처럼 이 책은 창작의 권리를 지켜내려는 저자들의 절규처럼 다가오기도 합니다.

창작에 종사하는 모든 이들에게 이 한 권의 책이 좋은 길잡이가 되기를 응원합니다.

동아일보사 스포츠동아 안도영 기자

등장인물

• 로베르트(Robert): 이탈리아 베네치아의 발명가로 디자인의 지식재산권 등을 활용해 자신의 발명품을 거대 기업 '테크놀리아'에 맞서 싸우는 선구자

시대적 배경: 15세기의 인물로 역사의 흐름을 따라 15세기부터 현재까지 시대를 넘나드는 인물

30대

40대

50대

60대

• 저자: 디자인 전문가이며, 디자인권과 지식재산권의 조예가 깊은 인물

시대적 배경: 현대의 인물로 현재와 과거를 넘나드는 로베르트에게 영감을 주고 디자인권과 지식재산권의 중요성을 알려주며, 로베르트와 함께 이야기를 이끌어가는 인물

• 그 외: 베네치아 발명가, 셰익스피어, 메리 셸리, 프랑켄슈타인, 필로 테일러 판스워스, 슈퍼맨, 제리 시겔, 조 슈스터, 크리스틴 피터슨

• 기업: 테크놀리아(가상의 기업), 삼성, 애플, 화이트 스미스, 아폴로, RCA, 필로 테일러 판스워스, DC Comics, SCO Group, IBM, LG, 소니, 아디다스, 스케쳐스, 나이키, 스와치, 구찌, 포에버21, 레고, 레핀, 화웨이, 샤오미

독자에게 전하는 말

사랑하는 독자 여러분!

우리가 매일 마주하는 디자인의 세계가 얼마나 깊고, 복잡하며, 때로는 전쟁터와도 같은지 이 책을 펼친 여러분과 함께 공유하고자 합니다. 디자인이라는 단어에서 우리가 흔히 떠올리는 것은 아름다움, 혁신, 심미적 즐거움일지 모릅니다. 하지만 그 이면에는 창작자의 땀과 고뇌 그리고 지적재산을 지키기 위한 치열한 싸움이 있습니다.

이 책을 통해 디자인의 세계 속에서 벌어지는 지식재산권의 분쟁을 조명하려 합니다. 이 분쟁을 단순히 나열하려는 것이 아닙니다. 디자인과 지식재산권이 우리 사회에서 어떻게 혁신과 발전에 이바지했는지 그리고 이러한 지식재산권이 왜 중요한지 독자 여러분의 이해를 돕고자 합니다. 특히, 이 시대를 살아가는 여러분에게 이 메시지를 꼭 전하고 싶습니다.

우리 사회는 정보의 바다에서 아이디어를 쉽게 소비합니다. 하지만 그 출처와 가치를 생각하지 않는 일이 잦습니다. 중요한 것은, 모든 아이디어 뒤에는 사람들의 소중한 노력이 있다는 사실입니다. 디자인과 같은 창의적 활동의 결과물 또한 예외가 아닙니다. 우리가 매일 접하는 수많은 디자인, '한 장의 사진에서부터 스마트폰에 이르기까지….' 이 모든 것은 사람들의 창의성과 혁신의 산물입니다. 그리고 이를 보호하는 것이 바로 지식재산권입니다. 디자인과 지식재산권에 대한 이해를 돕는 것과 아울러 이를 존중하고 보호하기 위한 노력을 촉구하고자 합니다. 디자인과 지식재산권은 개인의 소유물이지만, 사회를 발전시키고 그로 인해 혜택을 누리는 것은 우리 모두이기에 이를 사회적 자산이라 할 수 있습니다. 무엇보다 이 시대를 살아가는 우리가 디자인과 지식재산권의 진정한 가치를 인식하고, 창의적인 활동에 대한 존중과 더불어 보호의 중요성을 깨닫는 계기가 되기를 희망합니다.

디자인의 세계가 단순히 아름다움을 넘어, 사회와 문화에 얼마나 큰 영향을 미치는지를 알리고자 합니다. 또한, 지식재산권이 단순한 법적 용어가 아니라, 우리 모두의 창의성과 혁신을 보호하는 강력한 도구이며, 그 수혜자도 우리임을 기억해 주시길 바랍니다.

당신의 창의력이 오늘도 빛나길 바라며….

The Beginning

이 책은 디자인권과 지식재산권에 대한 근본적인 이해와 중요성을 알리는 데 중점을 두었습니다. 저자들은 각각 건축디자인, 산업디자인, 공공디자인 등 폭넓은 디자인 분야에서 20년 이상의 풍부한 실무 경험을 가진 디자이너로서 자신들의 전문 지식과 경험을 바탕으로, 박사학위 논문이 담고 있는 복잡한 개념과 이론을 독자분들에게 재미있고 생동감있게 전달하고자 집필을 시작하였습니다.

저자들의 목표는 학문적인 연구 결과를 단순히 소개하는 것을 넘어서, 다양한 사례를 통해 지식재산권이 우리 사회와 일상에 끼치는 실질적인 영향을 알리는 데 있습니다. 이를 통해 지식재산권이 전문 분야의 영역이 아니라, 모두의 일상생활에 깊숙이 관련되어 있음을 알리고자 합니다. 디자인권과 지식재산권에 대한 사회적 인식을 높이고, 이런 개념들이 우리 일상에 유연하게 적용되어 지속가능하기를 희망합니다.

지식재산권의 역사적 발전 과정과 현재 우리 사회에서의 역할을 설명하면서, 디자인권을 포함한 지식재산권이 창작자의 권리를 보호하고, 창의적인 활동을 장려하는 데 기여할 수 있음을 이 책을 읽는 분들에게 보여주고자 합니다. 그럼으로써 지식재산권을 존중하고 보호하기 위한 노력에 한 걸음 더 나아갈 수 있을 것입니다.

현재의 관점에서 디자인권과 지식재산권에 대한 이해를 바탕으로, 창작물의 가치를 인정하고 보호하는 문화를 만들어 가는 데 기여하길 바라며, 여러분 나름의 모순을 살피며 실질적인 사유를 불러오는 데 작은 역할이나마 하길 기대합니다.

목차

디자인의 궁금증
그 이야기를
전하면서….

디자인의 전쟁

디자인의 궁금증을 전하면서….

속담

로베르트는 "책 도둑은 도둑이 아니다"라는
한국의 속담을 처음 들었을 때, 그 속에 담긴 의미를 알지 못했다.
"도둑이면 다 같은 도둑이지…. 왜 책 도둑은 도둑이 아니지?"
도둑질 자체를 용서하지는 않지만, 배우려는 사람에 대해선 관대하다는 말을 듣고 한국 문화를 이해하게 되었다.
그런데도 로베르트의 머릿속에는 한 가지 의문이 남았다.
이것이 한국의 문화라고 하더라도 여전히 '책 도둑도 도둑'이라는 생각을 쉽게 떨칠 수 없었다. 이러한 의문은 그가 한국의 문화와 사회에 깊은 관심을 끌게 된 계기였다는 것을 나중에야 깨닫는다.
한국 사람들이 지식과 학문을 존중하고 배우려는 사람에 대한 관대함을 갖고 있다는 것을 이해하는 데 도움이 되었다.
한국 사람들이 지식에 대해서 관용을 가지고 있다는 것을 알게 된 후, 그 의문은 풀렸다. 책을 훔친 것이 배우고자 하는 욕구에서 비롯되었다면, 그것은 도둑질이 아니라는 생각이었다.
한국 사회와 문화가 어떻게 지식재산권[1]에 대해 사회적 관용을 보일 수 있는지 궁금했다. 이런 생각들이 로베르트를 한국에 더욱 깊은 호기심을 갖게 했다.

1 지식재산권(知識財産權, Intellectual Property): 인간의 창조적 활동 또는 경험 등을 통해 창출하거나 발견한 지식·정보·기술이나 표현, 표시 그 밖에 무형적인 것으로서 재산적 가치가 실현될 수 있는 지적 창작물에 부여된 재산에 관한 권리를 말한다(출처: 나무위키).

언어

로베르트는 도서관 창가에 앉아 한국어로 된 책을 읽다가 '우리'라는 단어가 빈번하게 사용되는 것을 발견한다.

로베르트는 이 단어에 이유 모를 관심이 생겨났다.

그리고, '우리'가 나타내는 한국의 사회적 정체성도 궁금해졌다.

"'우리'라는 말이 한국의 언어와 문화에 깊이 뿌리내린 것 같아!"

로베르트는 혼잣말로 중얼거렸다.

그는 자신이 혼자서 질문하고 답하는 습관을 또다시 보여주고 있었다.

그의 생각은 과거로 떠나고 있다.

어릴 적 로베르트는 베네치아의 작은 마을에서 자랐다.

고향에서는 개인주의가 일상이었고, '내'가 중심이었다.

한국어 공부를 시작한 지 얼마 되지 않았지만, 그는 이미 '우리'라는 단어가 지니는 무게와 의미에 매료되고 있었다.

그러나 이 책을 통해 그는 한국 문화가 집단주의적 가치를 얼마나 중요시하는지를 깨닫기 시작한다.

'우리'라는 단어가 한국 사회의 정체성을 나타내는 것만 같았다.

언어는 국가와 민족 그리고 지역을 대표하며, 오랜 시간 동안의 사회적 약속이 담겨 있다.

자기 고향인 이탈리아에 있을 때, 그는 자주 "Mio Paese(내 나라)" 혹은 "La mia famiglia(내 가족)" 같은 표현을 사용했다.

또한 이탈리아도 파시즘 시절을 거쳤지만 '우리나라'라는 표현을 사용하지 않았다.

더불어 한국처럼 '우리'라는 표현을 쓰지 않을뿐더러 이렇게 많은 '우리'를 사용하지 않았다.

하지만 한국은 '우리' 집은 물론이고, 자신의 아이나 부모까지도 '우리'를 붙여서 사용하고 있었다.

하물며, 자기의 부인도 '우리'라는 말을 붙여 사용한다.

한국 사람은 여기에 더해 자신들의 나라를 '우리나라'라고 부른다.

로베르트에게 한국은 매우 흥미로운 나라로 다가왔다.

그의 머릿속에는 질문들이 떠올랐다.

"'우리'라는 말은 한국 사람들에게 어떤 의미일까? 그리고 그들의 일상에서 이 단어는 어떻게 사용될까?"

로베르트는 책을 덮고, 이 생각들을 가지고 조용히 도서관을 떠났다.

그는 이 미지의 문화에 대한 탐구를 계속하기로 마음먹었다. 내일이면 한국 친구와의 만남이 예정되어 있었고, 그는 친구에게 더 많은 것을 물어보고 싶었다.

뉴스

로베르트가 한국에 관심을 끌게 된 결정적 계기는 삼성과 애플 사이의 디자인권 분쟁을 접하면서부터였다.

지식재산권, 특히 자신의 모국 이탈리아의 베네치아에서 시작된 특허법[2]에 관심이 많았던 그는 이 분쟁으로 한국이라는 나라에 대해 더 알고 싶어졌다.

한국 친구들로부터 "책 도둑은 도둑이 아니다"라는 속담을 들었을 때, 그는 단순히 고개를 갸우뚱하는 것을 넘어서, '한국은 지식재산권에 대해 얼마나 이해하고 있을까?'라는 의문이 들기 시작했다.

그의 생각에, 한국의 특허 논쟁의 원인이 이러한 사회적 상황이 되었을지도 모른다고 여겼다.

그는 자신의 나라에서는 책과 같은 지식을 재산으로 취급하는 것과 달리, 한국에서는 책과 지식을 같은 재산권으로 보지 않는 듯했다.

---

2 특허법(特許法): 발명을 보호·장려하고 기술의 발전을 촉진하여 산업의 발전에 이바지하기 위해 만든 법이다. 특허권의 사용을 제어하는 법안을 말한다(출처: 국가법령정보센터).

이러한 차이점은 로베르트의 관심을 유럽과 아시아, 특히 한국의 지식재산권에 관한 접근으로 이끌었다.
특히 이 문화적 차이가 그를 매료시켰다.
'이것은 유럽과 한국 사이의 문화적, 사상적 차이 때문에 벌어진 일인가?'
로베르트는 생각에 잠겼다.
한국은 지식을 재산화하는 경향이 적어 보였다.
'이것이 그들의 정체성을 나타내는 걸까?'
그는 또다시 생각에 잠겼다.
'한국인들은 지식을 자기 것처럼 자연스럽게 사용하는데, 이는 소유에 대한 인식이 낮은 걸까?'
그는 깊은 생각에 빠졌다.
'한국인들은 지식을 자유롭게 사용하는 것 같아. 그들에게 소유란 무엇일까? 이러한 문화적 차이가 무엇일까?'
이것이 지식재산권에 어떤 영향을 미쳤는지에 대한 호기심이 그의 마음을 더욱 사로잡았다.
그의 마음속에서는 지식재산권 문제에 대한 끝없는 호기심과 질문들이 쏟아지고 있었다.
그는 고대부터 현대에 이르는 지식재산권의 역사를 알고 싶어졌다.
로베르트는 이러한 이해를 바탕으로 지식재산권이 어떻게 사회의 바탕을 이루고, 다시금 사회에 영향을 미치는지 알고 싶었다.
그는 유럽의 지식재산권이 주로 개인의 창작물을 보호하는 데 중점을 둔다면, 한국에서는 지식과 정보의 공유가 더욱 강조되는 문화적 배경에 대해 이해하고 싶어졌다.
그는 양국의 문화적, 법적 차이가 현대의 국제화된 세계에서 어떻게 상호작용하며, 이러한 차이가 미래의 지식재산권 정책과 국제적 협력에 어떤 영향을 미칠지 그 실상을 정확하게 알고 싶었다 .
이러한 사실을 인지하면서, 로베르트는 한국 사회에서 지식재산권에 관한 태도가 그들의 역사적 경험과 깊이 연결되어 있음을 조금씩 이해하기 시작한다.

과거부터 이어져 온 집단주의와 공동체 의식이 개인의 창작물보다는 공공의 지혜와 지식을 중시하는 경향 때문에 영향을 미쳤다고 생각했다.

로베르트의 호기심은 더욱 깊은 곳으로 그를 이끌었다.

그는 양국의 문화적·법적 차이가 현대의 국제화된 세계에서 어떻게 상호작용하는지 그리고 이러한 차이가 미래의 지식재산권 정책과 국제적 협력에 어떤 영향을 미칠지에 대해 생각하기 시작했다.

이 과정에서 로베르트는 지식재산권의 복잡성과 다양성을 더욱 깊이 이해하게 되고, 이 여정의 끝에서 로베르트는 자신만의 독특한 시각을 개발했고, 그것은 그에게 새로운 세계를 열어주었다.

로베르트는 자신만의 독특한 시각을 개발하게 되는 것을 여정이 끝난 후에야 알게 된다.

그의 탐구는 단순한 학문적 호기심을 넘어 서로 다른 문화와 사상에 대해 확장되었다.

현재와 과거

우선, 기업 간 분쟁에서 현재 상황을 들여다보자!
그들은 무엇을 두고 이렇게 큰 분쟁을 벌이고 있는가?
로베르트는 기업 간 분쟁을 살펴본다.

삼성 vs 애플

현대의 두 거대 기업이 세계를 무대로 한 치의 양보도 없는 전투를 준비하고 있다.
"긴장감이 느껴지나요?"
"그렇다면 잠깐만 기다려 보세요. 이야기는 이제부터 시작입니다."
두 기업은 서로의 전 세계적인 시장에서 스마트폰 디자인을 두고 치열한 전투를 준비하고 있다.
이들의 대결은 단순한 기업 간의 경쟁을 넘어서, 기술과 혁신 그리고 미래의 모습을 형성하는 중대한 사건이다.
애플은 세련된 디자인과 혁신적인 인터페이스를 앞세워 시장을 지배해 왔다. 그들의 제품은 단순히 기술의 결정체가 아니라, 현대 생활 방식의 아이콘이 되었다.

반면, 삼성은 끊임없는 혁신과 폭넓은 제품 라인업으로 세계 시장에서 강력한 입지를 다져왔다.
이제, 두 거대 기업이 서로 마주하고 있다.
그들의 각기 다른 철학과 전략이 긴장된 대결을 예고한다.
애플의 '단순함과 편의성'이냐, 삼성의 '다양성과 혁신'이냐. 세계는 숨을 죽이고 이들의 전투를 주시하고 있다.

전장을 준비하기 위해 변호사와 엔지니어, 마케터 그리고 디자이너가 분주하게 움직이고 있다.
각 회사의 법률팀은 전략적인 움직임을 계획하고, 이번 전투가 단순히 법정에서의 승리를 넘어 기업의 이미지와 미래의 시장 지배력에 결정적인 영향을 미칠 것임을 잘 알고 있다.
"이번 전투의 승자는 누가 될까?"
세계의 이목이 쏠린 가운데 긴장감은 한층 더 높아만 간다.
삼성과 애플, 두 기업의 경쟁은 단순한 제품의 대결을 넘어, 미래 기술의 방향성과 시장의 트렌드를 결정짓는 중요한 사건으로 자리 잡았다.
이야기는 여기서 끝나지 않는다.
이 전투는 새로운 혁신의 시작일 뿐이며, 기술 세계의 미래를 어떻게 바꿀지, 아무도 예측할 수 없다.

그리고 그 중심에서, 삼성과 애플은 계속해서 전진할 것이다.
세계는 두 기업의 다음 움직임에 주목하고 있다.
이제, 누구도 눈을 뗄 수 없는 이 놀라운 대결을 지켜보자.
'그런데 이러한 상황의 시작은 어디일까?'
로베르트는 문뜩 든 생각과 함께 그는 지긋이 생각에 잠긴다.
로베르트가 생각에 잠기는 찰라… .
시간은 거슬러 올라 과거의 베네치아로 가고 있다.
과거를 알아야 현재 상황을 더 깊게 이해할 수 있다.
로베르트는 이미 15세기 중세로 떠나고 있다.
베네치아, 1474년. 낭만적인 운하들과 멋진 가면들로 무장한 이 도시는 또 다른 이야기를 간직하고 있다.
바로 이 지역에서 시작된 혁신의 불꽃이다.
발명가들이 끊임없이 무언가를 만들어 내고, 발명가, 학자 그리고 누구든 자유롭게 자신의 창의성을 펼칠 수 있는 혁신의 장이 바로 이 도시가 가진 이야기이다.

그런데 그들은 자신들이 만든 발명품을 빼앗길까 불안에 떨고 있다.
이를 본 베네치아 정부는 그들의 불안을 덜어 주고, 그들의 혁신적인 생각과 아이디어를 지켜주기 위해 '특허법'[3]을 만들게 된다.
베네치아의 발명가들은 자신들의 아이디어가 보호받을 수 있음을 깨닫자, 창의력을 마음껏 발휘한다.
그들의 아이디어는 무한한 가능성을 가지게 되고, 이 특허법이 곧 '베네치아의 골든 티켓(Golden Ticket of Venice)'이다.
"이제 다시 현재로 돌아와 보죠!"
기업 삼성과 애플 사이의 디자인 분쟁은 사실상 현대의 '골든 티켓'을 둘러싸고 치러지고 있는 전쟁이라고 볼 수 있다.
"그럼, 현대에서 베네치아의 '골든 티켓'은 무엇일까?"
바로 디자인이라는 '지식재산권'이다.
이 책,
"미래를 바꾼 디자인 전쟁"은
디자인과 지식재산권이 어떻게 긴밀히 연결되어 있는지 보여준다.
이 책을 통해 자신의 아이디어를 지키는 방법을 배울 수 있다.
이것이 바로 '골든 티켓'의 본질이다.
또한 '골든 티켓'의 미래에 관해서도 이야기하고자 한다.
우리가 베네치아 발명가들의 이야기를 배우는 것처럼, 미래의 사람들도 우리의 이야기를 배울 수 있다.
지식재산권은 어떤 방향으로 발전했는지,
그리고 우리는 무엇을 준비해야 하는지?
이 책을 통해 과거, 현재 그리고 미래의 디자인이라는 지식재산권의 긴밀한 관계를 이해하고, 그 중요성을 깨닫게 될 것이다.
"그럼, 과거 베네치아로부터 시작된 '골든 티켓'의 여행을 떠나볼까요?"

---

3 민만호. (2013). 특허제도의 역사, www.joongil-ip.com.

여정의 시작

눈부신 아침 햇살 아래, 세계 각지에 있는 강력한 기업들의 거대한 터렛[4]을 차지하기 위해 대결을 준비하고 있다.

한때는 물리적 자산이 전장의 중심이었지만, 이제는 디자인과 지식재산권이 전장의 우위를 지배하고 있다.

기업들은 이 전장의 규칙을 잘 알고 있다.

강력한 디자인은 고객의 마음을 사로잡고, 견고한 지식재산권은 경쟁자들로부터 자신들의 영역을 방어한다.

현재 세계적으로 저성장과 경제 침체 속에서 기업들의 대결은 더욱 격렬하고, 치열해지고 있다.

기업은 더 이상 성장이 아닌 생존이 최우선의 목표가 되었기 때문이다.

따라서 무형의 자산이 성장의 새로운 동력이 되고 있다.

디자인이라는 지식재산권이 그 대표적인 예라고 할 수 있다.

디자인권은 기업의 방패를 넘어 창으로 사용되기 시작한다.

4 터렛: 땀을 일컫는 인터넷 속어를 말한다(출처: 나무위키).

'테크놀리아'와 같은 거대 기업들은 이를 이용해 후발 주자들의 시장 진입을 차단하고, 새로운 시장을 선점하고 있다.
이 과정에서 기업 간의 갈등은 국가 간 갈등으로까지 번지고 있다.
4차 산업으로의 전환은 기술격차를 줄이고 모듈화, 공용화를 촉진하는데, 이러한 변화 속에서 디자인의 중요성은 더욱 커지고 있다.
디자인은 물리학, 생물학, 디지털 등의 경계를 허물며, 기술과 인간을 이어주는 다리 역할을 한다. 또한 자원 문제에서부터 생활에 밀접한 교통 문제에 이르기까지 복잡한 사회문제를 해결하기 위한 기초적인 고려의 대상까지 그 범위를 넓혀가고 있다.
그러나 여기에는 중요한 문제가 하나 있다.

그것은 디자인권의 경제적 가치다.
하지만 한국의 기업들은 일부를 제외하고는 그 가치를 충분히 인식하지 못하고 있다.
이는 개인도 마찬가지다.

기술 특허와 상표권에 대해서는 어느 정도 인식이 퍼지고 있지만, 디자인 형상 보호에 대해서는 아직도 인식이 낮다는 것이다.

한국에서 이러한 상황이 변화를 맞게 된 계기는 7여 년간 진행된 삼성과 애플 사이의 분쟁이 결국, 합의로 결론이 난 시점이라 볼 수 있다.

이 분쟁은 디자인 권리 침해에서 시작해 '트레이드 드레스'[5]라는 신 지식재산권의 영향력을 보여주는 사례가 된다.

한국 기업들은 이 변화를 통해 디자인권에 대한 인식을 개선하는 것이 급선무이다.

이 책은 국내 디자인권 현황과 분쟁 원인을 살펴보며, 디자인권 기반의 제품디자인 개발 과정을 담았다.

지금 일어나고 있는 '디자인의 전쟁'이라는 새로운 전장을 로베르트가 여러분을 대신해 탐험하며, 지식재산권과 디자인권에 대해 궁금증을 해결하고, 그 여정을 전하고자 한다.

지금부터 '로베르트'가 안내하는 여정을 따라가 보자!

---

5 트레이드 드레스(Trade Dress): 지식재산권 용어로 제품의 고유한 이미지를 형성하는 색채·크기·모양 등을 뜻한다(출처: 위키피디아).

우리가 몰랐던
지식재산권 전장….

중세에서 현대까지!

디자인의 전쟁

1. Battle 1
2. Battle 2
3. Battle 3
4. Battle 4
5. Battle 5
6. Battle 6
7. Battle 7
8. Battle 8

우리가 몰랐던 지식재산권 전장….

중세에서 현대까지!

'우리가 아직 모르는 사건들이 더 있지 않을까?'라는 생각이 로베르트의 머릿속을 맴돌았다. 역사 속 깊이 숨겨진 지식재산권 분쟁의 이야기들, 그 미스터리한 사건들에 대해 그는 점점 더 궁금해졌다.

이 호기심은 로베르트를 자극했고, 그는 마침내 이 보물창고를 향해 문을 두드리기로 한다.

로베르트는 저자에게 다가가 조심스럽게 묻는다.

“역사 속에서 아직 밝혀지지 않은 지식재산권 분쟁이 있을까요? 우리의 일반적인 상식을 넘어 숨겨진 분쟁들 말이에요.”

저자는 로베르트의 질문에 미소를 지으며 대답을 시작했다.

“있죠! 사실, 우리들이 아직 모르는 많은 지식재산권 분쟁이 숨어 있어요. 일반적으로 알려지지 않고, 그림자 속에 감춰진 사건들 말이죠.”

로베르트는 눈을 동그랗게 뜨고 말한다.

“맞아요! 있나요?”

저자가 말을 이어간다.

“좋아요. 오늘은 그중 일부에 관해 이야기를 해보죠!”

로베르트는 이제야 비로소 숨겨진 역사의 페이지를 넘길 수 있다는 기대에 부푼다. 마치 오랫동안 잊혔던 보물을 발견한 듯, 그의 호기심을 완전히 사로잡았다. 숨겨진 분쟁이 벌써 하나둘씩 그의 앞에 펼쳐지는 것 같았다.

‘생각만 해도 가슴이 마구 뛴다.’

역사의 뒤편에 숨겨진 이야기들, 미지의 세계가 퍼즐에 맞춰지는 것처럼 로베르트의 마음을 사로잡는다.

그는 지식의 바다에서 아직 발견되지 않은 보석 같은 이야기들을 찾아 헤매고 있었고, 그러던 중 그의 호기심은 갑자기 한쪽으로 향한다.

Battle 1

금속활자 인쇄와 왕실의 권력

그는 먼저, 인쇄술이 발명된 후 책이 어떻게 전 세계로 퍼져 나갔는지 궁금했다. '그 과정에서 지식재산권과 관련된 분쟁은 없었을까?'라는 의문까지 들기 시작했다.

그는 이에 대해 알고 싶어졌다.

그의 눈빛은 기대로 반짝였고, 그는 저자에게 이 질문을 하기에 이른다.

"인쇄술이 발명된 후, 책이 어떻게 퍼져 나갔나요?"

저자는 로베르트에게 그의 질문에 대해 되묻는다.

"로베르트, 인쇄술의 발명에 대한 물음인가요? 아니면 금속활자 인쇄의 개발에 관한 질문인가요?"

로베르트는 조금 당황하며 말한다.

"독일인이 개발해 인쇄의 혁신을 가져온 인쇄술에 관한 질문입니다."

저자는 금세 로베르트의 질문을 알아듣고 말을 이어간다.

"네, 15세기 독일의 인쇄공, '요하네스 구텐베르크'[1]의 금속활자 인쇄를 말하는 거죠?"
로베르트가 대답한다.
"네. 맞아요!"
저자는 역사의 한 페이지를 넘기듯 설명한다.
"정확하게 요하네스가 개발한 것은 금속활자 인쇄예요. 인쇄술은 늦어도 8세기부터 사용되기 시작했어요. 현존하는 세계 최초의 목판 인쇄물은 '무구정광대다라니경(無垢淨光大陀羅尼經)'[2]으로 705년경에 제작되었고, 발견된 것은 1966년에 불국사 석가탑 사리함 속이었어요. 따라서 요하네스가 개발한 인쇄는 기존에 있던 목판 인쇄기에 유성 잉크를 적용하고, 활자 제작 방식을 금속으로 바꾼 것입니다. 물론 이는 당시에 혁신적인 발명품이었죠! 이를 계기로 책들은 유럽 전역에 빠르게 확산하기 시작하니까요."
"참고로, 금속활자 인쇄도 한국에서 처음으로 발명되었어요. 12세기에 놋쇠로 금속활자를 만들어 사용했는데, 문헌으로는 1232년 이전에 찍은 '남명천화상송증도가(南明泉和尙頌證道歌)'[3]와 1234년경에 발간된 '상정고금예문(詳定古今禮文)'[4]이 있어요."
"현재 한국의 국립중앙박물관에 보관된 '복' 자 활자로 입증되고 있어요. 그리고 현존하는 세계 최초의 금속활자 인쇄본은 1377년에 간행된 '백운화상초록불조직지심체요절(白雲和尙抄錄佛祖直指心體要節)'[5]인데…."

---

1 요하네스 구텐베르크(Johannes Gutenberg, 1398~1468년): 1440년경에 금속활자 인쇄술을 사용한 독일의 금(金) 세공업자이다. 활자 설계, 활자 대량생산 기술을 유럽에 전파했다. 그의 진정한 업적은 유성 잉크, 목판 인쇄기 사용을 결합해 활자 제작 재료로 합금을 사용하고, 활자 제작 방식으로 주조를 채용한 것에 있다. 따라서 그가 인쇄술을 발명한 것이 아니라 금속활자 인쇄를 채용한 것이다(출처: 위키피디아).

2 무구정광대다라니경(無垢淨光大陀羅尼經): 8세기 초, 간행된 세계 최고(最古)의 목판 인쇄본이다. 1966년 10월 13일 경주 불국사의 석가탑을 보수하기 위해 해체하였을 때, 제2층 탑신부에 봉안되어 있던 금동제 사리외함에서 다른 여러 사리 장엄구와 함께 발견되었다(출처:한국민족문화대백과사전).

3 남명천화상송증도가(南明泉和尙頌證道歌): 고려시대, 송나라 승려 법천의 『남명천화상송증도가』를 고려에서 간행한 불교서이다(출처:한국민족문화대백과사전).

4 상정고금예문(詳定古今禮文): 고려 인종 때, 최윤의 등 학자 17명이 왕명으로 고금의 예의를 수집·고증하여 50권으로 엮은 예서이며, 『상정예문』의 주자신인(鑄字新印) 기록은 고려 주자 인쇄의 일면을 살피는 데 매우 귀중한 자료이다(출처:한국민족문화대백과사전).

5 백운화상초록불조직지심체요절(白雲和尙抄錄佛祖直指心體要節): 여주 취암사에서 승려 경한의 『불조직지심체요절』 초록을 1378년에 간행한 불교서이며, 법어집으로 백운화상이 입적한 3년 후(1377) 석찬(釋璨)의 주도

"우리가 흔히 부르는 직지(直指)라고 하는 '직지심체요절(直指心體要節)'[6]이에요. 직지심체요절은 1972년에 세계 최초의 금속활자 인쇄본으로 인정되었고, 2001년에 유네스코 세계기록유산으로 등재되었어요."
로베르트는 자신도 모르게 입을 벌린 채 저자만 바라보고 있다.
"한국이라는 나라, 참 대단하네요. 제가 평소 한국에 대해 관심이 있었지만, 이렇게 기술이 발전된 나라인 줄 몰랐어요. 기술이 유럽보다 100년이나 앞서 있었네요. 저자님!"
저자가 짧게 대답한다.
"네!"
로베르트가 다시 한번 놀라움을 표한다.
"전 저자님이 이런 역사적 기록을 막힘없음에 더 놀랐어요."
저자가 쑥스러운 듯 옅은 미소를 지으며 말한다.
"로베르트도 관심을 가지고 알게 되면 막힘없이 말할 수 있어요."
그러고는 저자는 다시금 이야기를 이어간다.
"이 새로운 기술로 책의 대중화를 불러옵니다. 무엇보다 지식과 정보를 전파하는 과정을 혁신적으로 바꿔놓았죠. 그런데 영국에서 한 가지 문제가 발생해요. 영국 왕실은 이 새로운 힘, 즉 금속활자 인쇄를 통제하려 했어요."
로베르트가 저자의 말을 가로막으며 질문한다.
"왜 독일이 아닌 영국 왕실이 통제하려고 하죠?"
저자는 역시나 하는 생각이 들었다. 로베르트의 호기심이 저자의 핵심을 간파해서다.
"왕실은 인쇄된 책들이 왕실의 권위에 도전할 수 있다고 보았어요."
또 한 번 로베르트가 저자의 이어가는 말을 막고 질문한다.
"책이 왜 왕실의 권위에 도전하는 거죠?"
저자는 로베르트를 잠시 바라보다가 말을 이어간다.

로 성사달(成士達)의 서문을 받아 청주목 흥덕사(興德寺)에서 비구니 묘덕(妙德)의 시주에 의해서 주자(鑄字)로 인쇄하였다(출처:한국민족문화대백과사전).

6 직지심체요절(直指心體要節): 세계에서 가장 오래된 금속활자본, 정식 서명은 〈백우화상초록불조직지심체요절〉이나 이 책을 줄여서, '직지' 또는 '직지심체요절'이라고도 불린다. 2001년에 유네스코 세계기록유산으로 등재되었다. 일명 직지로 불린다(출처: 한국민족문화대백과사전).

"로베르트! 당시에 책은 권력과도 같은 것이었어요. 정보를 접할 수 있는 것도 책이 전부였어요. 그런데 요하네스의 금속활자 인쇄는 책을 대량으로 만들 수 있었으니까요. 지금과 다르게 정보를 일부 사람들의 전유물이었고, 영국 왕실은 자신들의 전유물이 사라질지 모른다는 위기감을 가진 것 같아요."

"그래서 이를 통제하려고 했던 것으로 보입니다."

로베르트는 왕실이 통제하려는 이유가 더 궁금해 연달아 질문을 한다.

"왕실이 인쇄술을 통제하려 했다고요? 어떤 방식으로요? 왕실은 이에 어떻게 반응했나요?"

저자는 이야기를 이어간다.

"1557년, '스테이셔너 사(Stationers' Company)'[7]에 왕실의 헌장을 줍니다. 우리말로 하면 '서적 출판업 조합' 정도 될 겁니다. 어쨌든 이 회사는 출판되는 모든 책을 검열해 왕실에 위협이 되지 않는지 확인하는 역할을 맡게 됩니다."

로베르트는 이상한 느낌이 들었다.

책은 지식을 습득하는 도구일 뿐인데 검열까지 한다는 게 이해되지 않았다. 그러면서 '인쇄된 책이 왕실에 문제를 일으키는 건가?'라는 생각이 들었지만, 그 호기심은 지식재산권에 더 집중되어 있었다.

"그렇다면 금속활자 인쇄가 저작권 분쟁의 시작이었나요?"

저자는 고개를 끄덕이며 답한다.

"맞아요. 정확하게는 스테이셔너 사가 책의 내용뿐만 아니라 출판 권리도 통제했어요. 이는 저작권 분쟁의 초기 형태라고 볼 수 있는데요. 책의 출판과 배포를 스테이셔너 사를 통해 왕실이 통제함으로써, 책의 내용에 대한 권리를 소유하게 되고, 이는 나중에 저작권 분쟁의 큰 근간이 됩니다."

로베르트는 깊은 생각에 잠겼다.

"그러면 저작권이라는 개념은 어떻게 발전했나요?"

저자의 눈이 반짝인다.

7 스테이셔너 사(Stationers' Company): 1403년에 설립되었으며, 1557년에 왕실 헌장을 받았다. 출판 산업에 대한 독점권을 보유했으며, 1710년 저작권법이라고도 알려진 '앤 법령'이 제정될 때까지 규정을 설정하고 집행하는 공식 책임을 맡았다(출처: 위키피디아).

"초기의 저작권은 출판권에 더 가까웠어요. 저자보다는 출판사가 책의 배포를 통제했죠. 하지만 시간이 흐르면서 저자의 권리도 중요해지기 시작합니다."

로베르트는 저자의 말이 끝나기 무섭게 질문한다.

"그렇다면 저자의 권리는 어떻게 인정되기 시작했나요?"

저자는 로베르트가 궁금증을 참지 못하는 걸 알고 있어 금세 그의 궁금증을 풀어주는 대답을 이어간다.

"17세기 말에 들어서면서 점점 변화가 생겼어요. 저자들이 자신들의 작품에 대한 권리를 주장하기 시작했죠. 이는 저작권법의 발전으로 이어졌고, 결국 저자 개인이 자기 작품에 대한 권리를 가지는 현대적인 저작권의 개념으로 발전합니다."

로베르트는 고개를 끄덕였다.

"그러니까, 금속활자 인쇄가 개발되면서 시작된 이러한 변화가 저작권법의 발전에 중요한 역할을 했다는 거군요."

저자는 로베르트의 말에 맞장구를 치며 말한다.

"맞아요. 금속활자 인쇄는 지식의 전달 방식을 혁신적으로 바꾸었고, 이는 저작권법의 발전에 큰 영향을 미쳤죠. 결국, 이러한 변화는 우리가 오늘날 알고 있는 지식재산권의 형태를 만드는 데 이바지해요."

로베르트는 이 대화를 통해 인쇄술의 발명이 단순히 정보의 전달만 혁신적으로 바꾼 게 아니라, 권리에 대한 새로운 이해를 가져다준 역사적 사건임을 알게 된다. 저자와의 대화를 통해 그는 금속활자 인쇄, 왕실의 권력 그리고 저작권의 역사가 더 흥미롭게 다가왔다.

Battle 2

셰익스피어의 분노

로베르트는 16세기 말 셰익스피어의 작품과 관련된 저작권 문제에 대해 질문했다.

"셰익스피어의 희곡들이 무대에서 큰 인기를 끌었을 때, 그의 작품을 무단으로 출판하려는 사람들이 있었다고 들었어요. 셰익스피어는 이에 어떻게 반응했나요?"

저자는 당시의 상황을 설명하기 시작한다.

"맞습니다. 셰익스피어의 희곡들은 그의 생전에 엄청난 인기를 끌었어요. 하지만 이를 악용하려는 사람들이 나타나 그의 작품을 그의 동의 없이 출판하려 했습니다. 셰익스피어는 이러한 행위에 분노했지만, 당시에는 저작권법이 존재하지 않아 법적으로 대응할 수 없었죠."

로베르트는 궁금증이 생겨났다.

"그 당시의 저작권 상황은 어땠나요? 셰익스피어와 같은 작가들이 자기 작품을 보호할 방법이 전혀 없었나요?"

저자는 당시의 저작권 상황에 대해 부연 설명을 한다.

"16세기 말에는 현대적 의미의 저작권법이 없었어요."

"따라서 작가들은 자기 작품이 무단으로 복제되고 출판되는 것을 막을 방법이 거의 없었죠. 셰익스피어와 같은 작가들은 자기 작품이 무단으로 이용하는 것을 보며 분노했지만, 법적으로 보호받을 수 있는 체계가 마련되지 않았던 시기였죠."
로베르트의 질문은 계속된다.
"혹시 이러한 상황이 저작권법의 발전에 영향을 미쳤나요?"
저자는 그 후의 변화에 대해 간략하게 설명한다.
"셰익스피어의 시대와 같은 상황은 점차 저작권법의 필요성에 대해 인식하게 해요. 작가와 창작자들의 권리를 보호하기 위한 법적 틀이 점차 만들어져 가기 시작했죠. 이러한 변화는 창작물에 대한 보호와 저자의 권리에 대해 현대적인 저작권법의 기초를 마련하는 데 중요한 역할을 해요."
로베르트는 이 대화를 통해 셰익스피어 시대의 저작권 상황에 안타까웠지만, 후대 저작권법 발전에 영향을 끼쳤다는 것에 안도한다.
저자가 연이어 설명한다.
"셰익스피어의 시대 이후, 저작권에 대한 사람들의 인식이 점차 강화해요. 이러한 변화는 창작물의 복제와 배포를 통제하고, 창작자에게 그들의 작품으로부터 이익을 얻을 권리를 부여하는 법적 기반을 마련하는 데 중요한 역할을 합니다. 이는 저작권법이 문학과 예술을 보호하고 촉진하는 중요한 수단이 되었던 사례였죠."
로베르트는 궁금증이 더 생겨났다.
문학과 예술을 보호하고 촉진하는 수단이라는 말에 호기심이 들었다.
"그렇다면 셰익스피어 시대 이후 저작권법이 어떻게 발전했나요?"
저자는 로베르트의 질문을 알고 있다는 듯 금세 설명을 이어간다.
"저작권법은 셰익스피어 시대 이후 꾸준히 발전합니다. 처음에는 인쇄된 작품에만 초점을 맞췄지만, 점차 다양한 형태의 창작물을 포함하게 되죠. 또한 저작권의 범위와 기간 그리고 창작자의 권리에 대한 정의도 시간이 지남에 따라 생겨납니다. 이러한 발전은 창작자가 자기 작품을 통해 정당한 보상을 받을 수 있는 환경을 조성하는 데 중요한 역할을 해요."
저자와 대화를 통해 로베르트는 셰익스피어 시대부터 지금에 이르기까지 저작권의 변화를 생각해 본다.
그와의 대화는 로베르트에게 저작권법이 문학과 예술의 발전에도 기여하고 있었다는 것을 알게 해주었다.

Battle 3

저자들의 반란

로베르트는 한때, 자기의 발명품을 지키기 위해서 여러 도서관을 전전하던 때가 생각이 났다.
자기가 살고 있는 베네치아였지만 이곳에 이런 도서관이 있었나 할 정도로 고서들을 많이 수장하고 있던 곳이었는데, 그곳에서 보았던 자료가 '저자들의 반란'이었다.
그때는 '테크놀리아'로부터 자기의 발명품을 지키기 위해 가볍게 읽고 넘겼던 것인데, 저자로부터 '스테이셔너 사'와 '문학'이라는 말을 듣자마자 생각이 났다.
17세기 말에 영국의 저자들이 왕실과 스테이셔너 사의 규제에 맞서 독점적 통제를 벗어나기 위해서 만들었다는 법령에 관한 이야기였다.
로베르트는 저자에게 자기가 보았던 글을 이야기한다.
로베르트의 이야기를 듣던 저자가 놀란 표정을 짓더니 말을 이어간다.
"로베르트! 지식재산권에 관해 공부를 정말 많이 했군요."

"로베르트는 발명가이며, 디자이너여서 문학의 역사에 대해서 잘 모를 것으로 생각했는데 제 생각이 짧았네요."

"네. 맞아요. 1710년경에 있었던 영국의 스테이셔너 사의 독점권을 타파하기 위해서 영국 의회에서 제정한 '앤 법령(Statute of Anne)'[8]이에요. 이 법령이 제정된 것은 당시의 '저자들의 반란'이라고 할 만큼 문학 작품을 인쇄할 수 있는 독점 권한과 검열 책임을 부여받은 스테이셔너 사의 면허법에 대해서 저자들이 항의하면서 시작되었죠. 우리가 앞서 이야기 나누었던, 구텐베르크가 인쇄술을 발명한 후에 영국 왕실이 인쇄술을 통제하려 만든 '스테이셔너 사'의 면허법이 거의 150년을 이어오다 보니 저자들의 저항이 극심했던 거죠. 당시 독일은 저자들에 대한 통제가 거의 없던 반면 영국은 출판의 독점에 더해 작품의 검열까지 하다 보니 저자들의 거센 항의를 받았죠. 이 법령은 현대의 저작권법이라고 불리는 법령이에요."

저자의 설명을 듣던 로베르트는 역사적 전환점이 되었던 '저자들의 반란'이라는 사건에 대해 더 많은 궁금증이 생겼다.

"그럼, 저자들이 어떻게 자기 작품을 보호받을 권리를 얻게 되었나요?"

저자는 역사의 중요한 순간이라며 구체적으로 설명을 이어간다.

"왕실의 독점적 통제에 반대하는 저자들의 목소리가 커지기 시작했고, 이는 영국에서 큰 변화를 불러와요. 저자들은 서적 출판업 조합을 내세워 문학 작품 아니 모든 인쇄물에 대해서 통제를 해 오던 왕실에 대항해 변화를 촉구하죠. 당시, 저자들은 자기 창작물에 대한 권리 주장과 함께 대중들의 큰 저항에 직면해요. 여기에는 의회도 예외는 아니었죠."

로베르트는 갑자기 '의회'라는 말에 의아심이 들었다.

"근데 왜 의회가 대중들의 저항에 직면하나요?"

저자는 가끔 느끼는 거지만 로베르트가 작은 것도 놓치지 않는다고 생각했었는데 오늘도 여지없이 그 부분을 짚어 냈다.

"당시의 스테이셔너 사는 면허법에 따라 시행된 것으로 2년 간격으로 갱신되는 면허법이었어요. 그래서 의회가 재승인하지 않으면 법이 연장되지 않았죠. 이 면

---

8 앤 법령(Statute of Anne): 저작권법 1709년 또는 저작권법 1710년으로도 알려진 이 법령은 영국 의회에서 통과된 법안이다. 이는 1710년에 민간 당사자가 아닌 정부와 법원이 저작권을 규제하는 최초의 법령이었다 (출처: 위키피디아).

허법의 재승인을 방지하고자 저자와 대중들이 나서서 의회를 압박하고, 저항했던 것이죠. 이제 이해가 되나요?"

로베르트 잠시 생각에 빠진 표정을 짓더니 이내 저자에게 다시 질문한다.

"앤 법령은 1710년에 바로 제정되어 공표되었나요?"

저자는 로베르트에게 '법의 제정에 관한 부분까지 설명을 해줘야 할까?' 하는 생각에 한참을 말없이 있었다.

그리고 결심이 섰다는 듯이 로베르트를 부른다.

"로베르트! 지난번에 나눈 이야기를 떠올려 보세요. 영국 왕실은 구텐베르크가 인쇄술을 발명한 후에 민간사업자인 스테이셔너 사를 통해서 문학 작품을 인쇄할 수 있는 독점 권한을 부여했어요. 실제로는 영국 왕실이 독점 권한을 행사하는 것이고, 인쇄에 대한 독점권을 가지다 보니 교열 책임까지 행사하게 되죠."

"한마디로 꼼수를 써서 영국의 출판을 독점하고, 저자들의 작품까지 마음대로 바꿨죠. 암묵적으로 교열 책임을 진다는 이유를 들면서요. 민간 회사를 만들어 면허법을 적용함으로써 저자들에게 영국 왕실이 직접적인 개입을 하는 것이 아니라는 것을 명분으로 내세우고, 실제 독점과 검열이라는 행사는 마음대로 한 것이죠. 한번 생각해 보죠! 로베르트! 법은 의회에서 제정하고 통과하지만, 영국 왕실의 재가가 있어야 해요. 그렇다면 영국 왕실이 이 법을 바로 통과시켰을까요?"

로베르트는 관계를 이해했다는 표정을 지으면 대답한다.

"아니요."

저자는 설명을 더 이어간다.

"앤 법령은 1710년에 공표되었지만, 저자와 대중의 저항은 20년 전부터 시작되었고, 1694년에 이르러서 의회가 면허법 갱신을 거부하면서 스테이셔너 사의 독점과 언론 제한은 종식됐어요. 이 이후 영국 왕실을 대표하는 스테이셔너 사와 의회 간 기나긴 법률 논쟁이 이어지고, 스테이셔너 사는 출판사보다 저자에게 라이선스의 이점을 주기로 하고, 의회가 새로운 법안에 동의합니다. 앤 법령은 1709년 또는 1710년경에 의회를 통과하고, 앤 여왕이 재가하면서 공표가 됩니다. 이로써 왕실의 교서를 받아 모든 출판을 독점하던 '스테이셔너 사'의 지휘가 완전히 종식하게 됩니다."

로베르트는 이어서 질문했다.

"그런데 저자들의 요구가 어떻게 법적인 변화로 이어졌나요?"

저자는 지금까지의 설명으로도 로베르트가 이해하지 못한 부분이 있다는 데에 자신을 잠시 책망해 본다.

그리고 옅게 한숨을 쉰다.

"흠…."

로베르트가 놀라면서 저자에게 질문한다.

"어디 아프세요?"

저자의 한숨을 로베르트가 들은 것이다.

"아니에요. 숨이 차서 그랬어요."

저자는 이야기를 계속 이어 나간다.

"이 법은 저작권의 현대적인 형태의 시작이라고 볼 수 있죠. 저자들이 자기 작품을 보호받을 수 있는 권리를 처음으로 공식적으로 인정받은 순간이었으니까요."

로베르트는 흥미로웠다.

"그 법은 저작권에 어떤 영향을 미쳤나요?"

저자는 좀 더 구체적으로 설명한다.

"앤 법령은 저작물의 저자에게 저작권 기간을 14년으로 규정하고, 비슷한 기간 동안 갱신할 수 있는 조항을 규정했어요. 그리고 이 기간에 저자의 저작물 라이선스를 부여받은 인쇄업체만이 저자의 창작물을 출판할 수 있었어요. 이는 저작물이 공공 재산이 되기 전에 저자가 자기 작품에서 이익을 얻을 수 있게 했죠. 이 법은 저작권을 현대적인 의미로 정립하는 데 큰 역할을 했고, 오늘날 우리가 알고 있는 저작권의 기초가 됐어요."

로베르트는 저작권의 역사적 발전과 그것이 창작자의 권리 보호에 어떻게 기여했는지 깊은 이해를 얻게 된다.

저자와의 대화는 로베르트에게 저작권 역사의 중요한 순간들을 생각하며, 그의 지식이 더욱 풍부해지는 것을 보며 흐뭇해한다.

Battle 4

창조된 몬스터, 프랑켄슈타인이 법정에 선 이유?

로베르트는 한때, 메리 셸리(Mary Wollstonecraft Shelley)[9]의 '프랑켄슈타인(Frankenstein)'[10]에 깊은 관심을 가진 적이 있었다. 저자와 대화를 나누던 중 메리 셸리의 '프랑켄슈타인'도 출판물인 것이 생각났다.

"1818년, 메리 셸리의 '프랑켄슈타인'이 출판된 후 어떤 일이 있었나요?"

저자는 질문에 바로 답하기보다 되레 로베르트에게 질문한다.

"로베르트, 메리 셸리의 작품의 공연이 저작권을 침해한 사실을 알고 있나요?"

---

9 메리 셸리(Mary Wollstonecraft Shelley): 영국의 소설가·극작가·수필가·전기 작가이자 여행 작가이다. 그는 또한 낭만주의 시인이자 철학자인 남편 퍼시 비시 셸리의 작품을 편집하고 소개하기도 했다(출처: 위키피디아).

10 프랑켄슈타인(Frankenstein): 메리 셸리가 과학 실험으로 만들어진 한 괴물에 대해 쓴 소설이다. 초판은 1818년 런던에서 익명으로 출판되었다가, 1823년에 프랑스에서 그녀의 이름으로 두 번째 판이 출판되었다(출처: 위키피디아).

로베르트는 그런 사실을 알고 있지 않았다.

단지 그 소설이 워낙 유명한 소설이었고, 당대에도 상당한 인기를 끈 작품이었기에 '이로 인한 분쟁이 있지 않았을까?' 하는 단순한 생각의 질문이었다.

근데 진짜로 저작권을 침해한 사실이 있다는 것은 상상하지도 못했다.

"모르고 있었군요? 그럼, 제가 설명해 볼게요."

저자는 이 역사적 사건에 관해 로베르트에게 설명하기 시작한다.

"메리 셸리의 '프랑켄슈타인'은 당시에 큰 인기를 끌었어요. 그리고 이 작품은 당시 사람들에게 큰 영향을 미쳤죠. 해서 출판된 직후, 무려 15개의 다양한 무대 공연이 등장해요. 물론 메리 셸리와는 직접적인 이해가 관계가 없는 공연이었죠. 셸리는 그 무대 공연 중 하나에 자신의 저작권이 침해당했다고 소송을 제기하죠. 이 사건은 당시에도 큰 주목을 받았어요. 당시 사람들에게 저작권은 중요한 것이 아니었어요. 그런데 셸리의 소송이 저작권의 중요성을 각성하게 했던 거죠. 당시 사람들은 셸리의 작품은 출판물이고, 무대 공연으로 다른 것을 생각했는데, 셸리의 소송제기로 인해 공연이라고 해서 다른 사람의 작품을 무단으로 가져다 쓰는 것이 저작권에 위배 된다는 생각을 가지게 했으니까요."

로베르트는 깊은 관심을 보이며 덧붙였다.

"그렇군요. 그럼, 그 사건이 저작권에 대한 대중적인 인식을 어떻게 변화시켰나요?"

저자는 이야기를 이어간다.

"메리 셸리의 소송은 단순한 법적 분쟁을 넘어, 창작자의 권리와 그들의 작품이 어떻게 보호되어야 하는지에 대한 대중적인 논의를 촉발했어요. 이 사건은 창작물에 대한 저작권 보호의 중요성을 사람들에게 각인시켰고, 저작권이 문화와 예술계에 미치는 영향을 보여주는 중요한 사례가 되었죠."

로베르트는 이 대화를 통해 자기가 애독하던 작품인 메리 셸리의 '프랑켄슈타인'과 그 주변에서 벌어진 사건들이 저작권의 역사에서 얼마나 중요한 위치를 차지하고 있는지를 깨달았다.

저자와의 대화는 로베르트에게 문학 작품과 저작권의 복잡한 관계에 관한 새롭게 이해하는 계기가 되었다.

Battle 5

피아노 롤: 복제되는 악보

로베르트는 문뜩 '음악 분야에도 저작권 분쟁이 있지 않을까?' 하는 생각이 들었다. 문학에서 저작권 분쟁이 있었으니 예술 분야에서도 이런 분쟁이 있었을 것으로 생각했다. 하지만 지금까지는 로베르트가 들어본 적이 없어 궁금증이 들었다.

음악과 관련해서 저작권에 관한 역사적 사례가 있지 않을까 싶어 저자에게 질문한다.

"저자님, 혹시 음악과 관련해서 문제가 된 저작권 사례도 있을까요? 음악 분야에 대해서 갑자기 궁금해졌어요. 제품이나 문학 작품에 대해서도 저작권 분쟁이 있었으니 예술 분야인 음악에도 있지 않았을까요?"

저자는 로베르트의 한없는 호기심에 감탄하며 이야기를 이어간다.

"로베르트는 호기심이 끊이질 않네요. 물론 있습니다. 1908년에 있었던 '화이트 스미스(White-Smith Music Publishing Company) vs 아폴로(Apollo Company)'[11] 사건이 있었어요."
저자는 이 중요한 법적 사례에 관해 설명하기 시작한다.
"이 사건은 음악 저작권의 역사에서 매우 중요한 사건이었어요. 당시 논쟁의 핵심은 피아노 롤의 복제가 악보를 복제하는 것으로 간주할 수 있는지가 쟁점이었죠."
로베르트는 흥미로웠다. 음악 분야도 저작권 분쟁이 있었다니... 그는 호기심을 멈출 수 없었다.
그래서 사건의 설명을 듣기도 전에 결과부터 질문했다.
"그 사건은 어떻게 진행되었나요? 그리고 그 결과는 어땠나요?"
저자는 다급해하는 로베르트를 보고는 옅은 미소를 지으며 설명한다.
"당시 화이트 스미스는 피아노 롤의 복제가 저작권을 침해한다고 주장했어요. 하지만 법원은 피아노 롤을 악보의 복제로 보지 않았죠. 이는 당시의 저작권법이 새로운 기술의 발전을 따라가지 못하고 있다는 것을 드러낸 사건이기도 하죠."
로베르트는 더욱 궁금해졌다. 무엇 때문에 기술 발전을 저작권이 따라가지 못한 것일까?
"그 사건이 음악과 저작권에 대한 새로운 논의를 불러일으켰나요?"
저자는 그 영향에 관해 설명한다.
"이 사건은 음악 저작권에 대한 새로운 논의를 촉발해요. 특히, 기술의 발전이 저작권법에 어떤 영향을 미치는지, 그리고 저작권법이 현대 기술에 어떻게 적응해야 하는지에 대한 중요한 논쟁을 제기해요. 이 사건 이후, 저작권법은 점차 기술 발전을 수용하는 방향으로 변화하기 시작해요."
로베르트는 이 대화를 통해 음악과 저작권의 관계, 그리고 기술 발전이 법적 논의에 어떤 영향을 미치는지에 대한 이해를 얻을 수 있었다.
또한 저자와의 대화는 로베르트에게 이와 같은 역사적 사례가 음악 저작권법의 발전에 어떤 중요한 역할을 했는지를 알게 해주었다.

---

11 화이트 스미스(White-Smith Music Publishing Company) vs 아폴로(Apollo Company): 연주용 피아노 악보 제조업체가 작곡가에게 로열티를 지급할 필요가 없다고 판결한 미국 대법원의 판결이다. 이 판결은 피아노 롤이 원고의 저작권이 있는 악보의 복사본이 아니라 음악을 재생산하는 기계의 일부라는 판단에 근거했다(출처: 위키피디아).

Battle 6

특허 전쟁: 텔레비전 대결

로베르트는 1930년대 텔레비전 특허 전쟁에 대해서 들은 적이 있었다.

"저자님. 텔레비전에 대한 특허 전쟁이 있었다고 들었습니다. 당시에 상황을 설명해 줄 수 있을까요?"

저자는 로베르트가 지식재산권 분쟁에 대해서 어디까지 알고 있는지 궁금했다. 그가 호기심이 많다는 것은 알고 있었지만 이렇게나 많은 정보를 가지고 있을지는 알지 못했다.

"그럼요. 설명할 수 있죠! 그런데 로베르트는 호기심만 많은 줄 알았는데 참 많은 것을 알고 있네요. 제가 감탄할 정도예요."

저자는 말을 끝내자마자 설명을 이어간다.

"1930년대 'RCA'[12]라는 전자 회사와 텔레비전의 선구자라 할 수 있는 '필로 테일러 판스워스(Philo Taylor Farnsworth)'[13] 사이에 벌어진 텔레비전 특허 전쟁이에요. 그 시기는 텔레비전 기술이 발전하고 있던 중요한 시점이었어요. RCA와 필로 테일러 판스워스는 텔레비전 기술의 특허를 놓고 격렬한 법적 전쟁을 벌였죠. RCA는 당시 통신과 방송 분야에서 강력한 기업이었고, 판스워스는 혁신적인 발명가였어요."

로베르트는 궁금증을 참지 못하고 결론부터 묻는다.

"그 분쟁의 결론은 어떻게 끝났나요?"

저자는 살짝 미소를 지으며 사건의 결론을 설명한다.

"결론부터 말하자면, 판스워스가 승리해요. 그의 기술이 텔레비전 발전에 중요한 기여를 한 것으로 인정받아요. 이 승리 후 텔레비전은 폭발적인 인기를 얻기 시작해요. 여기에 힘입어 판스워스는 1938년 인디애나주 포트웨인에 'Farnsworth Television and Radio Corporation' 회사를 설립하고 텔레비전을 상업적으로 생산해요."

로베르트는 판결 결과가 미친 영향에 대해 질문한다.

"판스워스의 승리가 텔레비전 산업에 어떤 영향을 미쳤나요?"

저자는 다시 한번 거침없이 그 영향에 관해 설명한다.

"판스워스의 승리는 텔레비전 기술의 발전과 대중화에 큰 도약을 가져왔어요. 그의 기술이 널리 사용되면서 텔레비전은 일상생활의 중요한 부분이 되었고, 그 결과 오늘날 우리가 알고 있는 방송 산업의 기초가 마련된 거죠."

로베르트는 이 대화를 통해 1930년대 텔레비전 특허 전쟁의 역사적 중요성과 그것이 텔레비전 산업에 끼친 영향에 대해 깊이 이해하게 되었다.

저자와의 대화는 로베르트에게 혁신적인 기술이 어떻게 산업을 변화시킬 수 있는지에 대한 흥미로운 사례로 기억하게 된다.

---

12 RCA(Radio Corporation of America): 1919년에 설립된 미국의 전자 회사이다(출처: 위키피디아).

13 필로 테일러 판스워스(Philo Taylor Farnsworth): 미국의 발명가이자 텔레비전 선구자이다. 1927년 최초의 모든 기능을 갖춘 전자 이미지 픽업 장치인 이미지 해부 장치와 최초의 완전한 기능을 갖춘 완전한 전자 TV 시스템을 발명했다. 또한 수신기와 카메라를 갖춘 텔레비전 시스템을 개발했으며, 1938년부터 1951년까지 인디애나주 포트웨인에서 Farnsworth Television and Radio Corporation을 통해 상업적으로 생산했다(출처: 위키피디아).

Battle 7

캐릭터 분쟁: 슈퍼맨, 법정에 서다.

로베르트는 지금까지 저자와 나눈 이야기를 다시금 생각해 본다.

지식재산권은 인간이 창조한 모든 것에 적용되고 있었다.

따라서 그에 따른 분쟁이 전쟁처럼 분화되고 있었다. 이유는 여러 가지이지만 결국에는 한 방향으로 향하고 있었다.

그건 바로 경제적 가치였다.

즉, 돈이 되니까 남의 것을 도용해 사용하고 이를 통해 이득을 취하는 것이다. 현대에서 가장 경제적으로 논쟁거리가 된 것이 있다면 '캐릭터'다.

캐릭터가 인기를 끌면 거의 모든 것에 적용할 수 있다.

로베르트는 캐릭터와 관련된 지식재산권 분쟁도 있지 않을까 싶었다.

"저자님. 혹시 캐릭터와 관련된 저작권 분쟁이 있었나요?"

저자는 한참을 생각하더니 로베르트에게 말을 건넨다.

"네. 있습니다. 실은 너무 많아서 생각이 좀 길었네요. 로베르트, 슈퍼맨... 알죠?"
로베르트가 대답한다.
"네, 물론 알죠."
저자는 로베르트의 대답이 떨어지자마자 이야기를 시작한다.
"다들 알고 있듯 수많은 영웅 캐릭터가 있습니다. 예를 들면, 슈퍼맨, 배트맨, 원더우먼, 그린 랜턴, 플래시맨, 아쿠아맨 등이 있죠!"
로베르트는 작가의 설명에 맞장구를 친다.
"제가 무지 좋아하는 영웅들이에요."
저자는 로베르트의 말이 끝나기 무섭게 설명을 이어간다.
"이런 만화 캐릭터 영웅들을 탄생시킨 곳이 'DC Comics'[14]라는 회사입니다. 혹시 들어 보셨나요?"
로베르트는 잠시 생각하더니 이내 답을 한다.
"디즈니는 들어 봤는데…, DC는 들어본 기억이…."
저자는 별 상관없다는 표정을 지으며 다시금 말을 이어간다.
"1938년, 슈퍼맨은 DC Comics에서 처음으로 세상에 나왔어요. 이 캐릭터는 즉시 대성공을 거두었죠."
"하지만 슈퍼맨의 원작자인 '제리 시겔(Jerry Siegel)'[15]은 '조 슈스터(Joe Shuster)',[16] 그리고 DC Comics와 긴 법적 싸움을 벌여요. 그는 자신이 창조한 캐릭터의 저작권에 대해 적절한 인정과 보상을 받지 못했다고 생각해 법적 싸움을 하게 된 사례죠."
로베르트는 그 싸움의 결과가 궁금했다.

14 DC Comics(DC 코믹스): 가장 크고 오래된 미국 만화 회사 중 하나이다. 1937년 DC 배너 아래 첫 번째 만화를 출판했고, 슈퍼맨, 배트맨, 원더우먼, 그린 랜턴, 플래시맨, 아쿠아맨 등 수많은 영웅 캐릭터를 만든 회사이다(출처: 위키피디아).

15 제리 시겔(Jerry Siegel, 1914~1996년): 미국 만화 작가이며, 조 슈스터와 함께 DC Comics에서 출판한 슈퍼맨의 공동 창작자이다. The Books of Magic에 등장하는 Doctor Occult를 만들었으며, 1992년 만화 업계의 Will Eisner 만화 명예의 전당에, 1993년에는 Jack Kirby 명예의 전당에 헌액되었다(출처: 위키피디아).

16 조 슈스터(Joe Shuster, 1914~1992년): DC를 공동 창작한 것으로 가장 잘 알려진 캐나다계 미국인 만화가이다. 제리 시겔과 함께 DC Comics에서 출판한 슈퍼맨의 공동 창작자이다. 그리고 제리 시겔과 함께 1992년 만화 업계의 Will Eisner 만화 명예의 전당에, 1993년에는 Jack Kirby 명예의 전당에 헌액되었다(출처: 위키피디아).

"그러한 법적 싸움은 어떤 결과를 가져왔나요?"

저자는 법적 싸움의 결과를 설명한다.

"이 싸움은 결국, 1970년 시겔이 DC Comics와 합의하는데, 이 합의를 통해 그는 일정한 보상과 창작물에 대한 인정을 받게 됩니다. 하지만 이 싸움은 저작권에 대한 문제를 완전히 해결하지는 못하고 끝이 났어요."

로베르트는 추가로 질문한다.

"이 사건이 다른 캐릭터들의 저작권에 어떤 영향을 미쳤나요?"

저자는 그 영향에 관해 설명을 이어간다.

"이 사건은 캐릭터와 스토리 저작권에 대한 인식을 높이는 데 이바지하죠. 또한 창작자들이 자신들의 작품에 대한 적절한 보상과 권리를 추구하도록 했어요. 이에 따라 저작권에 대한 법적 틀이 점차 발전하고, 창작자들의 권리가 더욱 강화되는 계기를 만들게 되었죠."

로베르트는 이 대화를 통해 슈퍼맨과 같은 유명한 캐릭터의 저작권 분쟁이 창작자들에게 어떻게 영향을 미쳤는지에 더 깊이 이해하게 되었다.

저자와의 대화는 로베르트에게 창작자의 권리와 저작권법의 중요성에 대한 이해를 한층 높이게 했다.

Battle 8

| 오픈 소스의 승리: 리눅스와 태즈볼

로베르트는 우리가 살고 있는 21세기에 가장 큰 사건은 인터넷이라고 생각했다. 인터넷은 전 세계를 하나로 묶어주는 21세기의 혁명이다.

이 혁명은 전 세계인을 소통하게 하는 것은 물론 우리 일상의 패러다임을 완전히 바꾸게 했다. 현재도 이 혁명은 진화하고 있다.

이런 21세기의 혁명을 개발하는 과정에서 분명히 지식재산권과 관련된 싸움이 있었으리라 생각이 들었다.

"저자님. 21세기의 혁명과도 같은 인터넷을 개발하는 과정에서 지식재산권과 관련된 싸움은 없었나요?"

저자는 로베르트가 그 질문을 왜 하지 않았나 싶다는 표정을 지으며 말문을 연다.

"2000년대 초의 중대한 법적 사건이 있었습니다. 2000년대 초, 'SCO Group'[17]과

17 SCO 그룹(SCO Group, SCO로 지칭되고 이후 TSG 그룹으로 불림): 2002년부터 2012년까지 존재했던 미국의 소프트웨어 회사로 SCO에 속한 Unix 운영체제 자산을 소유했다. UnixWare 및 Open Server 기술을 사용하

'IBM'[18] 간의 리눅스 관련 저작권 침해 소송이 있었어요."

로베르트는 저자가 다음 말을 이어가려는 순간, 먼저 말을 내뱉는다.

"역시! 있었군요! 계속 이야기를 들려주세요."

저자는 살며시 고개를 끄덕이며 말을 이어간다.

"이 분쟁은 '오픈 소스(open source)'[19] 커뮤니티와 관련된 것입니다."

저자는 그 사건의 배경을 설명하기 시작한다.

"이 사건에서 SCO는 자신들이 Unix 시스템의 저작권을 소유하고 있다고 주장하며, IBM이 리눅스 개발에 이 저작권을 침해한 코드를 사용했다고 주장했어요. 근데 이 사건은 단순히 두 회사 간의 분쟁을 넘어, 전 세계 오픈 소스 커뮤니티와의 사법 전쟁으로 확대돼요. 우선 오픈 소스에 대한 배경을 설명하면, 소프트웨어를 기술하기 위해 사용된 오픈 소스는 '자유 소프트웨어(free software)'[20]라는 용어에 암시된 정치적 선전과 도덕적 철학을 비판했던 자유 소프트웨어 운동에 참여한 사람들이 처음 제안한 것이었죠. 게다가 '프리 소프트웨어'라는 용어의 모호성(자유 소프트웨어, 무료 소프트웨어)은 비즈니스 채택에 부정적인 영향을 미친다는 이유로 오픈 소스로 불리게 되었죠. 이 용어를 처음 제안한 사람은 '미래 연구소(Foresight Institute)'[21]의 공동 창업자인 '크리스틴 피터슨(Christine Peterson)'이에요. 이후 '리누스 베네딕토 토르

고, SCO-Linux 논쟁으로 알려진 일련의 법적 싸움을 진행했다(출처: 위키피디아).

18 IBM(International Business Machines Corporation): Big Blue라는 별명을 가지고, 175개국 이상에 진출해 있는 미국의 다국적 기술기업이다. 컴퓨터 하드웨어, 미들웨어, 소프트웨어를 전문으로 하며 메인프레임 컴퓨터부터 나노기술까지 다양한 분야에서 호스팅 및 컨설팅 서비스를 제공한다. 세계 최대의 산업 연구 기관으로, 1993년부터 2021년까지 29년 연속 기업이 창출한 연간 미국 특허 최다 기록을 보유하고 있다(출처: 위키피디아).

19 오픈 소스(Open Source): 제품에는 소스 코드, 디자인 문서 또는 제품의 내용을 사용할 권한이 포함된다. 대체로 이를 오픈 소스 모델이라고 부르며, 여기서 오픈 소스 소프트웨어나 기타 제품들이 오픈 소스 소프트웨어 운동의 일부로서 오픈 소스 사용권으로 출시된다. 이 용어의 사용은 소프트웨어와 함께 기원했으나 소프트웨어 부문을 넘어서 다른 오픈 콘텐츠 및 개방형 협업의 형태로 확장하고 있다(출처: 위키피디아).

20 자유 소프트웨어(Free Software): 복사와 사용, 연구, 수정, 배포 등의 제한이 없는 소프트웨어 혹은 그 통칭이다. 소프트웨어의 수정 및 수정본의 재배포는 인간이 해독할 수 있는 프로그램의 소스 코드가 있어야만 가능하며, 소스 코드는 GPL 등의 라이선스를 통하거나 극히 드물게 퍼블릭 도메인으로 공개되기도 한다. 자유 소프트웨어 운동은 초창기의 컴퓨터 사용자들이 이러한 자유를 누릴 수 있도록 1983년에 시작했다(출처: 위키피디아).

21 미래 연구소(Foresight Institute): 이 연구소는 Foresight는 안전한 AGI, 생명공학 및 장수와 같은 나노기술 및 기타 신흥 기술의 개발을 촉진하는 샌프란시스코에 기반을 둔 연구 비영리 단체이다(출처: 위키피디아).

발스(Linus Benedict Torvalds)'는 그를 지지하였고, '필 휴즈(Phil Hughes)'가 리눅스 저널에서 이 용어를 지지하게 되면서 완전히 오픈 소스로 불리게 되죠. 오픈 소스 소프트웨어는 누구나 자유롭게 사용, 수정 및 배포할 수 있는 소프트웨어를 의미해요. OSS 소스 코드로 공개했으며, 기술이 있는 사람이라면 누구든지 수정할 수 있어요. 이는 개발자 커뮤니티가 소프트웨어의 개발 및 개선에 참여하고 이바지하도록 해요. 오픈 소스는 소스 코드가 공개되지 않는 전용 또는 폐쇄 소스 소프트웨어와 구별되는 의미로 쓰고 있죠."

로베르트는 저자의 긴 설명에 궁금증을 더해갔다.

"그 사법 전쟁은 어떻게 진행되었나요? 그리고 오픈 소스 커뮤니티는 어떤 역할을 했나요?"

저자는 사건의 진행 과정을 설명한다.

"오픈 소스 커뮤니티는 이 소송에 맞서기 위해 대대적으로 움직였어요. 많은 개발자와 기업들이 리눅스와 오픈 소스 소프트웨어의 합법성을 옹호했죠. 이 세계적인 전쟁은 오픈 소스 소프트웨어의 법적 지위와 저작권에 대한 중요한 테스트 케이스가 되었어요."

로베르트는 이 소송의 결론이 어떻게 났는지 참을 수 없었다.

"오픈 소스 커뮤니티가 승리했나요? 구체적으로 어떤 결과가 나왔나요?"

로베르트는 우물에서 벌써 숭늉을 한 사발 들이켜고 있었다.

조급해하는 로베르트를 보고 저자는 그 결과에 관해 설명한다.

"결국, 법원은 IBM의 리눅스 사용이 저작권을 침해하지 않았다고 판결했어요. 하지만 이 사건은 오픈 소스 소프트웨어의 합법성을 강화하는 데 크게 이바지했고, 오픈 소스 운동에 큰 승리를 가져다주었죠. 이에 따라 오픈 소스 소프트웨어의 발전과 확산이 더욱 가속화될 수 있었어요. 현재 우리가 사용하고 있는 많은 프로그램에 영감은 준 것이 오픈 소스 프로그램이에요. 일반적으로 오픈 소스는 상업적 목적을 포함한 모든 목적을 위해 또 원래의 디자인으로부터 수정을 할 수 있도록 소스 코드를 일반에 공개한 컴퓨터 프로그램이에요. 오픈 소스 코드는 프로그래머들이 소스 코드를 개선하고 공동체 내의 변경 사항을 공유하는 협업적인 노력의 산물을 의미하죠. 코드는 소프트웨어 사용권 조항에 따라 출시하고, 해당 사용권 조항에 따라 다른 사람들은 자신들의 버전을 다운로드, 수정 후 공동체에 게시할 수 있어요. 안드로이드, 클라우드, 데이터베이스, 웹 서버, 웹 브라우저, 콘텐츠 관리 시스템, 빅데이터 관리 등 거의 모든 분야에서 오픈 소스가 높은 점유율을 가지고 있죠. 현재 우리가 사용하는 소프트웨어 중 오픈 소스 기술을 사용하지 않는 것이 없어요."

로베르트는 이 대화를 통해 2000년대 초 오픈 소스 커뮤니티와 법적 분쟁이 역사적으로 중요한 사건이었음을 다시 한번 실감하게 된다.

저자와의 대화는 로베르트에게 오픈 소스 운동과 그 법적 승리가 어떻게 소프트웨어 산업을 변화시켰는지에 대한 흥미로 다가왔다.

CHAPTER 01

비상한 전략:
디자인으로 세계를
점령하라!

CHAPTER 01

디자인의 전쟁

1. 전장의 서막
2. 디자인의 마법
3. 디자인의 장막
4. 디자인의 비상

제1장

비상한 전략의 시작:

디자인으로 세계를 점령하라!

1 전장의 서막

생각해 보자! 광활한 평원에서 치열한 전투가 벌어지고 있다.
먼지가 휘날리는 이 평원은 무자비한 시장이며, 여기에는 대규모 군대 같은 기업들이 줄지어 서 있다.
그들의 무기는 디자인이고, 방패는 지식재산권이다.
각각의 기업은 이 전장에서의 쟁탈전에 모든 것을 걸고 있다.

◉ 전장의 서막이 열린다.

한 편에서는 창조적이고 혁신적인 디자인으로 무장한 기업이 있다.
그들은 자신들의 디자인이 시장을 지배할 것이라 확신한다.
반대편에서는 지식재산권을 방패로 삼아, 창의적인 아이디어를 보호하며 방어적인 자세를 취한다.
두 기업은 전략을 세우며 서로를 주시한다.
마치 체스 게임의 장기 말처럼, 한 수 한 수 신중하게 움직인다.
각각의 움직임은 전략적이며, 시장 지배를 위한 것이다.
이 전투는 단순한 제품의 대결을 넘어, 시장의 미래와 기업의 운명을 결정짓는 중대한 사건이다.
긴장은 최고조에 달한다. 이 전투는 단순히 승리를 위한 것이 아니라, 혁신과 창조의 상징이 되고 있다.
시장은 끊임없이 변화하고, 이들 기업은 그 변화의 최전선에 서 있다.

◉ 전투는 계속된다.

새로운 기술, 창의적인 아이디어 그리고 끊임없는 혁신이 이 전장의 규칙을 다시 쓰고 있다.
기업들은 자신들의 전략을 수정하고, 새로운 무기를 개발한다.
이 전투의 결과는 아직 아무도 모른다.
하지만 한 가지는 분명하다. 이 전투는 기술과 혁신의 미래를 형성하고, 우리 모두의 삶에 영향을 미칠 것이다.

◉ 여정의 시작

베네치아!

이 평화로운 마을에서 천재 발명가 로베르트는 혁신의 불꽃을 태웠다.

그의 작은 연구실에서 탄생한 디자인 제품은 마법과 같았다.

그 제품은 현대 기술과 고대 베네치아의 예술적 감각이 완벽하게 조화를 이루며, 많은 이들로부터 찬사를 받았다.

로베르트는 베네치아의 진입 장벽을 넘어, 시장에서의 성공을 꿈꿨다.

그러나 그의 꿈 앞에 거대한 그림자가 드리웠다.

'테크놀리아!' 이 기업은 베네치아의 시장을 철저히 독점하고 있었다.

발명가들의 제품을 무분별하게 복제하고 대량으로 생산한 제품으로 그들의 지위를 견고히 하고 있었다.

대량생산으로 인한 저렴한 가격은 눈에 보이지 않는 장벽을 만들어, 다른 창작자들의 시장 진입을 완벽하게 가로막았다.

로베르트의 혁신적인 제품 역시 테크놀리아의 탐욕스러운 손아귀에 빠져들어 갔다.
로베르트는 자신의 제품이 무단으로 복제되어 판매되는 것을 보고 분노와 충격에 빠졌다.
수년간의 노력이 순식간에 물거품으로 변해가는 것을 보며, 절망했다.
하지만 로베르트는 그저 당할 수만은 없었다.
그는 자신의 제품을 보호하기 위한 방법을 찾기 시작한다.
그리고 그 과정에서, 지식재산권이 현대 전장에서 얼마나 강력한 무기가 될 수 있는지를 깨닫게 된다.
지식재산권은 그의 제품과 그가 담은 창의성을 지킬 수 있는 유일한 방패였다,
로베르트는 전략을 세우기 시작한다.
그의 연구실은 전장의 지휘소로 변했고, 그의 제품 도면과 계획은 전장의 지도가 되었다.
법률책과 지식재산권에 관한 문서들은 그의 무기고가 되었다.
로베르트는 법적 전투를 준비하며, 테크놀리아에 맞설 준비를 마쳤다.
이제, 로베르트는 전장으로 나선다.
그의 싸움은 단순히 자신의 제품을 위한 것이 아니라, 모든 창작자의 권리와 미래를 위한 싸움이었다.
그의 발걸음은 단호했고, 그의 눈빛은 결의에 차 있었다.
로베르트의 여정은 이제 시작이고, 그의 싸움은 모든 창작자에게 희망의 불씨가 될 수 있을지 지켜봐야 한다.

디자인과 지식재산권이라는 힘의 결합

◉ 디자인권 힘의 발견

베네치아의 조용한 연구실에서 시작된 로베르트의 여정은 이제 전 세계를 무대로 한 대결로 확장되었다.

로베르트와 발명가들은 전장을 지배하는 새로운 힘, '디자인권'을 발견하고, 이 힘은 단순한 외형적 아름다움을 넘어, 창의성과 혁신을 법적으로 보호하는 강력한 무기임을 알게 된다.

로베르트는 이 힘을 자신의 제품개발 과정에 결합하기 시작한다.

그의 연구실은 마치 마법사의 실험실처럼 변했다.

새로운 디자인과 기술이 결합하면서, 그의 제품은 시장에서 독보적인 위치를 차지하기 시작한다.

이 혁신적인 결합은 로베르트에게 거의 무적과 같은 힘을 부여했다.

그의 제품은 단순한 발명품을 넘어, 시장에서 폭발적인 인기를 얻기 시작한다.

사람들은 로베르트의 제품이 가져다주는 새로운 경험과 가능성에 열광한다. 하지만 이러한 성공은 테크놀리아의 눈에는 위협으로 다가왔다.

그들은 로베르트의 성공을 견제하기 시작한다.
테크놀리아는 로베르트의 제품을 복제하려고 시도했지만, 디자인권의 보호 아래 로베르트의 제품은 안전했다.
로베르트는 이제 법적 보호막 안에서 자기 창작물을 자유롭게 펼칠 수 있었다. 이 힘은 로베르트에게만 국한되지 않았다.
다른 창작자들도 이 새로운 힘을 발견하고, 자신들의 창작물을 보호하기 시작한다.
이제, 로베르트와 다른 발명가들은 단순한 발명가가 아닌, 자신들의 권리를 지키고 시장에서 새로운 지평을 여는 선구자들이 되었다.
그들은 디자인과 지식재산권이라는 두 강력한 힘을 결합하여, 창작의 미래를 새롭게 그려나가고 있었다.
로베르트의 제품은 이제 전 세계의 주목을 받으며, 창의성과 혁신의 상징이 되었다.
그러나 그의 여정은 아직 끝나지 않았다.
테크놀리아와의 싸움은 계속되고, 로베르트와 동료들은 새로운 도전과 기회를 맞이할 준비를 하고 있다.

◉ '테크놀리아'와의 전투

'테크놀리아'는 쉽게 물러서지 않았다.
로베르트와 발명가 그리고 테크놀리아는 각자의 전략과 무기를 가지고 치열한 전투를 벌인다.
이 전투는 로베르트와 발명가들에게 단순한 경쟁을 넘어서, 혁신과 창의를 위해 미래를 건 싸움이었다.
로베르트와 동료 발명가들은 디자인권을 방패로, 테크놀리아의 가격이라는 장벽에 맞섰다.
이들의 독창적인 디자인과 혁신적인 아이디어는 시장에 주목받으며, 테크놀리아의 저가 전략에 효과적인 대항책을 마련한다.
한편 테크놀리아는 그들의 규모와 자본력을 앞세워 반격했다.
그들은 로베르트의 혁신을 모방하려고 시도했으나, 로베르트의 지식재산권 전략은 그들을 제압하는 데 충분했다. 이때, 용감한 로베르트는 결정적인 움직임을 보인다.

그는 디자인권과 지식재산권을 전략적으로 활용해 테크놀리아의 공세를 무력화시켰다.
로베르트는 전장에서의 승리뿐만 아니라, 시장에서의 인식 전환을 이끌어 내게 된다.
테크놀리아의 복제품들이 아닌, 진정한 혁신과 창의가 승리하는 시대가 도래한 것이다.
테크놀리아는 잠시 후퇴했고, 로베르트와 발명가들은 이 역사적인 승리를 자축했다.
하지만 로베르트는 이것이 끝이 아니라 새로운 시작임을 알고 있었다.
그는 앞으로도 지속적인 혁신과 창의성을 통해 자신의 위치를 굳건히 지키고, 더 나아가 기술과 디자인의 미래를 끌어나갈 준비를 한다.
이 전투는 로베르트와 발명가들에게 중요한 교훈을 남겼다.
창의성과 혁신이 결국에는 어떤 장벽도 넘을 수 있음을 증명한 것이다.
이들의 여정은 여기서 멈추지 않고, 끊임없이 변화하는 시장에서 새로운 도전을 맞이할 준비를 하고 있었다.

"Technolia"
베네치아 발명가! 테크놀리아를 굴복시키다.

◉ 디자인권 새로운 전략적 자산으로 등극

디자인권!

테크놀리아를 무너뜨린 로베르트와 베네치아 발명가들.

디자인권이라는 말은 이제 베네치아를 넘어 전 세계 발명가들 사이에서 새로운 화두로 떠올랐다.

테크놀리아를 무너뜨린 로베르트와 발명가들은 이제 그들의 혁신적인 발명품을 넘어서는 새로운 차원의 승리를 맛보았다.

이 전투는 발명가들에게 디자인권의 진정한 가치를 깨닫게 했다.

디자인은 이제 단순히 제품의 외형을 꾸미는 미학적 요소가 아니었다.

그것은 발명가들의 아이디어와 혁신을 시장에서 보호하고, 그들의 창의적 노력을 인정받는 데 필수적인 전략적 자산이 되었다.

로베르트는 이 새로운 현실을 자신의 다음 프로젝트에 적용하기 시작한다.

그는 디자인을 중심으로 전략을 구축하고, 지식재산권의 강력한 보호막 아래에서 자유롭게 창의적인 아이디어를 실험할 수 있었다.

그의 새로운 실험은 더 이상 단순한 제품이 아니었다.

이러한 변화는 베네치아뿐만 아니라 전 세계의 발명가들에게 영감을 주었다. 그들은 로베르트의 사례를 보며 자신들의 디자인권을 활용하는 새로운 방법을 모색하기 시작했다.

전 세계의 발명가들은 이제 자신들의 창작물을 단순한 제품으로 보지 않고, 그 안에 담긴 창의성과 지식을 중요하게 여기기 시작했다.
테크놀리아와의 전투는 많은 이들에게 중요한 교훈을 남겼다.
디자인권은 단순한 법적 보호 이상의 의미를 갖는다는 것, 그것은 발명가들의 혁신적인 아이디어를 세상에 펼쳐 보이고 그 가치를 인정받는 데 결정적인 역할을 한다는 것을 말이다.
로베르트와 발명가들은 이제 새로운 도전을 맞이할 준비를 하고 있었다.
그들은 디자인권을 전략적으로 활용하여 더 많은 혁신을 창출하고, 그들의 창작물로 세계를 놀라게 할 준비를 하고 있었다.
이들의 여정은 디자인과 지식재산권이 어떻게 발명가들의 미래를 바꿀 수 있는지 보여주는 강력한 사례가 되었다.

새로운 시대의 시작

◉ 디자인, 새로운 시대를 열다.

세계 곳곳의 기업들이 새로운 움직임을 보이기 시작한다.
이제 디자인권과 지식재산권은 단순한 개념을 넘어, 강력한 전략적 자산으로 자리 잡았다. 디자인은 '예쁜 것'을 넘어서 소비의 트렌드를 만들고, 경쟁력을 갖추며 시장을 지배하는 핵심 요소가 되었다.
지식재산권의 중요성을 깨달은 많은 후발 주자들이 이제 디자인권을 활용하여 시장에 도전장을 내민다.
그들은 틈새시장을 공략하고, 자신들의 혁신적인 아이디어를 보호받으려는 노력에 몰두한다.
그들의 목표는 미래의 시장을 선점하는 것이다. 한편 로베르트는 베네치아 발명가들의 승리가 의미하는 바를 깊이 깨닫는다.
그는 자신의 지식과 경험을 다른 발명가들과 나누며, 그들과 함께 새로운 협력관계를 구축해 나간다. 이들은 디자인권과 지식재산권을 중심으로 한 새로운 산업 생태계를 조성해 나가고 있다.
이 새로운 시대에서 기업들은 경쟁자가 아닌 동반자를 찾고, 상생의 관계를 구축한다.

전 세계적으로 기업들은 디자인권에 대한 인식을 높이고, 보호무역 정책과 경쟁에도 불구하고, 세계 시장에서 자신들의 위치를 확립한다.
로베르트와 발명가들은 다양한 문화와 아이디어를 결합한 새로운 디자인으로 시장을 확장한다.
디자인권은 그들이 시장에서 영향력을 키우는 데 중요한 역할을 한다.
이들은 기술 발전과 디자인의 결합을 통해 지속 가능한 솔루션을 마련하고, 환경과 사회에 긍정적인 영향을 미치는 방향으로 나아간다.
시장은 이제 디자인을 전략적으로 활용하는 발명가들에게 새로운 기회의 문을 열어준다. 디자인은 단순한 미적 개념을 넘어 변화와 혁신, 무한한 가능성을 내포한 강력한 도구로 자리 잡는다.
이것은 새로운 시대의 도래를 알리는 신호탄이며, 무한한 가능성을 향한 여정의 시작이다. 로베르트와 세계의 수많은 발명가가 함께 이 새로운 장을 열기 위해 디자인과 지식재산권을 통해 변화를 이끌어가는 모습을 상상해 보자!
이것이 바로 '디자인의 전략'이라는 새로운 장의 서막이자, 무한한 가능성을 향한 여정의 시작이다.

2 디자인의 마법

| 디자인의 등장

18세기 베네치아.
혁신과 창의가 꽃피는 시대.
로베르트와 발명가들은 새로운 제품을 만들기 위해 모였다.
그들은 각자의 기술과 지식을 모아 놀라운 발명품들을 만들어 내기 시작하지만, 제품을 만들면서도 그들은 무언가 중요한 것이 빠졌다는 느낌을 지울 수 없었다.
발명품은 기능적으로 완벽했지만, 사람들의 마음을 사로잡기에는 무언가 부족했다.
이러한 고민 속에서, 디자인이라는 새로운 마법이 그들 앞에 나타난다.
디자인은 단순히 제품의 형태를 아름답게 하는 것을 넘어 제품의 기능을 보완하고, 새로운 의미와 감성을 불어넣었다.
그들은 이 새로운 가능성에 눈을 떴고, 디자인을 자신들의 발명품에 적용하기 시작한다. 그들이 처음으로 디자인이 적용된 발명품을 내어놓자, 시장에선 폭발적인 반응을 보였다.
사람들은 그들의 제품이 지닌 새로운 감성과 창의성에 매료되었고, 이를 단순한 제품이 아닌, 예술작품으로까지 여겼다.
그들의 성공은 경쟁자들의 부러움을 샀고, 경쟁자들은 이내 그들의 디자인을 모방하기 시작한다. 자신들의 디자인이 모방하는 상황에 직면하자 그들은 디자인의 중요성과 함께 지식재산권의 가치를 찾아 나서게 된다.

디자인의 부상

디자인은 마치 마법사의 지팡이처럼 베네치아 발명가들의 제품에 예술작품과 같이 빛과 색 그리고 형태를 부여한다.
이는 단순한 변화를 넘어, 제품에 새로운 생명을 불어넣는 혁신이었다.
디자인의 힘은 이제 단순히 미적 가치를 더하는 것을 넘어서, 발명가들의 아이디어와 제품을 보호하는 강력한 방패가 되었다. 그리고 상표권과 트레이드 드레스와도 손을 잡았다.
이는 제품의 독창성과 정체성을 법적으로 보호하고, 그 가치를 시장에서 인정받는데 큰 역할을 했다.
제품들은 발명가들의 감성과 이야기를 담은 예술작품으로 변모했다.

사람들은 이러한 변화에 놀라움과 감탄을 금치 못했다.
사람들을 위해 제품들은 점점 더 매력적이고, 독창적으로 변해갔고, 디자인은 사람들의 구매 결정에 큰 영향을 미치기 시작한다.
발명가들은 디자인이 제품의 성공에 필수적인 요소임을 깨닫고, 디자인에 더 많은 시간과 노력을 기울이기 시작한다.
로베르트와 발명가들은 디자인의 부상으로 그들의 제품이 사용자의 필요를 충족시키는 것을 넘어, 사람들의 감성과 연결될 수 있음을 발견한다. 그들은 각각의 제품에 독특한 이야기와 정체성을 담아, 시장에서 그들의 제품이 더욱 빛나게 했다.
이러한 변화와 함께 디자인이 기술 발전에 발맞추면서 사회와 문화에 긍정적인 영향을 미친다는 것을 밝혀낸다. 디자인은 이제 사용자의 경험과 감정을 형성하는 것을 넘어 사회와 문화에도 영향을 미치는 중요한 요소가 되었다.

로베르트의 이야기는 디자인이 단순한 기능과 형태를 넘어 제품 가치를 창출하고, 시장과 사회를 혁신하며 문화를 형성할 수 있는 강력한 영향력을 가지고 있음을 보여주었다.

디자인의 힘

제품이 단순하고 기능 중심이던 때에는 디자인이라는 마법은 그 진가를 발휘하지 못했다. 그러나 시간이 흐를수록 사람들의 욕구는 점점 변해갔다.
사람들은 제품이 단순한 기능을 넘어, 새로운 미적 가치를 갈망하기 시작한다.
디자인이라는 마법은 이런 갈망을 충족시켜 가며, 제품을 변화시키기 시작한다.
로베르트는 이 변화하는 세상에서 디자인의 힘을 깨닫고, 자신의 발명품에 적용하기 시작한다.
그는 디자인이 단순한 외형을 넘어, 제품의 정체성과 가치를 만드는 데 중요한 역할을 한다는 것을 알게 된다.
로베르트의 여정은 단순히 창작의 과정이 아니었다.
그것은 디자인이 제품의 혁신을 이끌고, 시장에서 경쟁력을 갖출 수 있는지 마법과도 같았다.
그는 전통적인 발명가들의 사고방식을 뛰어넘어서, 디자인을 제품의 심장이 되게 만들고자 했다.
시장에서의 첫 성공 이후, 로베르트는 더 큰 도전에 직면한다.

그의 혁신적인 디자인은 경쟁자들의 주목을 받게 되고, 그들은 로베르트의 아이디어를 모방하기 시작한다. 이에 따라, 로베르트는 디자인의 보호와 지식재산권의 중요성을 다시금 깨닫게 된다.

그는 자신의 발명품을 보호하기 위해 다시 전장으로 뛰어든다.

이 전장은 단순한 법적 문제를 넘어서, 디자인의 중요성을 세상에 알리는 데에 있었다.

로베르트는 자기 경험을 통해, 디자인의 힘이 제품개발의 필수적인 부분임을 증명해 낸다.

로베르트의 여정은 디자인이 어떻게 시장을 변화시키고, 제품개발의 패러다임을 바꿀 수 있는지를 보여주는 강력한 사례가 되었다. 그리고 디자인의 전략적 활용이 얼마나 중요한지를 깨닫게 하는 새로운 여정의 서막이 되었다.

이 이야기는 디자인이 제품개발 과정에 미치는 디자인의 힘이 얼마나 중요한지를 로베르트의 여정으로 증명하고 있다.

디자인이 가진 비밀의 문서: 107개의 키워드

베네치아의 발명가들은 디자인이라는 마법이 제품에 무한한 가능성을 부여한다는 것을 알고 있었다. 하지만 그 무한한 가능성의 비밀을 찾는 것이 핵심 과제였다. 그리고 그것을 어떻게 활용해야 하는지가 또 다른 과제로 다가왔다.

이때, 그들은 오래된 성서인 '문헌'에서 552편의 문서를 발견한다. 이 문서들은 시대를 초월한 디자인의 지혜와 지식이 담겨 있었다.

그중 112편의 문서가 디자인의 활용과 밀접한 관련이 있다는 사실이 밝혀졌다. 로베르트와 발명가들은 이 문서들을 꼼꼼히 연구하기 시작한다.

그들은 이 문서들에서 디자인의 본질과 그 활용에 대한 107개의 주요한 키워드를 찾아낸다. 이 키워드들은 디자인의 다양한 측면을 탐구하는 데 중요한 단서가 되었다. 각 키워드는 디자인의 다양한 요소를 나타내고, 그것들을 어떻게 효과적으로 결합할 수 있는지를 알려주었다.

그들은 이 키워드를 사용하여 자신들의 제품에 새로운 차원의 디자인 활용 방법을 적용한다. 이에 따라 제품들은 더욱더 혁신적이고 매력적으로 변모하며, 사람들에게 큰 호응을 얻는다.

이 비밀의 문서를 통해 발명가들은 디자인이 단순히 기능과 형태에 활용하는 것을 넘어 제품들이 가진 가치를 더하는 것을 깨닫는다.

디자인은 제품의 기능, 사용자 경험, 심지어는 제품의 정체성에까지 영향을 미친다.

로베르트와 발명가들은 이 키워드를 통해 제품의 측면에 혁신을 불어넣고, 창의적인 아이디어를 현실로 만든다.

이 발견은 베네치아뿐만 아니라 전 세계의 디자인과 제품개발에 큰 영향을 미친다.

발명가들과 디자이너들은 이 문서에서 영감을 얻어, 새로운 디자인 방향을 설정한다.

이렇게 디자인의 비밀문서는 제품개발과 시장 변화의 새로운 장을 여는 데 결정적인 역할을 한다.

로베르트와 발명가들의 여정은 이제 디자인의 깊이 있는 이해와 적용에 대한 새로운 지평을 열고자 한다.

이들의 이야기는 디자인이 단순한 외형을 넘어, 제품의 정체성과 가치를 만들어내는 데 중요한 역할을 한다.

표 1 107개의 키워드

Ⓐ(1)	Ⓐ **트레이드 드레스**	Ⓑ(2)	Ⓑ-1 **기능성 원리** Ⓑ-2 비기능성	Ⓒ(1)	Ⓒ **디자인 프로세스**	Ⓓ(1)	Ⓓ **선행디자인** (조사 및 분석)
Ⓔ(2)	Ⓔ-1 **상표법(상표권)** Ⓔ-2 상표 심사 및 심사 기준	Ⓕ(4)	Ⓕ-1 **브랜드** Ⓕ-2 브랜드전략 Ⓕ-3 브랜드 태도 Ⓕ-4 로고	Ⓖ(7)	Ⓖ-1 **혼동 가능성** Ⓖ-2 **식별력** Ⓖ-3 **출처표시 기능** Ⓖ-4 **상표적 사용** Ⓖ-5 **사용에 의한식별력** Ⓖ-6 **주지성** Ⓖ-7 **저명성**	Ⓗ(1)	Ⓗ **특허법(특허권)** (미국 디자인 특허, 청구범위 등)
Ⓘ(3)	Ⓘ-1 **디자인권** (디자인보호법, 의장법 등) Ⓘ-2 심사 Ⓘ-3 일부심사	Ⓙ(9)	Ⓙ-1 **디자인** (Ⓙ-2 제품, Ⓙ-3 시각, Ⓙ-4 포장, Ⓙ-5 패션, Ⓙ-6 서비스, Ⓙ-7 상품, Ⓙ-8 건축, Ⓙ-9 환경디자인 등)	Ⓚ(3)	Ⓚ-1 **표준특허** Ⓚ-2 **특허괴물**(NPE) Ⓚ-3 FRAND 선언	Ⓛ(5)	Ⓛ-1 **부정경쟁 방지법** (Ⓛ-2 미등록 디자인, Ⓛ-3 상품의 형태 모방, Ⓛ-4 데드카피, Ⓛ-5 무단 사용 등)
Ⓜ(3)	Ⓜ-1 **디자인 분쟁** (Ⓜ-2 디자인 보호, Ⓜ-3 디자인 가치평가 및 기여도 평가 등)	Ⓝ(6)	Ⓝ-1 **동일 유사** Ⓝ-2 신규성 Ⓝ-3 유사 판단 Ⓝ-4 유사성 Ⓝ-5 주지형상 Ⓝ-6 디자인 분류 (로카르노 분류체계)	Ⓞ(2)	Ⓞ-1 **용이 창작** Ⓞ-2 창작비 용이성	Ⓟ(4)	Ⓟ-1 **저작권** (Ⓟ-2 응용 미술 디자인, Ⓟ-3 디자인창작물, Ⓟ-4 아이디어 도용 등)
Ⓠ(3)	Ⓠ-1 **삼성 vs 애플** Ⓠ-2 삼성 Ⓠ-3 애플	Ⓡ(9)	Ⓡ-1 **분쟁**(침해 소송, 권리 범위 확인 심판, 권리 범위 Ⓡ-2 **침해**(저촉, 금지 청구권, 경제적 불법행위, 침해 판단의 주체 & 방법 & 기준 등) Ⓡ-3 **비침해 행위** Ⓡ-4 **이용발명, 이용침해** Ⓡ-5 **특허남용**(권리 남용, 독점규제법, 끼워팔기 등) Ⓡ-6 **상표남용** Ⓡ-7 **구제**(특허 무효항변, 대체적 분쟁 해결 등) Ⓡ-8 **사법적 & 행정적 구제** Ⓡ-9 **침해 행위 및 저촉**			Ⓢ(4)	**Ⓢ-1 화상디자인** **Ⓢ-2 아이콘** **Ⓢ-3 GUI** **Ⓢ-4 인터페이스**
Ⓣ(1)	Ⓣ **입체상표** (비전형 상표 제도, 색채, 소리 냄새, 위치, 감각 상표 등)			Ⓤ(4)	Ⓤ-1 **아이덴티티** (Ⓤ-2 제품, Ⓤ-3 브랜드, Ⓤ-4 기업 등)		
Ⓥ (32)	Ⓥ **기타** (Ⓥ-1 지식재산권, Ⓥ-2 존속기간, Ⓥ-3 영업비밀, Ⓥ-4 기업 경영, Ⓥ-5 경영전략, Ⓥ-6 중소기업 경쟁력 강화, Ⓥ-7 디자인 경영, Ⓥ-8 산업디자인, Ⓥ-9 직무 보상 발명제도, Ⓥ-10 로고, Ⓥ-11 헤이그협정, Ⓥ-12 제네바 법, Ⓥ-13 (중국) 전리법, Ⓥ-14 모방의 역설, Ⓥ-15 모방, Ⓥ-16 IDPPPA(패션산업의 대체적 분쟁 해결제도), Ⓥ-17 패션 액세서리, Ⓥ-18 실시 허락 거절, Ⓥ-19 강제실시권, Ⓥ-20 차별성과 PD 방향성, Ⓥ-21 국제분쟁, Ⓥ-22 법적 충돌, Ⓥ-23 권리부여, Ⓥ-24 행위규제, Ⓥ-25 일반조항, Ⓥ-26 장식성, Ⓥ-27 창작성, Ⓥ-28 퍼블리시티권, Ⓥ-29 외관 디자인, Ⓥ-30 상품의 형태, Ⓥ-31 스마트 디바이스, Ⓥ-32 미니멀리즘 등)						

※ 출처: 디자인권 관점에서 바라본 제품디자인 개발 프로세스에 관한 연구

01 디자인의 핵심 키워드, 22개의 힘

107개의 키워드가 각자의 독특한 힘을 가지고 있지만, 베네치아의 발명가들은 그 중 22개의 핵심 키워드가 모든 것을 지배하는 코어인 것을 깨닫는다. 이 22개의 키워드는 디자인의 본질과 그것이 제품에 미치는 영향이 가장 크다는 것을 알게 된다.

표 2 22개 핵심 키워드

			Ⓐ 트레이드 드레스			
		Ⓑ 기능성 원리	Ⓒ 디자인 프로세스	Ⓓ 선행디자인		
	Ⓔ 상표권	Ⓕ 브랜드	Ⓖ-1 혼동 가능성 Ⓖ-2 식별력 Ⓖ-3 출처표시 기능 Ⓖ-4 상표적 사용 Ⓖ-5 사용에 의한 식별력 Ⓖ-6 주지성 Ⓖ-7 저명성	Ⓗ 특허법 (특허권)	Ⓘ 디자인권	
Ⓙ 디자인	Ⓚ-1 표준특허 Ⓚ-2 특허괴물	Ⓛ 부정경쟁 방지법	Ⓜ 디자인 분쟁	Ⓝ 동일 유사	Ⓞ 용이창작	Ⓟ 저작권
		Ⓠ 삼성 vs 애플	Ⓡ-1 분쟁 Ⓡ-2 침해 Ⓡ-3 비침해 행위 Ⓡ-4 이용발명 이용침해 Ⓡ-5 특허남용 Ⓡ-6 상표남용 Ⓡ-7 구제 Ⓡ-8 사법적&행정적 구제 Ⓡ-9 침해 행위 및 저촉	Ⓢ-1 화상 디자인 Ⓢ-2 아이콘 Ⓢ-3 GUI Ⓢ-4 인터 페이스		
		Ⓣ 입체상표	Ⓤ 아이덴티티	Ⓥ 기타		

※ 출처: 디자인권 관점에서 바라본 제품디자인 개발 프로세스에 관한 연구

발명가들은 이 핵심 키워드들을 사용하여, 제품디자인의 근본적인 관계를 새롭게 그려낸다.

이들은 키워드를 서로 연결하고, 그 속에서 새로운 가능성을 발견한다.

각 키워드는 마치 무한한 창조의 원천처럼, 발명가들에게 새로운 영감을 제공했다. 이 22개의 키워드는 단순한 요소를 넘어서, 제품의 기능, 사용자 경험, 심지어는 시장 전략에 이르기까지 다양한 측면에서 혁신을 보여주었다.

로베르트와 발명가들은 이 키워드들을 조합해 실험적으로 적용하며, 제품의 모든 측면에서 창의성과 혁신을 추구한다.

그들의 제품은 기존의 경계를 넘어서며, 소비자들에게 전혀 새로운 경험을 제공한다. 이러한 제품들은 시장에서 큰 반향을 일으키며, 디자인의 가치를 새롭게 각인시킨다.

22개의 핵심 키워드는 디자인의 새로운 지평을 열었고, 제품의 혁신과 시장에서의 성공을 이끄는 중요한 요인이 되었다.

로베르트와 발명가들의 여정은 디자인이 제품개발과 시장 변화에 큰 영향을 미치는 혁신, 그 자체를 보여주는 강력한 사례가 되었다.

키워드의 발견은 디자인의 본질과 제품의 근본적인 관계를 그려내며, 창의력과 혁신을 끌어내는 무한한 가능성을 보여주며, 발명가들에게 새로운 영감을 제공했다.

로베르트와 발명가들의 이야기는 디자인의 전략적 활용이 얼마나 중요한지 그리고 새로운 가능성을 제공하는 중요한 요소로 인식한다.

02 가설의 탄생과 검증의 여정

베네치아의 발명가들은 22개의 핵심 키워드를 중심으로 창의적인 제품개발을 위한 가설을 세웠다.

그들은 단순히 이론에 그치지 않고, 실제 사람들을 만나 이야기를 듣고, 그들의 의견을 종합하기 시작한다.

100여 명이 넘는 사람들과의 대화를 통해, 발명가들은 사람들이 원하는 창의적인 제품에 개발하는 데 가설을 얻을 수 있었다.

로베르트와 발명가들은 이 가설을 검증하기 위해 다양한 방법을 생각했다.

그들은 각각의 키워드가 어떻게 제품의 디자인에 영향을 미칠 수 있는지 실제 사례를 통해 검증하기 시작했다.

표 3 107개 키워드 연계도

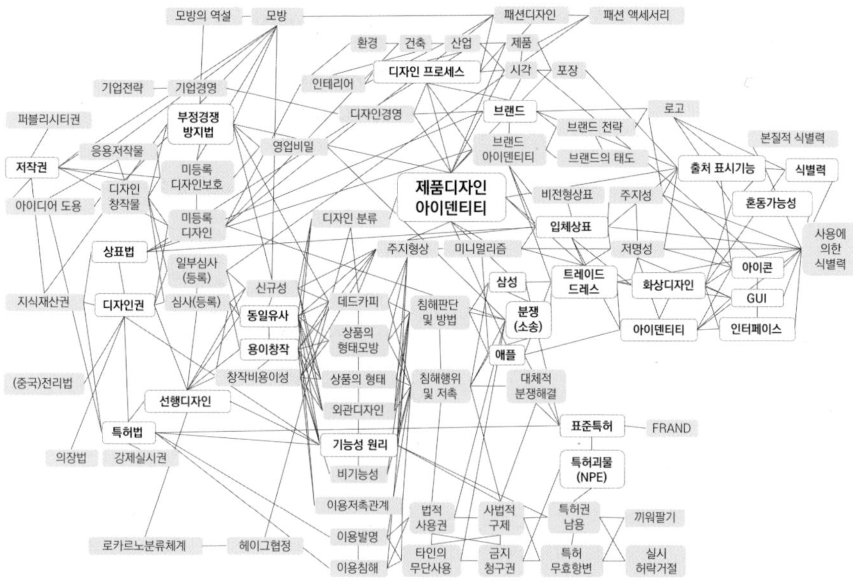

※ 출처: 디자인권 관점에서 바라본 제품디자인 개발 프로세스에 관한 연구

이 과정에서 그들은 각 키워드 간의 관계성을 찾아내고, 이를 제품개발에 적용했다. 오랜 시간과 노력 끝에, 발명가들은 디자인 개발 프로세스를 완성했다. 이 프로세스는 디자인, 마케팅, 경영의 조화로운 흐름을 통해 고객의 만족을 극대화하는 데 초점을 맞췄다. 이 접근방식은 베네치아의 발명가들이 디자인권을 확립하고, 거대 기업인 '테크놀리아'의 무단 복제를 막는 데 결정적인 역할을 할 수 있었다.

발명가들은 이 디자인권 가설의 검증을 통해 자신들의 창의적인 아이디어와 제품이 보호받을 수 있는 방법을 찾아낼 수 있었다.

그래서 그들은 자신들의 제품이 더 이상 무단 복제의 두려움에 시달리지 않게 되었고, 창의성을 자유롭게 발휘하는 데 집중할 수 있었다.

이 디자인권 가설은 로베르트와 발명가들의 창의성을 보호할 뿐만 아니라, 디자인의 중요성을 명확히 증명하는 계기가 되었다.

발명가들의 노력으로 베네치아는 한층 더 활력이 넘치는 도시로 변모한다. 또한 창의적인 에너지가 도시의 곳곳으로 퍼져나가 베네치아는 창의성과 혁신의 상징하는 도시로 다시 자리매김한다.

이 가설의 탄생과 검증의 여정은 발명가들이 디자인의 진정한 가치를 세상에 알린 중요한 사건으로 기록되었다.
이 이야기는 디자인이 단순한 미적 요소를 넘어 제품개발과 시장 변화에 미치는 영향을 탐구하며, 창의력과 혁신이 어떻게 새로운 가능성을 열 수 있는지를 보여준다.
로베르트와 발명가들의 여정은 디자인의 전략적 활용이 얼마나 중요한지를 강조하며, 끝없는 가능성을 향한 여정을 계속 이어간다.

03 두 개의 트랙과 새로운 세계

로베르트와 베네치아의 발명가들은 디자인권을 중심으로 한 혁신적인 제품개발을 두 가지 트랙으로 나누어 추진한다.
첫 번째, 트랙은 '혁신과 창조'에 초점을 맞췄으며, 여기에는 새로운 아이디어와 실험적인 디자인을 탐구했다. 이 트랙은 전통적인 경계를 넘어서는 창의적인 제품들을 탄생시켰다.
두 번째, 트랙은 '안정과 효율'에 중점을 뒀다. 이 경로에서는 실용성과 사용자 경험, 제품의 안정성과 효율적인 생산 방법에 집중했다. 이 트랙은 시장의 요구와 사용자의 편의를 고려한 실용적인 제품들을 만들어 내는 데 성공한다.
처음에는 이 두 트랙이 서로 다른 방향으로 가는 것처럼 보였다.
하지만 제품이 만들어지는 과정에서 놀라운 일이 발생했다.
이 두 트랙은 서로를 보완하며, 궁극적으로 형태적으로나 기능적으로 완벽한 제품을 창출해 낸 것이다.
혁신과 창조의 트랙은 제품에 독특한 매력과 창의성을 부여했고, 안정과 효율의 트랙은 그 제품들이 실용적이고 사용자에게 친화적이도록 했다.
로베르트와 발명가들은 이 두 가지 접근방식의 조화가 어떻게 혁신적인 제품개발을 가능하게 하는지를 깨달았다.
이들의 제품은 시장에서 큰 성공을 거두며, 베네치아는 디자인과 혁신의 중심지로서 명성을 높이게 된다.
이들의 노력은 제품개발에 있어서 창의성과 실용성이 어떻게 조화를 이룰 수 있는지를 보여주는 완벽한 예가 되었고, 이 두 트랙의 접근방식은 발명가들에게 새로운 세계의 문을 열어주었다.
그들은 이제 단순히 제품을 만드는 것이 아니라, 사용자의 삶을 풍요롭게 하는 예술품을 창조하는 것으로 자신들의 역할을 재정립한다.
그들의 이야기는 디자인과 기술의 조화가 어떻게 새로운 창조적 가능성을 열어가는지를 보여주는 강력한 메시지를 전달하고 있었다.

04 전설의 끝과 새로운 전장

베네치아의 발명가와 로베르트의 이야기는 한 시대를 마감했지만, '디자인의 전쟁'은 멈추지 않고 새로운 시대에 이르러 더욱 활발해졌다. 디자인은 무한한 가능성의 원천으로 자리 잡았고, 소비자들은 이제 디자인의 아름다움과 혁신을 요구하기 시작했다.
이 기술의 상징인 스마트폰을 비롯한 다양한 제품들은 디자인의 힘으로 더욱 빛나고 아름다워졌다.
발명가들은 역사의 무대 뒤로 물러났지만, 그들이 남긴 디자인의 전설은 새로운 세대를 통해 계속해서 발전하고 있다.
새로운 세대의 디자이너들은 디자인권의 힘을 깊이 이해하고, 이를 통해 제품에 마법 같은 변화를 가져왔다.
이들은 전통적인 디자인 개념을 넘어서 혁신과 창의성을 결합하여 놀라운 제품을 창조한다.
이 새로운 세대의 디자이너들은 디자인의 모든 측면을 탐구하고, 형태, 색상, 재료, 사용자 경험을 고려하여 제품에 독특한 정체성을 부여한다.
이들의 작업은 단순한 제품디자인을 넘어, 사용자의 생활 방식과 문화를 반영하는 예술작품에 이르게 된다. 새로운 전장에서 디자이너들은 디자인권을 활용하여 자신들의 창의적인 아이디어를 보호하고, 경쟁자로부터 독창성을 지켜내야 한다. 이들은 디자인권이 제품의 정체성과 시장에서의 성공을 보장하는 강력한 도구임을 깨닫고, 이를 적극적으로 활용한다.
디자인의 전쟁은 이제 새로운 단계로 진입하고 있다. 기술의 발전과 함께 디자인은 끊임없이 진화하며, 새로운 세대의 디자이너들은 이 변화하는 세계에서 자신들의 위치를 확고히 하고 있다. 그들은 디자인을 통해 세상을 보는 새로운 방식을 제시하며, 디자인의 무한한 가능성을 탐색한다.
베네치아의 전설은 끝났지만, 디자인의 이야기는 계속된다. 새로운 세대의 디자이너들은 디자인의 힘을 믿고, 이를 통해 세상을 변화해야 한다.

05 기술의 힘과 디자인의 결합

새로운 시대의 도래와 함께, 기술의 급속한 발전은 디자인의 세계에 혁신적인 변화를 가져왔다.
가상현실(VR),[1] 증강현실(AR),[2] 인공지능(AI)[3]과 같은 첨단 기술들이 디자인과의 유기적인 결합을 통해, 전에 없던 혁신적인 제품들을 창조해 내고 있다.
이 혁신적인 융합은 디자이너들에게 새로운 창작의 영역을 열어주었다.
증강현실과 가상현실은 사용자에게 실제와 같은 경험을 제공하며, 제품디자인에 새로운 차원을 부여할 수 있다.
인공지능은 사용자의 행동과 취향을 학습하여, 더욱 맞춤화된 디자인을 가능하게 한다. 디자이너들은 이러한 기술들을 활용하여, 제품에 독특한 정체성과 경험을 더할 수 있다.
예를 들어, 증강현실을 활용한 가구디자인은 사용자가 가상 공간에서 가구를 배치해 볼 수 있게 한다. 또한 실제로 구매하기 전에 제품을 가상으로 체험할 기회를 제공받을 수 있다.
인공지능 기반의 패션디자인은 사용자의 스타일과 색상 선호도를 분석하여, 개인 맞춤형 의류를 제안한다.

---

1 가상현실(Virtual Reality, VR): 컴퓨터 시스템 등을 사용해 인공적인 기술로 만들어 낸, 실제와 유사하지만 실제가 아닌 어떤 특정한 환경이나 상황 혹은 그 기술 자체를 의미한다(출처: 위키피디아).

2 증강현실(Augmented Reality, AR): 가상현실(VR)의 한 분야로 실제로 존재하는 환경에 가상의 사물이나 정보를 합성하여 마치 원래의 환경에 존재하는 사물처럼 보이도록 하는 컴퓨터 그래픽 기법을 말한다(출처: 위키피디아).

3 인공지능(Artificial Intelligence, AI): 인간의 학습 능력, 추론 능력, 지각 능력을 인공적으로 구현하려는 컴퓨터 과학의 세부 분야 중 하나이다(출처: 위키피디아).

이러한 기술과 디자인의 결합은 제품을 단순한 물건을 넘어, 감성과 경험을 제공하는 예술작품으로 변모시킨다.

사용자는 이제 제품을 통해 자신만의 이야기와 개성을 표현할 수 있게 되었다.

이는 디자인과 기술이 어떻게 상호작용하여, 소비자들에게 새로운 가치와 경험을 제공할 수 있는지를 보여주는 완벽한 예시이다.

이 시대의 디자인은 더 이상 단순한 외형의 아름다움에 국한되지 않는다.

그것은 사용자의 삶을 풍요롭게 하고, 감성을 자극하며, 삶의 질을 향상하는 데 중요한 역할을 한다.

기술의 힘과 디자인의 결합은 제품개발과 시장 변화에 미치는 영향을 탐구하며, 창의력과 혁신이 어떻게 새로운 가능성을 열 수 있는지를 보여주는 강력한 메시지이다.

06 지속 가능한 디자인의 시대

우리가 살고 있는 지구 환경은 점점 더 큰 위협에 직면하고 있고, 이러한 환경의 변화에 대해 베네치아의 발명가들의 후손들은 새로운 책임감을 느끼게 되었다.

그들은 이러한 전 지구적 환경을 개선하고자, 지속 가능성이라는 중요한 가치를 제품디자인에 통합하기 시작한다.

그들의 목표는 단순한 미적 감각을 넘어, 환경에 미치는 영향을 최소화하는 동시에 사용자에게 가치를 제공하는 제품을 창조하는 것이었다.

이 세대의 디자이너들은 재활용이 가능한 소재와 친환경적인 제조 공정에 주목하게 된다.

그들은 자연과 조화를 이루는 디자인을 추구하며, 제품의 생산부터 폐기에 이르기까지 전 과정에서 환경에 미치는 영향을 고려한다.

이들은 재활용 소재를 사용하여 아름답고 실용적인 제품을 만들어 내며, 이 과정에서 디자인의 가능성을 탐색한다.

이 시대의 그들은 지속 가능한 디자인을 통해 소비자들에게 환경 보호의 중요성을 알리는 데 전력을 다하고 있다.

그들은 제품이 소비재가 아닌, 지속 가능한 미래를 향한 메시지를 담아야 한다고 생각하고 있다.

이러한 제품들은 사용자들에게 친환경적인 생활 방식을 제안하며, 그들의 선택이 환경에 어떤 긍정적인 영향을 미칠 수 있는지를 보여준다.
지속 가능한 디자인의 시대는 도전과 기회를 제공한다.
이 시대의 발명가들은 디자인을 통해 지속 가능한 미래를 위한 해결책을 모색하고, 혁신적인 아이디어를 현실로 만들어 간다.
그들의 노력은 제품디자인이 미적 요소를 넘어, 사회와 환경에 긍정적인 변화를 불러올 수 있는 강력한 수단이다.

07 디자인의 영향력, 사회와 문화

디자인은 단순한 물건의 형태와 기능을 넘어서, 사회와 문화 전반에 영향을 미친다.
이는 사람들의 삶을 형성하고, 사회적 가치와 문화적 유산을 보존하며, 심지어 새로운 시대의 변화를 이끄는 원동력이 되었다.
디자인은 우리가 살고 있는 도시의 모습을 변화시키고, 그 안에서 발생하는 다양한 문제들에 대한 해결책을 제시하기도 한다.
디자인은 도시의 공공공간부터 건축물, 교통수단에 이르기까지 모든 것에 영향을 미친다.
현대 도시의 디자인은 실용성을 넘어서, 사람들이 어떻게 공간을 경험하고 상호작용하는지를 근본적으로 바꾸는 데 주안점을 둔다.
이는 도시의 생활 방식을 향상하고, 지속 가능한 환경을 만드는 데 중요한 역할을 한다.
또한 디자인은 사회적 문제에 대응하는 데도 중요한 역할을 한다.
예를 들어, 유니버설디자인은 장애가 있는 사람들이 일상에서 겪는 어려움을 줄이는 데 기여한다.
친환경디자인은 지속 가능한 생활 방식을 장려하고, 환경 파괴를 줄이는 데 도움을 준다. 이처럼 디자인은 사회와 문화의 다양한 측면을 아우르며, 사람들의 삶을 더 나은 방향으로 이끈다.
디자인은 물건을 만드는 과정을 넘어서, 우리가 살아가는 세상을 형성하는 데 필수적인 요소가 되었다.

이는 디자인이 미적 가치의 변화와 사회, 문화에 긍정적인 변화를 불러올 강력한 수단임을 보여준다.

디자인의 영향력은 끊임없이 성장하고 있으며, 이는 우리가 살고 있는 세상에 새로운 차원의 아름다움과 기능성을 가져다준다.

이러한 디자인의 힘은 사회와 문화를 변화시키는 데 중요한 역할을 하며, 앞으로도 우리의 삶을 더 나은 방향으로 이끌 것이다.

디자인은 인간이 만든 최고의 발명 중 하나로, 우리의 삶을 더욱 풍요롭고 의미 있게 만드는 데 기여할 것이다.

08 미래를 향한 여정

디자인의 전쟁은 끊임없는 여정이다.

이 여정은 끊임없이 진화하고 변화하는 디자인의 세계를 탐험하는 것으로, 미래의 로베르트와 베네치아의 발명가들은 이 변화에 발맞추어 새로운 도전과 기회를 향해 나아간다.

그들은 디자인과 기술 그리고 사회와 문화의 교차점에서 아이디어를 창조하며, 그 과정에서 혁신적이고 독창적인 제품을 만들어 낸다.

이들은 현대 기술의 최전선에서 디자인의 가능성을 탐구한다.

인공지능, 빅데이터, 사물인터넷 등의 최첨단 기술들을 활용해, 사용자의 경험을 극대화하고, 새로운 형태의 상호작용을 창출한다.

이들의 제품은 기능적인 측면과 더불어 사용자의 생활에 깊이 통합되는 것을 목표로 한다.

이 세대의 발명가들은 사회적 책임과 지속 가능성에 대한 인식을 높이고, 이를 디자인에 반영한다.

그들은 환경친화적인 소재를 사용하고, 에너지 효율을 극대화하며, 제품의 수명주기 전반에 걸쳐 환경 영향을 최소화한다.

이러한 접근방식은 디자인이 미적 가치와 함께 우리가 살고 있는 세상에 긍정적인 영향을 미칠 수 있음을 보여준다.

미래를 향한 이 여정에서, 발명가들은 디자인이 갖는 사회적, 문화적 영향을 깊이 이해하며, 이를 통해 사람들의 삶을 향상하는 방법을 모색한다.
그들의 작업은 제품개발은 물론 더 나은 사회로 나아가기 위한 노력의 일부가 된다.
이렇게 디자인의 전쟁은 미래를 향한 끊임없는 도전의 여정이며, 이 여정은 우리 모두에게 무한한 영감과 기회를 제공한다.
미래의 발명가들은 디자인의 힘으로 새로운 세계를 창조하고, 그 과정에서 우리가 살고 있는 세상을 변화시키는 가능성을 제안할 것이다.
또한 우리 삶의 모든 측면에 영향을 미치며, 그 힘은 계속해서 성장하고 확장될 것이다.

09 무한한 가능성의 세계

디자인의 전설은 절대로 끝나지 않는다.

오히려, 그것은 무한한 가능성의 세계로 우리를 안내하며 계속해서 변화하고 진화할 것이다.
디자인은 시간과 함께 발전하며, 우리의 삶을 끊임없이 새로운 방식으로 풍요롭게 할 것이다.
로베르트와 베네치아 발명가들 그리고 미래의 디자이너들이 만들어 낼 세계는 우리 모두에게 새로운 환경을 제시할 것이다. 이 무한한 가능성의 세계에서, 디자인은 인간의 경험과 감정에 깊이 연결할 것이다.
디자인은 우리가 살고 있는 환경을 더욱 아름답고, 편안하며, 지속 가능하게 만드는 역할을 한다. 그것은 우리의 생활 방식을 개선하고, 사회적 가치를 창출하며, 문화를 풍성하게 하는 데 중요한 역할을 한다.
로베르트와 그의 동료들이 만든 디자인의 기초 위에서, 새로운 세대는 기술과 예술, 인간성을 결합한 혁신적인 디자인을 탐구할 것이다.
그들은 우리가 상상조차 못할 방식으로 제품과 서비스를 재해석하고, 일상을 더욱 풍부하고 다채롭게 만들 것이다. 이들의 작업은 단순한 물리적 형태를 넘어 사용자의 감성과 경험을 풍부하게 할 것이다.
따라서 디자인은 사람들이 세상을 바라보고, 서로 소통하며, 삶을 살아가는 방식에 영감을 줄 것이다. 이러한 디자인의 무한한 가능성은 끊임없는 혁신을 통해 우리 삶에서 새로운 가능성을 열 것이다.
로베르트와 발명가들의 후손들은 디자인을 통해 우리 모두의 삶을 풍요롭고 아름답게 만들고, 창의력과 혁신을 통해 세상을 변화시키며, 새로운 경험과 가치를 선사할 것이다.
디자인의 이야기는 끝나지 않고 계속 이어질 것이며, 그것은 우리가 살고 있는 세상을 만드는 데 중요한 역할을 한다.

3 디자인의 장막

디자인의 장막

저자가 만든 연계도는 디자인의 복잡한 세계를 이해하는 데 필수적인 도구이다.

표 4 핵심 키워드별 연계도

Ⓛ 부정경쟁방지법, Ⓟ 저작권 연계도

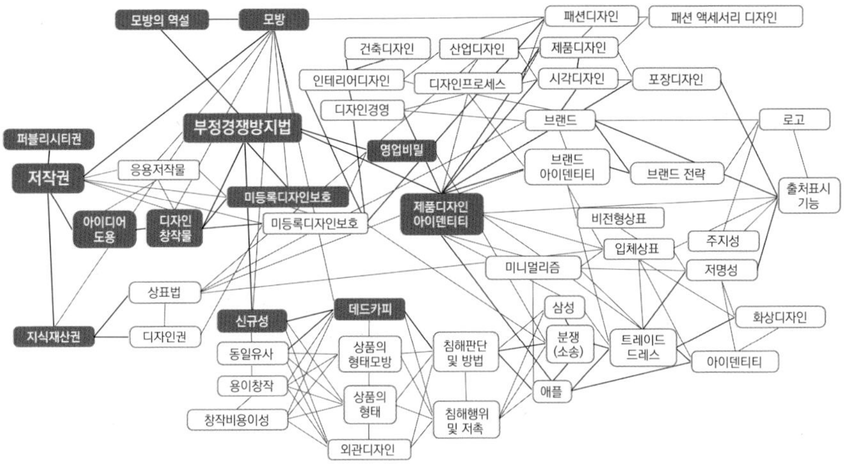

Ⓜ 디자인 분쟁 및 보호, Ⓠ 삼성과 애플 분쟁 연계도

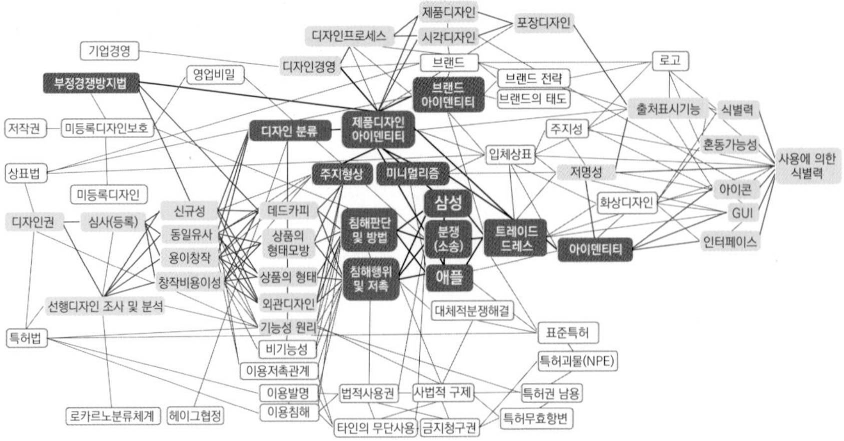

Ⓢ 화상디자인 연계도

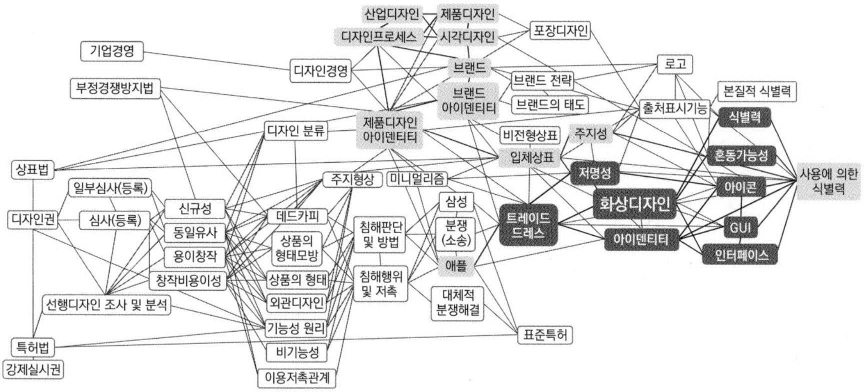

Ⓡ 분쟁, 침해, 특허 및 상표남용, 구제 등 연계도

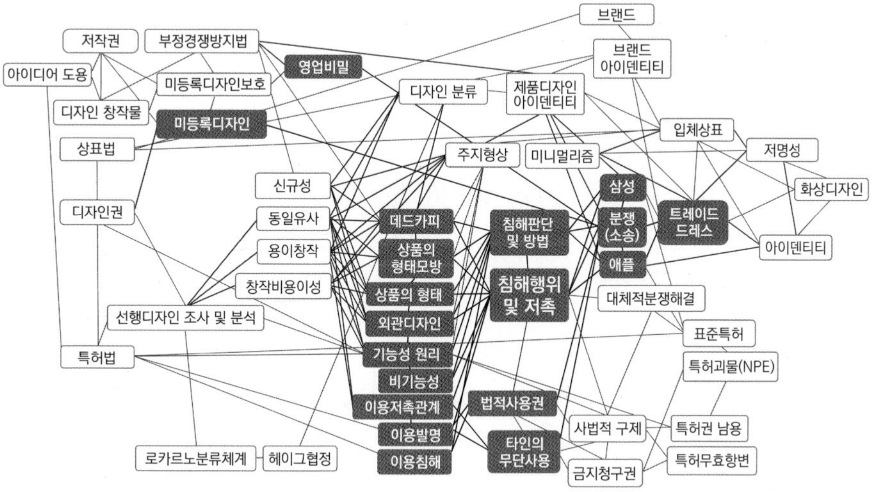

처음에 이 연계도는 전문적인 표기와 복잡한 구조로 인해 일반인에게는 다소 난해해 보였다. 하지만 로베르트와 저자의 대화를 통해, 이 복잡한 개념들을 하나씩 쉽고 명확하게 풀어내기 시작했다.

로베르트는 이 연계도를 통해 제품디자인 개발 프로세스에서 디자인권의 중요성을 깨달았다.

그의 눈앞에 펼쳐진 연구 문헌을 훑어보며, 그는 감탄하며 소리쳤다. "아, 디자인권이 디자인 개발 과정에 영향을 주는구나!"

이 깨달음은 그에게 새로운 가설을 제시했다.
"디자인권 기반의 제품개발 과정이 필요하다!"
이 가설을 검증하기 위해 로베르트는 'FGI(Focus Group Interview)'[4] 조사를 실행하기로 한다. 그는 마을 사람들을 모아 그들의 의견과 경험을 듣고자 했다.
이 과정은 마치 전사가 추적하는 것처럼 특별한 기술과 주의가 필요했다.
로베르트와 그의 팀은 참가자들의 의견을 자세히 분석하며, 디자인권이 제품개발에 미치는 실질적인 영향을 파악하기 시작했다.
이 조사를 통해, 로베르트는 디자인권이 제품의 형태, 기능, 사용자 경험에 미치는 영향력을 더 깊이 이해하게 되었다.
그는 디자인권이 제품의 성공뿐만 아니라, 사용자 만족도에도 크게 기여한다는 사실을 깨달았다.
이 연구는 디자인권이 법적 보호를 넘어, 제품의 혁신과 차별화에 중요한 역할을 한다는 것을 명확하게 보여주었다.
로베르트의 이러한 발견과 조사는 다른 디자이너들과 발명가들에게도 영감을 주었다. 이들은 로베르트의 연구를 바탕으로 자신들의 제품개발에 디자인권을 적극적으로 통합하기 시작했다. 이로써 디자인의 장마는 끊임없이 발전하며, 미래의 디자인 개발에 새로운 표준을 제시하게 된다.

디자인 프로세스 관계도 _ 상품기획

로베르트: 4차 산업혁명은 디자인 프로세스에 영향을 미치나요?
저자: 4차 산업혁명은 빅데이터, 인공지능, IoT 등의 새로운 기술로 디자인 프로세스를 혁신하죠. 이는 디자인 결정을 내리는 데 필요한 정보를 보다 정확하고 효율적으로 제공하고 품질을 향상합니다.

로베르트: 제가 대학 시절에 4차 산업혁명과 트렌드가 상품기획에 미치는 영향에 관해 연구한 적이 있어요. 이제 제 경험이 더 쌓여서 깊이 있는 설명을 듣고 싶어요.

4 FGI(Focus Group Interview): 특정한 경험을 공유한 사람들이 함께 모여 인터뷰를 진행하는 조사 방법을 말한다(출처: 위키피디아).

저자: 4차 산업혁명은 기술, 경제, 사회에 큰 변화를 불러오죠. 상품기획에서도 이 변화를 빠르게 파악해 제품 아이디어와 전략에 반영해야 합니다.

표 5 상품기획에 영향을 미치는 디자인 프로세스

ⓒ 디자인 프로세스, Ⓙ 디자인 연계도

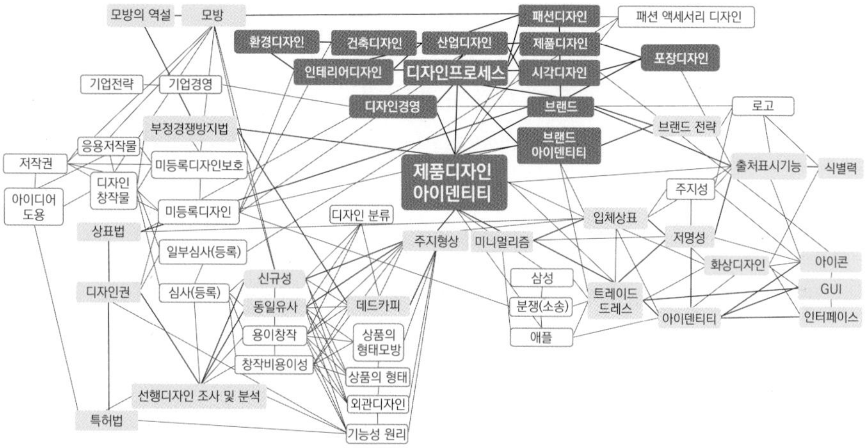

로베르트: 4차 산업혁명이 상품기획에 미치는 구체적인 영향은 무엇인가요?

저자: 4차 산업혁명은 제품과 '브랜드(Brand)',[5] '아이덴티티(Identity)'[6]에 큰 영향을 미쳐요. 새로운 기술과 트렌드를 이해하고 이를 제품에 반영해 독특하고 혁신적인 제품을 만들 수 있지요. 그리고 디자인 경영에도 큰 영향을 미칩니다. 디지털 변화와 고객의 요구사항을 이해하며, 기업은 상황에 맞춰 디자인 전략을 수립할 수 있어요. 선행디자인 조사와 분석에서도 4차 산업혁명의 역할은 중요합니다. 새로운 기술과 트렌드는 디자인 방향성을 결정하는 데 중요한 역할을 합니다. 이를 통해 기획자들은 미래 소비자의 요구와 시장 트렌드를 예측하고, 그에 맞는 제품을 개발할 수 있죠. 마지막으로, 특허법과 표준특허에도 4차 산업혁명의 영향이 있습니

5 브랜드(Brand): 경제적인 생산자를 구별하는 지각된 이미지와 경험의 집합이며, 더 좁게는 상품이나 회사를 나타내는 상표, 표지를 말한다(출처: 위키피디아).

6 아이덴티티(Identity): 정체성을 시각적으로 표현한 디자인을 말하는 것으로 흔히 말하는 CI, BI 디자인이 여기에 해당하며, 제품이나 환경디자인을 통한 정체성도 포함한다(출처: 위키피디아).

다. 새로운 기술의 도입으로 새로운 유형의 특허가 생기며, 이는 제품디자인 개발에 반영됩니다.

로베르트: 그러면 이런 변화를 기업은 어떻게 수용해서 경쟁력을 높일 수 있나요?
저자: 변화를 적극적으로 수용하고 제품개발에 반영함으로써 기업은 경쟁에서 앞서갈 수 있어요. 새로운 기술과 트렌드를 이해하고 제품에 반영하면 혁신성을 높이고, 소비자 인식과 만족도를 증가시킬 수 있죠. 또한 디자인 경영과 선행디자인 조사를 통해 시장 변화에 빠르게 대응하면서 경쟁우위를 확보할 수 있어요. 이 모든 요소가 결합해 상품기획에 큰 영향을 미치며, 결국 기업의 성공을 좌우합니다.

로베르트: 제 경험에 따르면, 트렌드와 기술 변화가 상품기획에 큰 영향을 미치는 걸로 알고 있어요. 특히 4차 산업혁명은 새로운 도전과 기회를 가져왔고요. 이 변화가 상품기획에 어떻게 적용되는지 알고 싶어요.
저자: 4차 산업혁명과 트렌드는 마케팅에 큰 영향을 미쳐요. 디자인 프로세스와 경영에 영향을 주며, 기술적 변화와 혁신은 제품과 서비스 디자인 및 제조 방식, 경영전략에 변화를 불러옵니다.

로베르트: 이해했어요. 그렇다면 마케팅팀은 이 변화를 어떻게 수용하고 활용해야 하죠?
저자: 먼저, 마케팅팀은 4차 산업혁명에 의한 기술적 변화와 사회적 트렌드를 항상 주시해야 해요. 이는 기업이 변화하는 시장 환경에 적응하고, 경쟁우위를 확보하기 위한 필수적인 조건이지요. 이런 정보를 바탕으로 제품개발과 브랜드 아이덴티티 전략을 설계하며, 이는 마케팅 전략의 효율성을 높일 수 있습니다. 다음으로, 마케팅팀은 이러한 변화를 선행디자인 조사 및 분석에 반영해야 합니다. 즉, 미래의 소비자 요구와 시장 트렌드를 예측하고, 이를 제품디자인에 반영하는 것이 중요합니다. 이는 제품이 시장에서 성공할 가능성을 높이며, 기업의 지속적인 성장을 돕게 됩니다.

로베르트: 트렌드는 4차 산업혁명과 어떻게 연계되어 제품과 브랜드 아이덴티티, 선행디자인 조사에 영향을 미치나요?
저자: 트렌드는 사회적 이슈와 소비자 관심을 반영해요. 4차 산업혁명은 생활 방식을 바꾸고 새로운 트렌드를 만들어요. 디자이너는 이를 파악해 선행디자인 조사하고 제품과 브랜드 아이덴티티에 반영해야 합니다.

로베르트: 그렇군요. 트렌드는 디자인 프로세스와 어떻게 연계되나요?
저자: 트렌드는 디자인 프로세스에 큰 영향을 미치는 요소 중 하나예요. 특히, 트렌드는 현재의 소비자 행동, 사회적 변화, 기술적 발전 등을 반영합니다. 설계 및 개발자는 이러한 트렌드를 이해하고 디자인 프로세스에 반영해야 합니다.

로베르트: 그렇다면 이 과정이 시장 성공에 어떻게 이바지하나요?
저자: 이 과정은 제품이나 서비스가 시장에서 성공하기 위한 기본요건을 충족시켜요. 4차 산업혁명과 트렌드에 적응하고 이를 디자인과 마케팅 전략에 반영함으로써, 소비자 요구를 더 잘 만족시키고, 시장점유율과 수익성을 높일 수 있습니다.

표 6 표준특허

Ⓗ 특허법(권), Ⓚ 표준특허와 특허괴물(NPE) 연계도

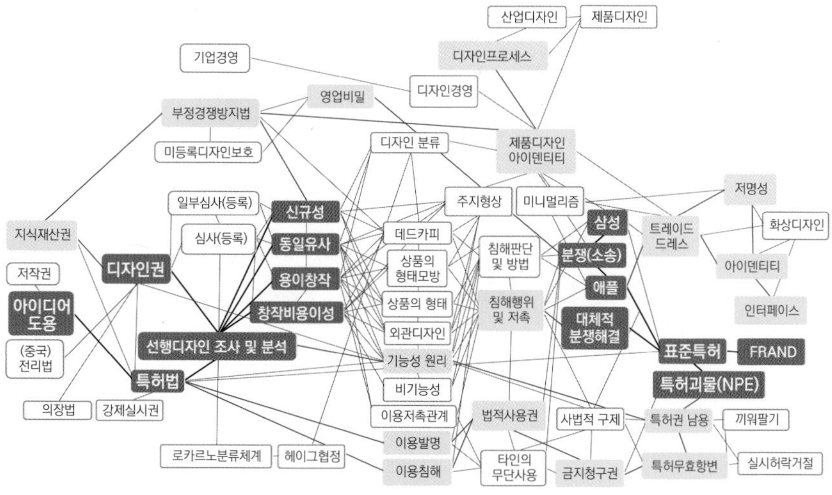

로베르트: 다른 키워드에 관해서도 설명해 주시나요?

저자: 물론입니다. 표준특허는 산업디자인에서 중요한 역할을 하며, 4차 산업혁명에서 더욱 중요해져요. 특허법은 이러한 특허를 법적으로 보호하는 역할을 합니다. 선행디자인 조사 및 분석은 디자인 프로세스의 초기 단계에서 이루어지며, 기존 디자인을 분석하고 새로운 디자인을 개발하는 데 도움이 됩니다. 4차 산업혁명 기술을 사용하면 더 효율적이고 창의적인 디자인을 만들 수 있습니다.

로베르트: 제가 처음으로 디자인 프로젝트를 진행했을 때, 설계 및 개발자와의 협업이 중요하다는 걸 깨달았어요. 그들과의 효과적인 소통은 프로젝트 성공에 결정적이었죠. 이번 연구에서 설계 및 개발자와 관련된 키워드의 상관 관계가 어떻게 작성되는지 궁금해서요.

저자: 키워드의 상관 관계는 설계 및 개발자의 관점에서 4차 산업혁명과 트렌드의 영향을 분석한 것이죠. 4차 산업혁명은 디자인 프로세스, 표준특허, 특허법, 선행디자인 조사 및 분석에 영향을 미칩니다.

로베르트: 상세한 설명 감사합니다. 이해가 잘 되었어요.

저자: 언제든지 도움이 필요하시면 말씀해 주세요. 다른 주제에 대해서도 궁금하신 점이 있나요?

로베르트: 저는 디자이너로서 언제나 새로운 영감을 찾아 헤매곤 하는데요. 그래서 다른 디자이너들이 어떻게 4차 산업혁명과 트렌드에 반응하는지, 그들의 생각과 접근방식이 무엇이 다른지 항상 궁금했어요. 이에 대한 설명을 듣고 싶어요.
저자: 네. 그러죠. 디자이너의 관점에서 4차 산업혁명과 트렌드의 영향을 분석한 것으로, 4차 산업혁명은 트렌드와 연계되어 디자인 프로세스, 브랜드, 제품 및 브랜드 아이덴티티, 미니멀리즘, 트레이드 드레스, 입체상표, 선행디자인 조사 및 분석에 영향을 미쳐요. 이에 해당하는 키워드는 '프로세스, 브랜드, 아이덴티티, 미니멀리즘, 트레이드 드레스, 입체상표, 선행디자인'입니다.

표 7 브랜드

Ⓕ 브랜드와 브랜드전략 연계도

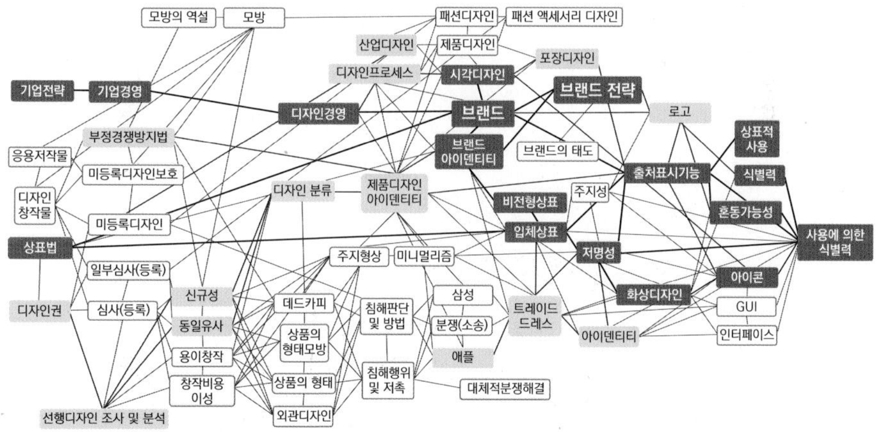

로베르트: 브랜드와 제품 및 브랜드 아이덴티티에 4차 산업혁명이 어떻게 영향을 미치나요?
저자: 디지털 기술과 소셜 미디어의 발전이 브랜드 구축과 커뮤니케이션에 큰 영향을 미칩니다. 디자이너들은 이를 활용하여 브랜드 아이덴티티를 강화하고, 제품과 서비스를 대중에게 더 효과적으로 전달할 수 있습니다.

표 8 트레이드 드레스와 상표

Ⓐ 트레이드 드레스, Ⓤ 정체성 연계도

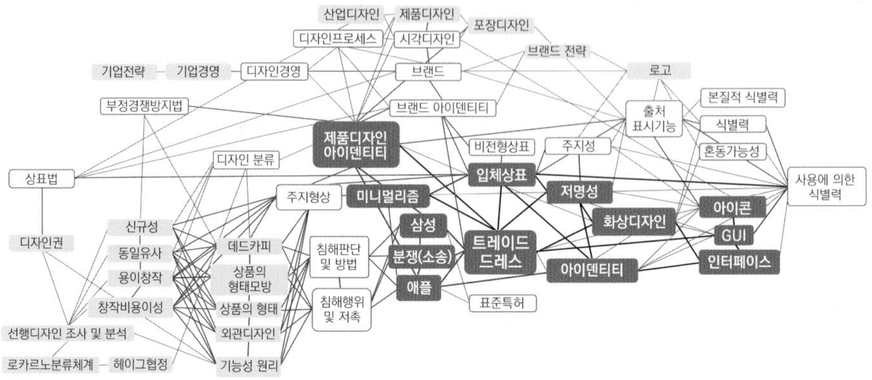

Ⓣ 입체상표 연계도

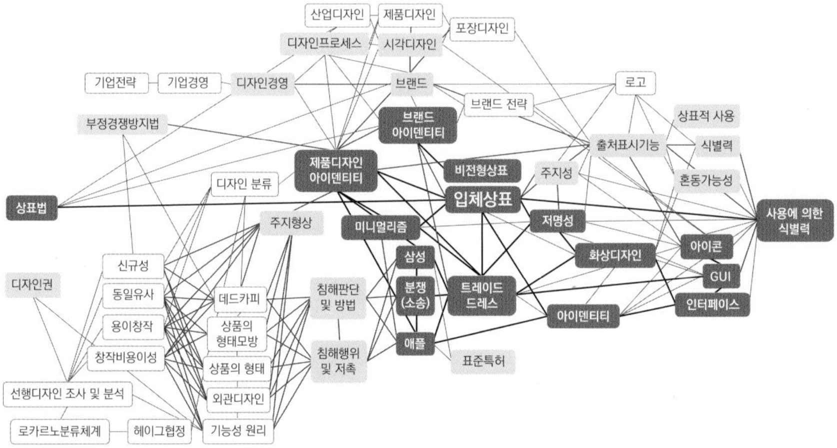

로베르트: 그러면, 트레이드 드레스와 입체상표에 관해 얘기해주실 수 있나요?

저자: 트레이드 드레스는 브랜드 인식을 높이는 데 중요한 역할을 해요. 예를 들어, 특정 브랜드의 색상, 로고, 포장디자인 등을 포함합니다. 디자이너들은 이러한 요소들을 통해 브랜드를 구별할 수 있도록 디자인하며, 이는 4차 산업혁명의 영향을 받아 디지털 매체에서도 적용되고 있습니다. 입체상표 역시 브랜드를 구별하는 데 중요한 역할을 하는데, 이는 특정 물건이나 서비스에 대한 소비자 인식을 높이는 독

특한 형태를 지칭합니다. 이러한 상표는 보통 고유한 디자인, 독특한 모양 또는 제품이나 서비스의 특별한 특성을 강조합니다.

표 9 선행디자인 조사

ⓓ 선행디자인(조사 및 분석) 연계도

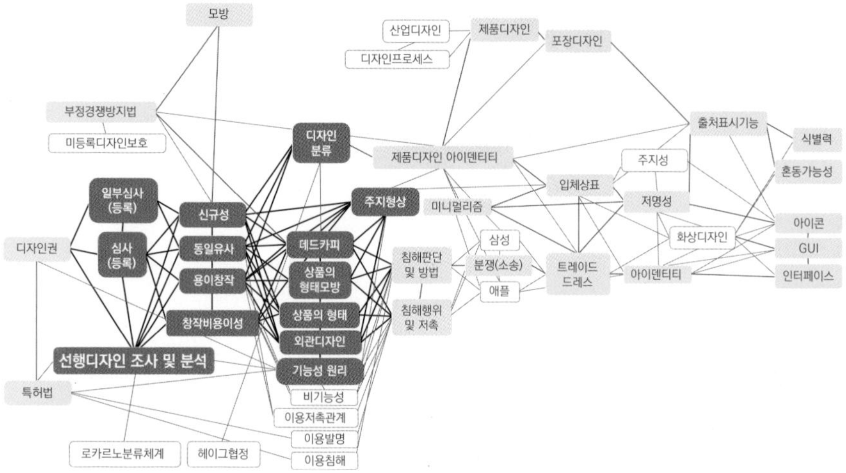

로베르트: 그렇다면 선행디자인 조사 및 분석이란 무엇인가요? 그것은 어떻게 디자인에 영향을 미치나요?
저자: 선행디자인 조사 및 분석은 새로운 디자인을 개발하기 전에 이미 존재하는 디자인을 조사하고 분석하는 과정입니다. 이를 통해 디자이너는 현재 트렌드를 이해하고, 유사한 제품이나 서비스와의 차별화를 계획할 수 있습니다. 이러한 과정은 4차 산업혁명의 데이터 분석 기술의 발전에 힘입어 더욱 향상되었습니다.

로베르트: 이러한 상호작용이 디자인과 4차 산업혁명 사이의 상관 관계를 이해하는 데 크게 도움이 되었어요. 감사합니다.
저자: 로베르트. 이 주제에 대해 당신의 이해를 돕는 데 도움이 되어 기쁩니다. 다른 질문이 있으시면 언제든지 물어보세요. "그런데 녹음은 잘 되고 있나요?"

저자는 로베르트를 보면서 살짝 미소를 지으면서 말한다.
"네!" 로베르트는 멋쩍은 듯 머리를 긁적이며 대답한다.

로베르트: 이 연구에서 제시된 표를 보니, 제가 대학에서 디자인 과정을 배울 때처럼 4차 산업혁명과 트렌드가 중요한 요소로 보이네요. 이 부분에 대해 더 자세히 설명해 주시겠어요? 제 경험에 따르면, 이러한 요소들이 실제 디자인 작업에 큰 영향을 미칠 수 있거든요.
저자: 당연하죠. 로베르트, 4차 산업혁명은 기존의 산업 구조를 바꾸는 데 중요한 역할을 하는 요소에요. 이것은 디자인 경영, 디자인 프로세스, 브랜드, 브랜드 아이덴티티 그리고 표준특허와 같은 여러 요소와 연결되어 있습니다. 디자인 경영은 조직의 전략적 결정과 디자인 활동을 연결하는 역할을 하며, 이는 제품이나 서비스의 전체적인 품질을 개선하고, 디자인 효율성을 높이며, 디자인이 조직의 전략적 목표에 어떻게 이바지하는지를 명확하게 합니다. 디자인 프로세스는 문제 해결과 창의적 사고를 통해 새로운 제품이나 서비스를 개발하는 방법론입니다. 이는 사용자의 요구와 조직의 목표를 충족시키기 위해 여러 단계를 거칩니다. 4차 산업혁명은 이 프로세스에 새로운 도구와 기술을 제공하여 디자인 효율성을 높이고 더 나은 결과를 끌어낼 수 있게 돕는다고 볼 수 있습니다.

로베르트: 그럼, 트렌드는 어떻게 연결되어 있나요?
저자: 트렌드는 시장의 변화와 소비자의 행동을 이해하는 데 중요한 역할을 해요. 트렌드는 기본적으로 브랜드, 제품 및 브랜드의 정체성 그리고 선행디자인에 직접적인 영향을 끼칩니다. 따라서 상호 연계되어 있다고 보면 됩니다.
시장의 트렌드를 이해하고 예측하는 것은 새로운 제품이나 서비스를 개발하고, 경쟁력을 유지하는 데 중요한 요소이며, 이는 4차 산업혁명의 데이터 분석과 예측 기술에 힘입어 더욱 향상되어 가고 있습니다.

로베르트: 저는 개인적으로 사용자 경험을 중시하는 디자이너라고 생각하는데요. 그래서 제품개발에 있어 사용자 분석과 디자인 리서치가 어떻게 적용되는지 그리고 이것들이 최종 디자인에 미치는 실질적인 영향에 대해 알고 싶어요.
저자: 사용자 분석과 디자인 리서치는 디자인 개발 조직이 제품이나 서비스를 개발하고 향상하는 데 중요한 요소죠. 사용자의 요구와 기대를 알고, 이를 제품이나 서비스에 반영하는 것은 이제 디자인에서 보편화되었습니다.

로베르트: 그러면 이것들이 모두 연결된 까닭에 디자인이 변화를 불러온 건가요?
저자: 네, 맞습니다. 디자인은 기술적인 발전과 더불어 사회적 변화를 반영하죠. 앞서 설명한 트렌드의 변화가 사회적 변화를 의미하는 것이죠. 따라서 사용자 분석과 디자인 리서치를 통해 디자인 개발에 있어 영향을 미치는 것은 당연합니다. 이에 더해 디자인은 더 나은 사용자 경험을 제공하려고 하고, 이는 디자인 조직이 목표를 달성하는 데 중요한 도구로 작용하는 것입니다.

로베르트: 그럼, 이러한 관계를 이해하고 활용하는 것이 디자이너에게 중요한 역량이라고 할 수 있겠군요.
저자: 맞습니다. 디자이너는 단순히 예쁜 그림을 그리는 사람이 아니라, 사용자의 요구를 이해하고 이를 디자인에 반영하여 사용자에게 가치를 제공하는 사람입니다. 이를 위해 4차 산업혁명의 기술적인 발전과 트렌드를 이해하고 활용하는 능력이 필요합니다.

로베르트: 이 내용을 바탕으로 보면, 이 연구가 디자인에 대한 이해를 제공하며, 이는 디자인 분야의 전문가들이 현대사회에서 더욱 중요한 역할을 할 수 있도록 돕는 것 같습니다.

저자: 그렇습니다. 이 연구의 목표는 디자인에 효과적으로 적용하도록 돕는 것입니다. 이것은 디자인 분야가 지속해서 발전하고 변화하는 현대사회에서 더욱 중요합니다.

표 10 상표권

Ⓔ 상표법(권), Ⓖ 식별력과 상표적 사용 연계도

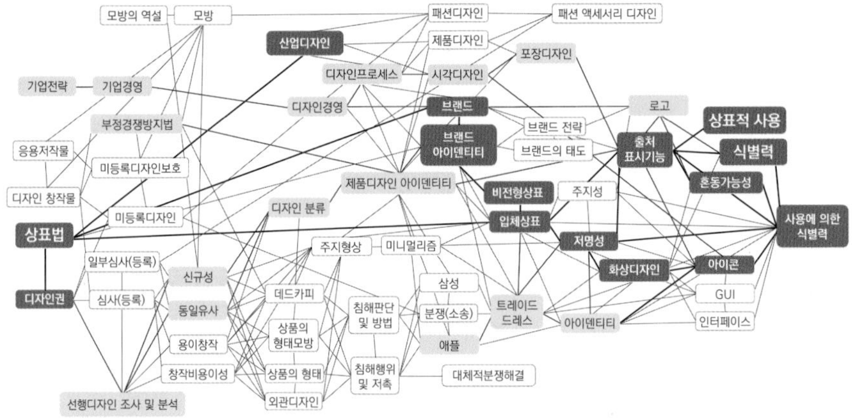

로베르트: 제가 이전에 근무했던 곳에서 법무팀과의 관계는 항상 도전적이었어요. 서로의 언어와 목표가 달라서 소통이 쉽지 않았죠. 법무팀이 다른 부서와 어떻게 상호작용하며, 그들 사이의 키워드별 상관 관계가 어떻게 형성되는지 알고 싶어요.

저자: 좋은 질문이에요. 로베르트. 각 부서는 자체적인 전문성을 가지고 있고, 그들이 수행하는 업무는 서로 달라요. 예를 들어, 상품기획팀은 제품 아이디어를 생각하고, 마케팅팀은 이 제품을 어떻게 팔 것인지 전략을 세우며, 설계 및 개발팀은 실제 제품을 만드는 일을 담당하게 됩니다.

로베르트: 그럼, 디자인팀과 사용자 분석 및 디자인 리서치 팀은 어떤 역할을 하는 건가요?
저자: 디자인팀은 제품의 시각적인 요소를 책임지며, 사용자 분석 및 디자인 리서치 팀은 사용자의 요구와 선호를 이해하고, 그 결과를 제품디자인에 반영하는 역할을 합니다.

로베르트: 그렇다면 법무팀은 어떤 역할을 하는 건가요?
저자: 법무팀은 회사의 법률문제를 다루는 역할을 해요. 예를 들어, 상표권, 트레이드 드레스 등의 문제가 발생하면 해결하는 역할을 하죠. 현재는 사전에 상표권 침해나 트레이드 드레스와 같은 문제가 발생하지 않도록 사전 업무를 중요하게 하는 기업들도 많아지고 있습니다.

로베르트: 이런 업무들이 어떻게 상호 연계되어 있나요?
저자: 보통 생각하면 모든 부서가 긴밀하게 연계되어 있을 것 같지만, 실제로는 그렇지 않습니다. 주요 업무 및 전문 분야별로 상관성을 살펴본 결과, 간접적으로는 연계되어 있지만, 직접적으로는 디자인권과 제품디자인 프로세스가 연계되어 있지 않다는 것을 확인했습니다.

로베르트: 그렇군요. 이러한 통찰은 향후 우리의 업무 프로세스에 어떻게 반영될 수 있을까요?
저자: 이러한 발견은 우리가 다양한 업무를 조율하고 전략을 세울 때, 중요한 참고가 될 거라고 봅니다. 특히, 4차 산업혁명의 흐름을 이해하고 이에 맞춰 제품디자인과 브랜드 아이덴티티를 고려하면, 우리의 제품과 서비스가 시장에서 한층 더 경쟁력을 갖출 수 있는 계기를 마련할 것입니다.

표 11 디자인권

① 디자인권(디자인보호법) 연계도

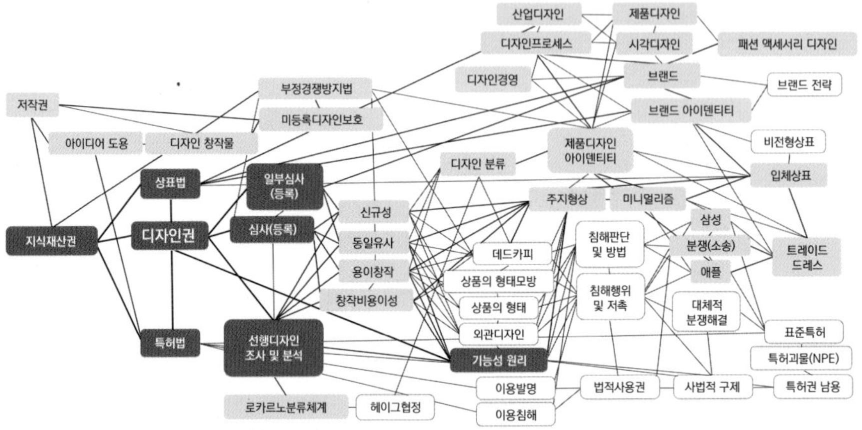

로베르트: 제가 대학에서 연구 방법론을 배울 때, 이론과 실제 사이의 틈을 메우는 것이 항상 도전이었어요. 그래서 이번 연구에서 사용된 방법론과 그것이 어떻게 실제적인 결과를 도출하는지 듣고 싶어요.

저자: 전문가 그룹을 대상으로 사전인터뷰를 진행합니다. 이 인터뷰를 바탕으로 디자인권이 제품디자인 개발 프로세스에 영향을 미치는지 검토합니다. 그리고 이 중에서 영향력 및 관여도가 높은 것을 표시합니다.

로베르트: 디자인 프로세스에서 키워드 차이는 무엇인가요?

저자: 디자인 프로세스에서 키워드나 요소 간에 영향력 및 관여도가 높고 낮은 것이 있습니다. 반면, 키워드는 연결된 요소 중에서 상대적으로 영향력이나 관여도가 낮거나 높을 수 있습니다. 이 방식을 통해 디자인 프로세스의 관계를 더욱 세밀하게 분석할 수 있습니다. 이를 통해서 디자인을 개발하는 것입니다.

로베르트: 제가 이전에 참여했던 프로젝트에서는 분석 결과의 해석이 프로젝트의 방향을 크게 바꿔 놓았는데요. 그 경험을 통해, 데이터 해석의 중요성을 깊이 깨달았죠. 디자인권과 제품디자인 개발 프로세스 연구의 결과가 어떤 식으로 결론에 도달했는지 궁금합니다.

저자: 디자인권과 제품디자인 개발 프로세스 사이에는 강한 연관성을 확인할 수 있어요. 특히, 일부 키워드나 요소는 다른 것들보다 더 큰 영향력을 가지고 있죠. 이 정보는 디자인 프로세스를 개선하거나 관련 법률 문제를 더 잘 이해하는 데 큰 도움이 될 것입니다.

로베르트: 이러한 분석 결과를 우리의 디자인 개발에 어떻게 적용할 수 있을까요?
저자: 우선, 이 분석은 디자인팀이 제품디자인 개발 프로세스에서 디자인권에 대한 고려를 더욱 강화해야 함을 나타냅니다. 또한 법무팀은 디자인권과 관련된 문제를 더욱 신중하게 다루어야 함을 보여줍니다. 마지막으로, 이 분석은 우리가 제품디자인과 관련된 법률적 문제를 더욱 전반적으로 이해하는 데 도움이 될 것입니다.

표 12 핵심 키워드 관계도

Ⓝ 동일·유사와 유사 판단, Ⓞ 용이 창작 연계도

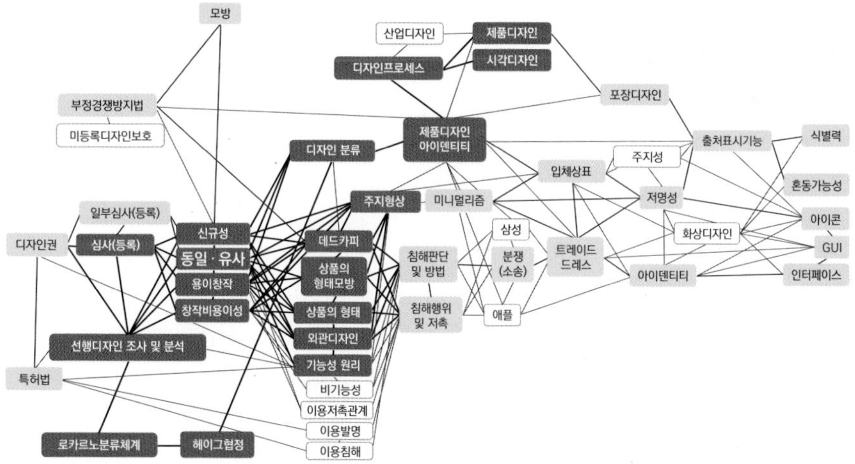

로베르트: 연구 문헌에서 도출된 핵심 키워드 관계도에 대해 듣고 싶습니다. 이것이 우리에게 어떤 의미가 있나요?
저자: 핵심 키워드 관계도는 연구에서 도출된 중요한 개념이나 요소들이 서로 어떻게 관련되어 있는지를 시각화한 도구입니다. 이를 통해 주요 개념이나 요소들

사이의 관계를 한 눈에 파악할 수 있어, 문제의 본질을 이해하거나 효과적인 해결책을 찾는 데 도움이 됩니다.

로베르트: 저자님, 문헌을 통해 도출된 가설을 확인하는 과정은 어떻게 진행하셨나요?
저자: 문헌을 깊이 분석하면서 핵심 키워드들을 우선 도출합니다. 이 키워드들을 바탕으로 각각 어떻게 연결되어 있는지, 디자인권이 제품디자인 개발 프로세스에 영향을 미치는지를 살펴보는 방식을 채택합니다.

로베르트: 제가 디자인 프로젝트에서 중요한 요소들을 시각화하는 방법을 항상 고민해 왔어요. 여기서 디자인 프로젝트에서 키워드는 각각 어떤 중요도를 나타내는지 그리고 이것이 디자인 결정에 어떤 영향을 미치는지 아주 궁금해요.
저자: 키워드는 디자인 프로젝트에서 프로세스를 정립해 갈 때, 상호 간의 상관 관계를 나타낸 것입니다. 프로세스는 디자인권이 제품디자인 개발 프로세스에 영향을 미치는 정도가 높은 키워드의 연결하거나, 상대적으로 영향력이 낮은 키워드를 연결해 보면 디자인 프로젝트를 좀 더 쉽게 접근할 수 있습니다. 이런 방식으로 상관 관계도에서 키워드 간의 상대적인 중요도와 영향력을 한눈에 파악할 수 있게 합니다.

표 13 기능성 상관 관계도

Ⓑ 기능성 원리 연계도

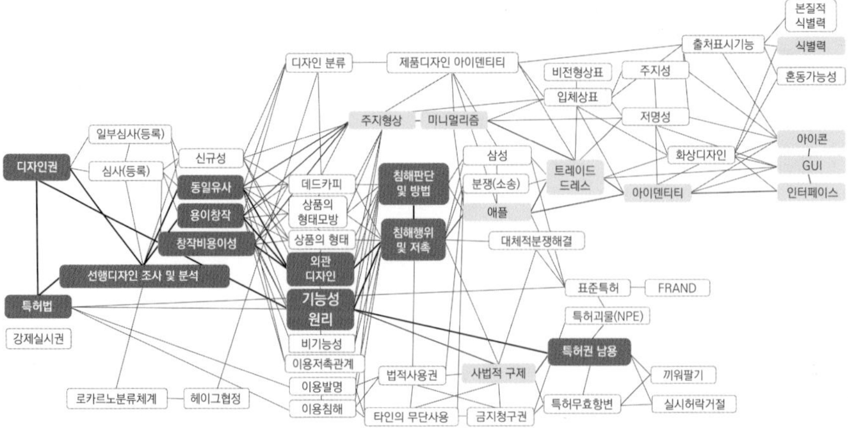

로베르트: 그럼, 이 상관 관계도는 어떻게 해석해야 하나요?
저자: 상관 관계도를 보면서 각 키워드가 제품디자인 개발 프로세스에 어떻게 영향을 미치는지, 키워드들 사이에 상호작용이 있는지를 분석해 놓은 것으로 관계가 높고 낮음을 한눈에 볼 수 있도록 시각화한 것입니다.
상관 관계도를 그렸을 때, 서로 연결된 키워드들은 디자인권과 밀접한 관계를 맺고, 디자인 프로세스에서 중요한 역할을 합니다. 반면, 상관 관계도를 그렸을 때, 서로 연결되지 않은 키워드들은 상대적으로 디자인권과 느슨한 관계를 맺지만, 그래도 디자인권과 연관성은 있습니다.

로베르트: 제가 과거에 참여했던 프로젝트에서, 연구 결과가 프로세스에 끼치는 영향이 매우 중요했어요. 그래서 이 연구에서 핵심 키워드들이 제품디자인 개발에 영향을 미치는지 아주 궁금해요.
저자: 연구 결과, 디자인권은 제품디자인 개발 프로세스에 매우 큰 영향을 미칩니다. 특히, 상관 관계도를 그렸을 때, 서로 연결된 키워드들은 이 프로세스에서 매우 중요한 역할을 하며, 디자인권과 밀접하게 관련되어 있습니다.
연구 결과를 통해 디자인권이 왜 중요한지를 알 수 있었습니다. 또한 이와 같은 방식으로 제품디자인 개발 프로세스를 분석함으로써 프로세스를 어떻게 개선하고 효율화할 수 있는지에 대한 통찰도 얻을 수 있었습니다.

로베르트: 요즘 디자인의 흐름 중 하나인 미니멀리즘은 어떤 영향을 미칠까요?
저자: 미니멀리즘은 최소한의 요소를 사용하여 명확하고 간결한 디자인을 추구하는 거죠. 이는 고객이 제품이나 서비스의 핵심 기능을 쉽게 이해하고 사용할 수 있도록 도와줍니다. 지금의 디자이너들은 미니멀리즘을 디지털 인터페이스와 인터페이스 디자인에 적용하는 경향이 강합니다.

로베르트: 이 연구를 실제 업무에 어떻게 적용할 수 있을까요?
저자: 이 연구는 디자인팀이 제품디자인 개발 프로세스에서 디자인권을 어떻게 고려해야 하는지에 대한 중요한 지침을 제공할 수 있습니다. 또한 분석을 통해 어떤 키워드가 중요한지, 어떻게 연관되어 있는지 쉽게 파악함으로써, 업무에서 더 효

과적인 전략을 수립하고 실행할 수 있습니다. 이는 결국, 제품의 품질 향상과 문제를 더욱 효과적으로 해결하는 데 도움이 되리라 생각합니다. 또한 실제 프로젝트에 적용하기 위해서도 이 연구에서 도출된 키워드와 개념들을 이해하고, 이를 프로젝트에 맞게 조정하는 것이 도움이 될 겁니다. 이를 통해 디자인 프로젝트의 성공 가능성을 높이고, 동시에 법적 위험을 최소화할 수 있습니다.

로베르트: 정말 흥미롭네요. 그럼, 이 연구가 디자인 분야에 새로운 시각을 제공할 수 있다고, 생각하세요?
저자: 분명히 그렇습니다. 이 연구는 디자인 분야 전문가들이 4차 산업혁명과 트렌드를 통해 새로운 디자인을 찾는 데 기회가 되리라 봅니다.
또한 디자인권과 같은 법적 측면을 고려함으로써 보다 혁신적이고 지속 가능한 디자인을 만들어 내는 데 기여가 가능하고, 디자이너들에게 더 넓은 관점을 제공하며, 창의적인 해결책을 찾는 데 도움이 될 것입니다.

로베르트: 이 연구가 디자인 분야에 끼칠 장기적인 영향에 대해서는 어떻게 생각하시나요?
저자: 장기적으로 이 연구는 디자인 분야에 큰 영향을 미칠 거예요. 특히, 디자인권과 관련된 문제에 대한 이해를 통해 디자이너들이 더욱 책임감 있는 방식으로 개발을 할 수 있게 될 겁니다. 또한 디자인 프로세스에 통합함으로써 디자인 분야가 지속해서 혁신하고 발전할 수 있는 기반을 마련할 겁니다.

로베르트: 사실, 제가 가장 궁금했던 부분은 이 연구가 실제 디자인 프로세스에 어떻게 통합될 수 있을지에 대한 것인데요. 구체적인 예시와 함께 설명해 주실 수 있나요?
저자: 물론이죠. 디자인 프로젝트를 진행할 때, 연구에서 도출된 키워드들을 참고하여 디자인 전략을 세울 수 있습니다. 예를 들어, 디자인권과 관련된 요소를 고려하여 창의적이면서도 법적으로 보호할 수 있는 디자인을 만들 수 있죠. 또한 4차 산업혁명의 최신 기술을 활용하여 디자인의 효율성과 창의성을 높일 수도 있습니다. 이러한 접근방식은 프로젝트의 성공률을 높이는 데 크게 기여할 수 있습니다.

로베르트: 그렇군요. 디자인 프로세스가 현대 디자인에서 법적 측면을 고려하는 것이 얼마나 중요한지 이해가 갑니다. 그렇다면 이 연구가 미래의 디자인 분야의 미래에 영향을 끼칠 수 있을까요?
저자: 이 연구는 디자인 분야에 많은 영감을 제공할 거예요. 디자인권과 같은 법적 요소를 고려하는 것은 물론, 4차 산업혁명과 같은 기술적 발전을 디자인에 통합함으로써 디자이너들은 더 혁신적이고 창의적인 개발이 가능하고, 이는 디자인 분야의 지속적인 발전에 이바지하며, 디자인의 가치와 중요성을 더욱 강조할 것입니다.

로베르트: 정말 흥미로운 시각이네요. 마지막으로, 디자이너로서 이 연구를 어떻게 활용할 수 있을지 조언을 해주실 수 있나요?
저자: 디자이너로서 이 연구를 최대한 활용하기 위해서는, 먼저 연구 내용을 깊이 이해하고, 이를 자신의 디자인 방식에 통합하는 것이 중요하죠. 연구에서 도출된 키워드와 개념들을 참고하여 혁신적이고 법적으로 보호할 수 있는 디자인을 만들어 보세요.
또한 최신 기술, 트렌드와 시장 변화를 지속해서 모니터링하면서, 이를 디자인 프로세스에 효과적으로 적용하는 것이 중요합니다. 이러한 방식으로, 당신은 더욱 경쟁력 있는 디자이너가 될 수 있을 것입니다.

로베르트: 정말 유익한 대화였습니다. 이 대화를 통해 많은 영감을 얻을 수 있었고, 앞으로의 디자인 프로젝트에 큰 도움이 될 것 같습니다. 감사합니다, 저자님.
저자: 로베르트, 언제나 도움이 될 수 있어 기쁩니다. 디자인 분야에서의 성공을 기원합니다.

저자와 함께한 디자인 프로세스 되짚어 보기

로베르트는 저자와의 대담을 마치고 저자와 대담을 나누었던 상관 관계도를 한참 동안 들여다 본다.

하지만 상관 관계도를 쉽사리 완성할 수 없었다.

얼마나 시간이 지났을까?

해는 어느덧 서쪽 하늘에 다다라 뉘엿뉘엿 넘어가고 있다.

로베르트는 갑자기 무언가 떠 올랐는지 창문을 박차고 거리를 향해 소리친다.

지나가던 뱃사공이 노를 젓다 말고, 몸이 활처럼 휘청인다.

"유레카! 유레카! 유레카!"

로베르트는 연거푸 소리친다.

"4차 산업혁명, 유행. 이게 바로 빠진 조각이야!"

로베르트는 흥분해 지나가는 사람마다 붙잡고 계속해서 소리친다.

"4차 산업혁명, 유행이 디자인권과 제품디자인의 다리 역할을 하는 거였어! 다리 역할을 하는 거였어!"

사람들은 무슨 영문인지 모르지만, 가슴 벅차게 소리치는 로베르트를 보고 박수를 보낸다.

베네치아의 거리는 이렇게 새로운 것을 창작하는 사람들에게 이미 관대한 도시였다.

잠시 뒤 로베르트는 창문을 닫고 탁자로 돌아와 상관 관계도를 부여잡고 연계도를 하나씩 그려가기 시작한다.

그는 주요 업무와 전문 분야별로 항목을 나누고, 상관성을 유추해 본다.

그러다, 로베르트는 디자인권과 제품개발 과정 사이에서 직접적인 연결 고리가 없는 것을 발견한다.

그는 고개를 갸웃거린다.

'디자인권이 제품개발 과정과 단편적으로 연계도는 한계가 있군!'

한참을 멍하니 서서 '한계가 있군!'을 계속해서 되새긴다.

해는 지고 벌써 어둠이 창밖을 가득 메운 시각 로베르트에게 한 줄기 빛이 보였다.

"그렇지!"라는 탄성과 함께 로베르트는 네 가지 대응 방안과 일곱 가지 주요 요소를 찾아내 연계도를 완성하기 시작한다.

'상용화 연구 성과(R&D)의 기술사업화, 디자인권 창출과 사업화 기술에 대한 디자인권 창출로 나누어진 이원화된 두 단계(2-Track)가 해답이다!'

로베르트는 주먹을 쥐면서 낮게 탄성을 내뱉었다.

그가 지금 그리고 있는 연계도는 스마트폰 개발 과정으로 제한되었지만, 거대 기업에 맞서 디자인 분쟁에서 핵심 쟁점이 되리라는 것을 굳게 믿고 있었다.

로베르트는 마지막으로 자신에게 말했다.

"내 연구는 아직 끝나지 않았어. 이 연구의 한계를 이해하고, 향후 더 많은 분석을 통해 디자인권에 기반한 제품디자인 개발 과정을 완성했어!"

로베르트는 자신의 기특함을 주체하지 못하고 자신을 두 팔로 안으며 한참을 칭찬했다.

로베르트는 자신이 디자인의 전쟁에서 새로운 시대를 열 것이라고 굳게 믿고 있었다.

날이 밝으면 광장을 찾아 자신이 발견한 연구를 사람들에게 자랑할 것을 생각하니 입가에 미소를 멈출 수 없었다.

그렇게 로베르트의 밤은 지나고 있었다.

4 디자인의 비상

비상한 전략의 시작

디자인 전장에서 로베르트는 어려운 고비를 넘겼다.

삼성과 애플 간의 디자인 분쟁을 통해, 디자인권의 중요성을 깨달은 그는 자신이 이러한 분쟁을 피하려면 어떻게 해야 할지 고민했다.

이것은 중요한 계기가 되었다.

디자인권에 대한 이해는 있었지만, 그의 지식은 여전히 얕았다.

그는 단지 큰 그림만을 그릴 수 있었다.

여전히 디자인 프로세스에 이를 어떻게 적용할지는 미지수였다.

디자인 프로세스의 이해를 인지하고, 디자인권과 디자인 사이의 더 복잡하고 섬세한 관계를 탐구하기로 결심한다.

로베르트는 이제 변화가 필요하다는 것을 깨달았다.

그는 자신의 디자인, 디자인권 그리고 디자인 프로세스에 대해 새로운 관점을 갖추어야 함을 이해하고 있었다.

이에 변화를 주도할 방법을 모색하기 시작한다.

로베르트는 '디자인권을 고려한 디자인 프로세스'의 개발이 필요하다는 것을 절실히 느끼고 있다.

그는 사냥꾼처럼 디자인 전문가들과 인터뷰를 진행하고, FGI(Focus Group Interview)를 이용해 이 새로운 과정을 찾아 헤맸다.

로베르트는 디자인권이 제품디자인에 미치는 영향을 하나씩 분석하고 추적해 갔다.

그는 마치 테크놀리아를 무찌르던 전사처럼 열정적이었다.

각 키워드를 통해 상관 관계도를 추적하고, 디자인권과 제품디자인의 관계를 시각화하면서, 강조하고 싶은 부분은 디자인 프로세스 관계도를 그렸을 때, 서로 연결된 것으로, 상대적으로 약한 관계는 디자인 프로세스 관계도를 그렸을 때, 서로 연결된 것으로 표현하며 자신만의 관계도를 만들어 간다.

그러나 그는 무언가 빠진 느낌을 지울 수 없었다.

FGI 인터뷰에서 나온 키워드를 다시 확인하던 중, '4차 산업혁명'과 '트렌드'라는 단어에 눈길이 갔다.

"아, 이게 빠진 조각이었구나!" 그는 자신도 모르게 탄성을 내뱉었다.

로베르트는 디자인권에 기반한 디자인 프로세스를 적용하기 시작했다.

그 결과, 그는 디자인 분쟁에 훨씬 더 능숙하게 대응할 수 있게 되었다.

분쟁의 원인과 요소를 분석하고, 이를 위험으로 규정한 그는 분쟁 대응 안내서를 적용했다.

그가 해외로 진출함에 따라, 로베르트는 디자인권의 중요성을 더욱 명확하게 인지하게 되었다.

디자인권에 기반한 강한 디자인 전략으로 로베르트는 세계 시장에서의 경쟁력을 키워나갔다.

그는 디자인권의 중요성을 완전히 이해하고, 이를 통해 기업이 장기적으로 상생하고 성장할 수 있는 상호 의존적인 관계를 구축하는 방법을 찾아 나갔다.

디자인 전쟁은 계속되고 있지만, 로베르트는 이제 디자인권에 대해 더 깊이 있는 통찰력을 갖추었다.

그의 경험은 디자인 전장에서 승리하는 데 필수적인 도구가 되었다.

그는 디자인권을 이해하고 존중하는 문화를 조성하는 데 앞장섰고, 그의 노력은 업계 전반에 긍정적인 변화를 가져왔다.

로베르트는 디자인권에 대한 지식을 교육과 세미나를 통해 전파하기 시작했다. 그는 다양한 디자인 커뮤니티와 학교에서 강연하며, 디자인권의 중요성과 올바른 적용 방법을 알렸다.

그의 메시지는 명확했다.

디자인권은 창작자의 권리를 보호하고, 동시에 산업의 혁신을 촉진한다.

로베르트의 회사는 디자인권에 대한 철저한 이해를 바탕으로, 창의적이고 혁신적인 디자인을 지속해서 선보였다.

이는 자신의 브랜드 가치를 높이고, 시장에서의 경쟁력을 강화하는 요인이 되었다.

로베르트는 자기 경험을 바탕으로, 디자인권이 단순히 법적인 보호를 넘어서, 창작자의 영감과 산업의 발전을 이끄는 중요한 요소임을 인식하게 되었다. 그의 여정은 많은 이들에게 영감을 주었고, 디자인권의 중요성을 새롭게 조명하는 계기가 되었다. 로베르트의 이야기는 디자인 세계에서, 권리를 존중하고 혁신을 추구하는 새로운 시대의 시작을 알리는 상징적인 이야기로 기억되고 있었다.
그의 노력은 빠르게 업계에 파급되어 다른 회사들도 로베르트의 접근방식을 모델로 삼기 시작했고, 점차 디자인권을 중시하는 문화가 확산해 갔다.
로베르트는 자신도 모르는 사이에 이러한 변화의 선봉장이 되었고, 그의 명성이 조금씩 알려지기 시작한다.
어느 날, 그는 자신의 방법론을 공식적으로 인정받기 위해 디자인 컨퍼런스에 초청되었다.
그곳에서 그는 자기 경험과 지식을 나누며, 디자이너와 기업가 그리고 디자인 커뮤니티에 영향을 미쳤다.
컨퍼런스 후, 로베르트는 여러 커뮤니티와 기업, 디자인 학교와 기관에서 자문을 의뢰하는 하는 일이 잦아졌다.
이러한 자문은 당연히 디자인권의 중요성을 더 널리 알리는 데 기여할 수 있었다.
그의 노력은 결국, 디자인 교육 과정에도 영향을 미쳤으며, 점차 많은 학생이 디자인권에 대해 배우고, 실제로 디자인을 개발하게 되면 당연히 적용하는 것으로 인식하게 되었다.
이렇게 로베르트는 단순히 한 명의 발명가로 시작해, 디자인의 세계에서 권리 존중과 창의성이 어떻게 상호작용하며 새로운 가치를 창출하는지 보여주는 중요한 사례로 인식되었다.
디자인 산업 전반에 변화를 불러온 혁신가로 자리매김하게 되며, 단순한 발명가로서의 성공적인 이야기를 넘어서, 로베르트의 여정은 오랫동안 많은 이들에게 영감을 주며, 디자인의 미래를 밝히는 여정이 될 것이다.

CHAPTER 02

지식재산권의 기원

CHAPTER 02

디자인의 전쟁

1. 지식재산권이란 무엇인가?
2. 지식재산권의 역사 기행
3. 대담: 저자와 함께 역사 되짚어 보기
4. 타임머신 속 이야기

제2장

지식재산권의 기원

1 지식재산권이란 무엇인가?

지식재산권의 발견

로베르트의 삶은 어느 날 변하기 시작한다.

그의 독창적인 발명품들이 다른 사람들에 의해 무단으로 복제되고 시장에 퍼지기 시작했기 때문이다.

이 사태를 해결하기 위해 그는 여러 도시의 도서관의 문을 두드리며 지식을 찾아 나섰다. 마침내 그는 지식재산권이라는 중요한 개념을 발견한다.

이것이 그의 문제를 해결할 수 있는 열쇠임을 깨닫는 순간, 로베르트 희망으로 가득 찼다.

그는 특허권, 저작권, 상표권 등 지식재산권에 대해 깊이 있게 파고든다.

특히 특허권에 대한 그의 관심은 날로 커져 더 깊이 파고들기 시작한다.

특허권은 독창적인 발명품에 대한 독점적 권리를 부여하며, 그를 통해 발생하는 이익을 보호한다는 사실에 크게 매료되었다.

로베르트는 이 권리 덕분에 그의 발명품을 시장에 안심하고 출시할 수 있게 되었고, 복제나 도용을 방지할 수 있었다.

그의 관심은 저작권과 상표권에도 이른다.

저작권은 로베르트의 독창적인 디자인과 작품을 보호해 주고, 상표권은 그의 브랜드와 로고를 독특하게 유지하는 데 큰 역할을 한다는 사실을 알게 되었다.

지식재산권들이 그의 창작물을 상업적으로 얼마나 효과적으로 보호할 수 있는지를 깨달은 로베르트는 새로운 가능성에 활력을 찾는다.

더 이상 복제나 도용에 대한 두려움 없이, 로베르트는 창작에 전념할 수 있게 되었다. 지식재산권의 발견은 그에게 새로운 가능성의 문을 열어주었고, 발명가로서의 여정에 중요한 전환점이 되었다.

로베르트의 이야기는 지식재산권이 창작자들에게 어떻게 보호막이 될 수 있는지 그리고 창작의 결과를 보호하고 지속시키는 교훈이 될 것이다.

지식재산권이란

지식재산권의 의미와 역할을 탐구하는 여정은 베네치아의 열정적인 발명가, 로베르트의 이야기로부터 시작되었다.

로베르트는 창조성이 넘치는 인물로, 그의 마음속에서는 끊임없이 혁신적인 아이디어가 솟아났고, 그의 손을 거쳐 탄생한 제품들은 항상 최상의 품질로 인정받았다.
그러나 그의 발명가로서 여정은 예기치 않은 도전에 직면하게 된다.
그의 발명품들이 테크놀리아와 같은 거대 기업에 의해 무단으로 복제되고, 그 결과 그의 노력과 재능이 시장에서 가치를 잃어가는 모습을 목격하면서 로베르트는 절망에 빠진다.
그는 분노와 억울함이 폭발하며 소리쳤다.
"이건 정말 공정하지 않아!"
그러나 로베르트는 포기하지 않았다.
이러한 상황에서 로베르트는 자신의 발명품을 보호하고, 적절한 보상을 받는 방법을 모색하기 시작한다.
그 과정에서 그는 '지식재산권'이라는 개념을 발견하게 된다.
로베르트에게 지식재산권은 새로운 희망의 불빛이었다.
그는 특허권, 저작권, 상표권 등 지식재산권의 다양한 형태를 알게 되었다.
지식재산권은 창작물의 창작자에게 그들의 작업에 대한 독점적인 권리를 부여하는 법적인 도구다.
이는 발명품, 문학 작품, 상표, 디자인 등 다양한 형태의 창작물을 포함한다.
로베르트에게 지식재산권은 단순한 법적 개념이 아니라, 그의 창의적 노력을 보호하고 그로 인한 이익을 지킬 수 있는 강력한 도구로 다가왔다.
그는 자신의 발명품이 무단으로 복제되는 것을 막고, 그의 창조성이 적절히 인정받을 수 있도록 지식재산권의 중요성을 깊이 이해하게 된다.
로베르트는 지식재산권이 그의 창의적인 노력을 보호하고, 그의 발명품이 적절한 인정과 보상을 받을 수 있도록 하는 중요한 수단임을 깨달았다.
특히, 특허권은 발명품에 대한 독점적인 권리를 부여함으로써, 발명가가 그들의 아이디어를 상업적으로 활용하고, 경쟁자들로부터 보호받을 수 있게 해준다는 것을 알게 된다.
로베르트의 여정은 그에게만 국한된 이야기가 아니다.
그의 경험은 베네치아의 다른 발명가들에게도 중요한 교훈을 제공했다.

그들은 이제 자신들의 창작물을 보호하고, 그들의 노력이 적절한 보상을 받을 수 있도록 지식재산권을 적극적으로 활용할 수 있는 방법을 배우게 된다. 이를 통해 발명가들은 더 큰 자신감을 가지고 혁신을 추구할 수 있게 되며, 그들의 창조성이 사회적, 경제적 가치를 창출할 수 있는 토대를 마련하게 된다.

지식재산권은 로베르트와 같은 발명가들에게 그들의 아이디어와 발명품을 보호하고, 그들의 창의적 노력이 사회적으로 인정받고 적절한 보상을 받을 수 있도록 하는 중요한 역할을 한다.

이것은 단순히 개인의 이익을 보호하는 것을 넘어, 창조성과 혁신이 사회 전반에 긍정적인 영향을 미칠 수 있는 환경을 조성하는 데에도 기여한다는 것도 알게 된다.

로베르트의 이야기는 지식재산권의 가치와 중요성을 강조하며, 모든 창작자가 그들의 권리를 인식하고 적극적으로 보호받는 방법을 모색해야 한다는 강력한 메시지가 되었다.

지식재산권의 활용

로베르트의 발명가로서의 여정은 새로운 방향으로 접어든다.

그는 얻은 지식을 바탕으로 자신의 발명품을 보호하기 위해 특허 신청을 결심한다.

로베르트는 필요한 서류를 준비하고 특허청에 신청서를 제출했다.

과정은 복잡하고 때로는 어려웠지만, 그는 자신의 발명품이 법적으로 보호받을 수 있다는 사실에 큰 만족감을 느꼈다.

이제 그는 자신의 발명품을 시장에 자신 있게 출시할 수 있었고, 그의 제품은 그만의 독창성과 혁신을 대변하는 것이 되었다.

마침내 그의 아이디어가 법적으로 보호받는 것을 목격하며, 그는 큰 만족감을 느낀다.

특허가 승인되자, 로베르트의 제품은 법적 보호 아래에서 안심하고 판매하기 시작한다. 이제 그는 자신의 제품을 무단으로 복제하고 판매하는 이들에게 법적으로 강력하게 대응할 수 있었다. 이러한 변화는 로베르트의 사업에 긍정적인 전환점이 되었다.

그의 발명품은 시장에서 독특한 가치를 가지게 되었고, 그의 노력과 창의성이 적절한 보상을 받을 수 있는 환경이 마련되었다.

특허권을 통해 그의 발명품은 독점적인 판매 권한을 가지게 되었고, 이는 그의 사업 성장에 크게 기여한다.
로베르트는 더 나아가 지식재산권의 다른 형태들도 적극적으로 활용하기 시작했다. 그는 자신의 브랜드 이름과 로고를 상표권에 등록하여 시장에서 보호할 방안을 제시해 발명가로서 독창성과 인지도를 쌓았다.
지식재산권은 그의 독창적인 디자인과 아이디어를 보호하는 데 큰 도움이 되었다. 이러한 노력을 통해 로베르트의 제품은 고유한 특성과 가치를 가지게 되었고, 시장에서의 경쟁력을 크게 향상했다.
로베르트의 사업은 이제 더 큰 규모로 확장되기 시작한다. 그는 지식재산권을 활용하여 새로운 발명품을 개발하고, 창조적인 노력을 계속해서 성장시켜 나갔다.
지식재산권은 그에게 단순히 법적 보호를 넘어서 창조와 혁신을 촉진하는 중요한 도구가 되었고, 그는 이제 자기 아이디어와 발명품이 안전하게 보호된다는 확신 속에 더욱 자유롭게 창의력을 발휘할 수 있게 되었다. 그의 발명품과 아이디어가 법적으로 보호받음으로써, 창작물은 시장에서 고유한 위치를 차지하게 되었고, 그는 재능과 열정을 더욱 자신 있게 발휘할 수 있게 되었다. 지식재산권의 발견과 활용은 로베르트에게 새로운 가능성의 문을 열어주었고, 그가 발명가로서의 여정을 이어가는 데 중요한 전환점을 맞게 했다.
로베르트의 이야기는 지식재산권이 발명가에게 어떻게 강력한 보호막이 될 수 있는지 그리고 창조적인 노력을 어떻게 지속 가능하게 만들 수 있는지 보여주었다.

지식재산권의 도전

로베르트의 성공 이야기는 잠시 빛을 발했지만, 곧 불가피한 도전에 직면한다.
그의 혁신적인 제품들이 여전히 무단 복제의 위협에 시달렸다.
그는 법적인 수단을 동원해 이를 막으려 했지만, 이는 상상했던 것보다 훨씬 더 많은 시간과 자원을 요구하는 일이었다. 더욱이, 그는 제품을 약간만 변형하면 특허권으로부터의 보호를 회피할 수 있다는 현실을 알게 되었다. 이러한 상황에 직면하자 로베르트는 더 현명하고 전략적인 접근이 필요하다는 것을 깨닫는다. 그는 제품을 더 독특하고 혁신적으로 만들기 위해 추가적인 연구와 개발에 투자하기 시작한다.

제품의 핵심 기능을 개선하고 디자인을 더욱 세련되게 만들어, 복제하기 어렵게 했다. 이러한 노력으로 로베르트의 제품은 시장에서 더욱 경쟁력을 가지는 계기가 되었다.

이와 더불어 법적으로 보호 전략 강화를 위해서 로베르트는 지식재산권 전문가들과도 협력하기 시작한다.

그는 변호사를 고용해 지식재산권 관리를 강화하고, 위반 사례에 대응하는 방법으로 시장에 대응한다.

변호사는 시장에서 로베르트의 제품과 유사한 제품들을 자세히 모니터링하고, 필요한 경우 적극적으로 법적 조처를 해갔다. 그런데도, 로베르트는 지식재산권 보호의 한계를 느끼기 시작한다. 그는 지식재산권의 복잡한 세계를 이해하고, 자신의 발명품을 지키기 위한 지속적인 노력이 필요하다는 것을 깨달았다.

로베르트의 경험은 베네치아의 발명가들에게도 중요한 교훈이 되었다.

그들은 로베르트가 겪은 일을 지켜보면서 지식재산권의 중요성과 함께 그 보호에 따르는 도전이 남아 있다는 것을 알게 된다.

로베르트의 이러한 여정은 지식재산권 보호의 중요성과 더불어 발명가들에게 그들의 창작물을 지키기 위한 전략적인 접근 방법을 생각하게 만드는 계기가 되었다.

로베르트의 이야기는 지식재산권이 단순한 법적 보호를 넘어서, 창조와 혁신을 촉진하는 중요한 도구임을 보여주지만, 발명가들이 이러한 도전을 극복하고 그들의 창작물을 성공적으로 시장에 출시하는 데 많은 어려움이 따른다는 사실도 알게 되었다.

지식재산권의 교훈

로베르트는 험난한 경험을 통해 지식재산권의 중요성을 깨달았다.

그는 지식재산권을 단순한 법적 도구로 보는 시각을 넘어서, 자신의 창의적인 아이디어와 발명품을 보호하는 중요한 수단으로 이해해야 한다는 사실을 알게 된다.

로베르트는 이런 보호를 지속하기 위해서는 끊임없는 노력과 관심이 필요하다는 사실을 인식하게 되었다.

그는 자신의 발명품을 보호하는 일이 단순한 법적 조치를 넘어서 지속적인 혁신과 감시가 필요하다는 것을 이해하고, 이 분야에 대한 교육과 인식을 높이는 것이 필요하다는 것을 알게 되었다.
로베르트는 베네치아의 발명가들과 이에 대한 문제를 공유하고, 지식재산권 보호의 중요성을 강조하는 강연과 토론회에 참석한다.
그들의 이러한 노력은 많은 이들에게 영감을 주었고, 지식재산권 보호의 중요성을 새롭게 인식하는 계기를 마련했다.
로베르트는 자기 경험을 통해, 지식재산권이 단순한 법적 보호를 넘어서 창작자들에게 중요한 재산이 될 수 있음을 보여주었고, 그의 여정은 발명가로서 창작과 혁신의 중요성을 알리는 데 크게 이바지했다.
로베르트와 발명가들이 겪은 일들은 지식재산권이 발명가나 창작자의 권리와 이익을 보호하는 데 얼마나 중요한 역할을 하는지를 보여주는 중요한 사례로 남게 된다.
그의 이야기는 창작자들이 자신의 권리를 보호하고, 창의적인 노력을 지속할 때, 비로소 성장하게 된다는 사실을 배우게 된다.
로베르트의 사례는 지식재산권 보호의 중요성을 널리 알렸고, 발명가들이 자신의 권리를 적극적으로 주장하고 보호하는 데 있어 어떤 행동을 해야 하는지를 알게 해주었다. 그리고 무엇보다 창작자들에게는 중요한 영감을 주었다.
이러한 결과는 로베르트가 뜻한 바는 아니었지만, 그의 경험은 다른 발명가들에게 잊지 못할 교훈을 남겼다.

2 지식재산권의 역사 기행

베네치아의 지식재산권

베네치아의 도서관.
도서관 이곳저곳을 다니던 로베르트의 발길을 멈추게 한 것은 낡은 책장 사이에 놓여 있는 '고대 로마의 특허'라는 제목의 책이었다.
이 책은 그에게 왠지 모를 궁금증을 자아내는 책이었다.
한참을 바라보던 로베르트는 혼잣말로 책을 읽어 내려가며 말한다.

'원시적인 형태지만, 고대 로마에서도 발명품에 대한 보호와 독점 사용 권리가 존재했다니!'

그는 나지막한 탄성을 지른다.

로베르트의 머릿속에는 '아퀼레이아(Aquileia) 법'이 떠오른다. 고대 로마의 법은 제조업자가 만든 상품을 보호하는 것으로, 제품을 제조하거나 판매하는 일정 기간 독점적으로 사용할 수 있는 권리를 제공했다.

로베르트는 '내 발명품도 이처럼 보호받아야 한다'라고 생각했다.

이 역사적 사실은 현대 지식재산권의 개념과 어떻게 연결되는지 깊이 들여다보게 했다.

로베르트는 자신의 발명품을 보호하는 현대의 법적 규정이 이러한 고대 원리에서 시작됐다는 사실에 인상을 받았다.

그의 앞에 펼쳐진 '특허제도는 중세 베네치아에서 발전했다.'[1]라는 논문에는 자신이 살고 있는 베네치아에서 특허제도가 어떻게 발전했는지 그리고 그것이 어떻게 지금의 지식재산권으로 발전해 왔는지에 대해 설명하고 있었다.

'나의 발명품을 보호하는 법적 규정들도, 결국은 이런 고대의 원리에서 시작된 것이란 걸 잊지 말아야겠다.'

로베르트는 속으로 다짐하고 있었다.

'새로운 것을 알게 된다'라는 것이 이런 즐거움을 준다는 것도 스스로 깨닫게 된다.

로베르트가 생각에 잠겨 있는 순간 그의 상상은 어느새 중세의 절대군주 시대로 이동하고 있다.

'군주는 특허를 부여할 수 있는 권리를 가졌다.'

이 사실을 깨달은 그는 영국의 독점법이 어떻게 제정되었는지 그리고 이것이 특허권 제한의 필요성을 어떻게 증명했는지를 알게 되었다.

이 과정에서 로베르트는 지식재산권의 역사적 형성 과정에서 자연권 사상의 역할을 조금 이해하게 된다.

특허제도의 변화가 인간의 노동과 지식의 가치를 인정하고 보호하는 데 중요한 역할을 했는지도 알 수 있었다.

로베르트의 상상은 또 다른 곳을 향하고 있었다.

---

1 나종갑. (2004). 특허권의 역사적 변화와 자연권적 재산권으로서의 특허권의 변화. 지식재산논단, 1(1), 3-34.

이미 그의 마음속에는 지식재산권에 대한 새로운 이해와 지식으로 가득 찼다. 그는 존 로크[2]의 '재산권 이론'[3]을 통해 재산권이 어떻게 학문적으로 개념화되었는지 알아보게 된다.

이 이론은 물리적 재산뿐만 아니라 지식에 대한 사유화의 정당성을 인정하는 데 중요한 역할을 했는데, 로베르트는 이 지식의 사유화가 지식재산권의 역사적 형성 과정에 관여했다는 것을 알게 된다.

특히 베네치아 특허제도의 시작부터 영국의 독점법 제정에 이르기까지, 특허제도가 어떻게 전개되고 발전했는지를 다시금 되짚어 보는 계기를 마련해 주었다.

이 제도의 변화 과정에서 법적 가치가 변화했으며, 이것이 현대사회와 법 체제에 영향을 미쳤는지에 대한 이해가 되었다.

로베르트의 특허제도에 관한 관심은 멈추지 않았다.

그는 지식재산권의 역사를 통해 현재 법 체제와의 연결 고리를 찾아내고자 했으며, 그것이 사회와 법에 끼치는 영향을 미쳤는지 궁금을 참지 못했다.

그의 궁금증은 지식재산권의 복잡하고 다양한 역사에 대한 존경심과 호기심으로까지 가득 차게 했다.

지식재산권에 관한 그의 열정은 더 많은 궁금증을 자극했고, 이 주제를 둘러싼 연구는 물론 자신의 발명품에까지 영감을 주고 있었다.

로베르트는 지식재산권의 역사적 변화와 현재 사회와 법 체제에 끼치는 영향에 관한 관심을 멈출 수가 없었다.

오로지 멈출 수 있는 것은 그 궁금증이 풀려야 가능해 보였다.

로베르트는 이를 가지고 계속해서 탐구할 것이다.

---

2 존 로크(John Locke): 재산권이라는 개념이 학문적으로 개념화되는 과정에 지대한 공헌을 한 17세기 영국의 사상가이다(출처: 위키피디아).

3 통치론 27절: 각자는 자기 자신의 인신(人身, person)에 대한 소유권을 지닌다. 자기 자신을 제외하고는 누구도 이 권리를 지닐 수 없다. 사람의 신체를 통한 노동과 그의 손을 사용한 작업은 당연히 그일 것이라고 말할 수 있다. 그렇다면 그가 자연이 제공하고 남겨둔 바를 그런 상태에서 꺼내어 여기에 자신의 노동을 섞고 자신의 무언가를 더 하면 그것은 그의 소유가 된다(출처: 재산권 이론).

중세의 지식재산권

로베르트는 사색에 잠겨, 지난 수 세기 동안 지식재산권이 어떻게 변화해 왔는지를 되새겼다. 그의 생각은 빠르게 시간을 거슬러 올라가, 16세기 유럽의 특허제도가 태동하기 시작한 시점에 도달했다.

이 시기는 특허제도가 유럽 전역으로 확산하기 시작한 중요한 무렵이었다.

"18세기에 북아메리카와 유럽의 대부분 지역에서 과도기를 맞이한다."라는 사실에 그의 마음은 사로잡혔다.

로베르트는 특히 "1852년까지 영국에서는 16세기에 제정된 특허제도가 거의 변함없이 사용되고 있다."라는 사실에 놀라움을 감출 수가 없었다.

영국은 '유럽대륙의 기술자들에게 독점권과 배타권을 부여'하며 대륙의 기술을 영국으로 가져오는 데 중요한 역할을 한다.

로베르트는 이러한 역사적 사실들이 현대의 지식재산권 개념으로 이어져 온 것에 대해 깊이 생각했다.

17세기와 18세기 초, 영국의 특허제도가 특권층의 사적 이익을 충당하는 도구로 전락했다는 사실을 알게 되자, 로베르트는 충격을 받는다.

이러한 변화는 '독점에 관한 법'이 만들어져야만 했던 배경을 이해하는 데 도움을 주었다. 특허권은 제한적 상황을 가진 독점권으로 변하게 되었고, 이 변화는 크롬웰 정부의 도래와 함께 더욱 가속화되었다.

로베르트는 이렇게 특허제도의 이용이 제한되었다는 사실을 깊이 이해하려 애썼으며, 영국과 프랑스의 특허제도 차이점에 대해서도 깊이 있게 들여다보는 계기가 되었다.

영국은 특허 출원자에게 상대적으로 더 많은 자유를 보장했지만, 프랑스는 나폴레옹 시대와 혁명기를 거치며 국가의 개입을 강화한다.

이러한 역사적 사건과 함께 특허제도의 변화와 그에 따른 사회적, 경제적 영향에 대해 로베르트는 더욱 깊이 빠져들었다.

그의 생각은 천천히 그의 머릿속을 통해 흘러가며, 변화의 흐름을 이해하려고 노력했다. 이러한 이해는 그에게 새로운 질문을 제기했고, 이 질문들에 대한 답을 찾기 위해 더욱 깊이 탐구하게 된다.

로베르트의 탐구는 단순한 역사적 사실에 그치지 않았다.

그는 지식재산권의 역사를 통해 현재 법 체제와의 연결 고리를 찾아내며, 그것이 사회와 법에 끼치는 영향에 관해서도 알아보았다.
그의 머릿속은 특허제도의 변화가 사실상 인간의 노동과 지식의 가치를 인정하고 보호하는 중요한 역할을 한다는 생각으로 가득 차 있었다.
지식재산권에 관한 그의 탐구는 그의 열정을 더욱 자극했고, 이 주제를 둘러싼 그의 연구와 발명에 대한 영감은 계속해서 증폭되었다.
로베르트는 지식재산권의 복잡하고 다양한 역사에 대한 존경심과 호기심을 가지고 계속해서 궁금증을 해결해 나갈 것이다.

산업혁명기의 지식재산권

산업혁명의 격동 속에서, 로베르트는 지식재산권의 중요성이 어느 때보다 높아졌음을 목격한다.
기술과 과학이 급속도로 발전하며, 그 경제적 가치는 예전과 비교할 수 없을 정도로 증가했다. 산업 생산에 사용되는 기술의 진보는 놀라울 정도였고, 이에 따라 특허제도의 중요성이 크게 부각하고 있었다.
로베르트는 이러한 변화의 핵심에 자신의 발명과 특허가 어떻게 명확하게 기술화되고 보호받을 수 있는지에 대한 새로운 특허제도에 놀라움을 표했다. 이전에는 특허가 주로 발명가의 이주나 발명품 공개, 사용 허락을 통해 사회에 기여하는 방식이었다.
하지만 산업혁명과 함께 특허제도는 발명품의 상업적 가치와 그 보호에 더 많은 초점을 맞추기 시작한다.
특허제도의 이러한 변화는 로베르트에게 새로운 도전과 기회가 되었다.
발명가들은 발명품을 보호하고, 그로 인해 발생하는 경제적 이익을 극대화하는 데 적극적으로 노력했다. 이 과정에서 발명품의 상세한 기술 설명과 더불어 도면을 준비하고, 특허 신청서를 정교하게 작성했다.
이것은 그의 발명품이 시장에서 독점적인 위치를 차지하고, 경쟁자들로부터의 침해를 방지하는 역할을 했다.
로베르트는 특허제도의 변화가 발명가들의 창작 동기에 영향을 미친다고 생각했다.

새로운 발명품들은 특허의 보호 아래 발명가들의 아이디어를 더욱 발전시킬 수 있었고, 그들의 창작물은 상업적으로 가치 있는 형태로 변모한다.
이러한 변화는 그들의 창작물을 보호하고, 경제적 이익을 더 확실히 확보할 수 있었다.
로베르트의 관찰은 여기서 멈추지 않았다. 그는 특허제도가 산업혁명기에 사회경제적 환경에 어떻게 적응하고 발전했는지 알아보기 시작한다.
특허제도의 발전은 발명가들에게 더 많은 동기를 부여했고, 새로운 기술과 혁신이 산업 발전에 기여하는 방식으로 발전했다.
로베르트는 산업혁명 시대에 특허제도가 사회경제와 법 체제에 상당한 영향을 끼친다는 것을 확인할 수 있었다.
이처럼 로베르트의 탐구는 그를 지식재산권의 복잡하고 다층적인 역사 속으로 더욱 깊게 인도했다.
그는 산업혁명기의 특허제도 변화가 현대 지식재산권의 발전에 상당한 역할을 했는지를 이해할 수 있었다. 또한 이를 바탕으로 자신의 발명과 창작에 대한 새로운 전략을 수립에도 긍정적인 영향을 가져왔다.

그의 여정은 지식재산권의 역사를 통해 현재와 미래 그리고 사회, 경제, 법 체제에 미치는 영향을 계속해서 탐구할 것을 목표로 했다.

◉ 특허제도의 변화

격동적인 산업혁명의 시기에 로베르트는 지식재산권에 대한 새로운 시각을 개발하기 시작한다.

과학과 기술이 눈부시게 발전함에 따라, 경제적 가치도 급격히 증가했다.

이는 산업 생산에 사용되는 기술의 변화뿐만 아니라 특허제도 자체에도 큰 영향을 미쳤는데, 로베르트는 발명품을 명확히 기술하는 새로운 특허제도에 놀라움을 가지게 되었다.

산업혁명이 진행됨에 따라, 특허제도도 발명품의 상업적 가치를 중시하는 방향으로 변모했다.

특히 발명품의 상세한 기술 설명과 도면이 특허 신청의 핵심 요소가 되었는데, 로베르트는 이러한 변화가 발명가들에게 더 큰 책임감을 부여한다는 것을 깨달았다.

그들은 이제 자기 아이디어를 더욱 정교하고 명확하게 기술해 자신들의 창작물이 적절하게 보호받도록 해야만 했다.

이러한 변화는 발명가들이 자신의 발명품을 시장에 출시하기 전에 신중한 고려와 준비를 함께 요구하고 있었다.

로베르트는 이 새로운 특허제도하에서 자신의 발명품이 어떻게 보호받고, 경제적 가치를 극대화할 수 있는지 알아보는 계기가 되었다.

그는 자신의 발명품을 더 세밀하게 기술하고, 그의 아이디어가 경쟁자들에 의해 쉽게 모방하지 못하도록 특허 신청을 더욱 철저히 준비했다.

산업혁명 시대의 특허제도 변화는 로베르트에게 새로운 도전이었다.

그는 발명품의 상업적 성공과 지속 가능성을 확보하는 방법을 배웠는데,

이 시기의 특허제도 변화가 창작 활동과 동기에 영향을 미쳤다.

그의 탐구는 산업혁명 시대를 넘어 현대의 지식재산권 체계에 이른다.

이런 이해는 로베르트에게 새로운 영감을 주었고, 그의 발명과 창작 활동에 힘이 되었다.

로베르트는 지식재산권의 역사적 변화를 통해 자신의 발명품을 보호하고, 그의 창작물이 미래에도 가치를 지닐 수 있도록 하는 방법을 고민한다.

그의 여정은 지식재산권이 어떻게 변화하고 있으며, 이러한 변화가 현대사회에 어떠한 영향을 미치는지 계속해서 탐구할 것이다.

◉ 발명의 내용이 복잡해지다!

산업혁명기를 거치며 로베르트는 발명의 본질이 크게 변모하는 것을 목격했다. 그는 18세기 말, 발명이 가져오는 이익이 단순히 발명품 자체에만 국한되지 않는다는 것을 알게 된다. 기술적 방법론과 이를 적용하는 과정이 발명품의 가치를 결정하는 주요 요소로 부상했기 때문이다.

이러한 변화는 특허의 경제적 역할에도 큰 영향을 미치게 된다.

로베르트는 특허가 단순한 발명품의 보호를 넘어서, 그 내부의 기술적 방법과 프로세스에 대한 보호를 제공하는 중요한 수단이 되어가고 있음을 깨달았다.

이는 발명가들이 자신의 발명품에 대해 더욱 상세하게 기술하고, 그 기술적 복잡성을 특허 문서에 명확하게 반영하도록 요구했다.

로베르트는 이 새로운 특허 시대에 적응하기 위해 자신의 발명품과 그 기술적 세부 사항을 더욱 깊이 연구하기 시작한다.

그는 발명품의 기능적 측면과 더불어 기술적 과정을 세심하게 정리했다.

이 과정에서 발명품의 경제적 가치가 단순히 물리적 형태에만 국한하지 않고, 그것을 만드는 기술과 방법론에서도 발생한다는 중요한 교훈을 얻게 된다.

그는 발명품의 기술적 복잡성과 경제에 미치는 영향에 관해 탐구하며, 이를 자신의 특허 신청에도 반영했다.

그는 기술적인 설명과 도면을 보다 자세하고 명확하게 작성하고, 발명품의 독창성과 그 내부의 혁신적인 프로세스를 강조했다.

이러한 노력은 로베르트의 발명품이 특허 심사 과정에서 더욱 강력하게 보호받을 수 있게 했다.

로베르트의 경험은 발명가들이 자신의 발명품을 보호하는 방법에 대한 새로운 방법을 제시했다.

그는 발명의 복잡성을 이해하고, 특허 문서에 효과적으로 반영하는 방법을 통해 발명품의 가치를 극대화할 수 있다는 것을 깨닫는다.

그의 이야기는 발명가들에게 기술적 방법론과 발명품의 기능적 측면이 모두 중요하며, 이를 특허제도에 어떻게 적용해야 하는지에 대한 중요한 교훈을 제공했다.

◉ 특허 명세서의 도입

1734년, 영국의 특허법이 중요한 전환점을 맞이한다.
이제 특허를 신청하기 위해서는 발명품에 대한 상세한 기술적 설명이 담긴 '특허 명세서'의 제출이 필수적이었다.
이 새로운 규정은 특허 신청 과정에 큰 변화를 가져왔고, 발명가들에게는 발명품을 보다 명확하고 상세하게 설명할 것을 요구했다.
하지만 로베르트는 영국에서 이 규정이 현실적으로 엄격히 적용되지 않는 상황을 발견했다.
실제로, 많은 발명가가 제출한 특허 명세서는 필요한 기술적 세부 사항을 충분히 담지 못하고 있었다.
이러한 상황은 로베르트에게 다소 의아하게 다가왔다.
로베르트는 특허 명세서의 중요성을 인식하며, 왜 이러한 규정이 제대로 집행되지 않는지 궁금해했다.
그는 한참을 찾던 중 영국 법원에서 특허 명세서에 대한 접근방식을 발견한다.
영국 법원은 특허 명세서를 면밀하게 검토하는 방식을 취하고 있었다. 이는 특허 심사 과정에서 발명품의 기술적 복잡성과 창의성을 평가하는 중요한 기준이 되었다. 로베르트는 이 사실을 알게 되자, 자신의 특허 신청서에 더욱 심혈을 기울여야 한다는 것을 깨닫는다.
로베르트는 자신의 발명품에 대한 특허 명세서를 작성하며, 그 내용을 가능한 한 자세하고 명확하게 기술한다.
명세서는 발명품의 모든 기능적 측면, 사용 방법 그리고 기술적 혁신을 상세히 설명해 법원에서 그의 발명품이 새롭고 혁신적임을 쉽게 인식할 수 있도록 한다. 이 과정에서 그는 특허 명세서가 발명품의 보호에 얼마나 중요한 역할을 하는지 이해하게 되었다.
로베르트는 특허 명세서가 단순한 문서를 넘어, 발명품의 독창성과 가치를 법적으로 증명하는 강력한 도구임을 깨닫는다.
그의 노력은 결국, 성공적인 특허로 이어졌고, 발명품은 정당한 보호를 받게 되었다.

이 경험을 통해 로베르트는 특허 명세서가 발명가의 노력과 창의성을 보호하는 데 얼마나 중요한지를 다른 발명가들에게도 알리기 시작한다.

그는 자기 경험을 바탕으로, 특허 명세서 작성의 중요성과 그것이 특허 심사 과정에서 어떻게 작용하는지에 대한 토론과 강연을 시작했다.

로베르트의 강연과 토론에 힘입어 많은 발명가가 자신의 발명품을 보호하고, 그 가치를 최대한 발휘하게 된다.

◉ 특허 명세서의 변화와 제한

18세기 후반, 특허 심사 과정에서 명세서의 중요성은 그 어느 때보다도 강조되었다.

이 시기는 기술과 과학이 급속도로 발전하는 시대였고, 특허 명세서는 발명의 본질을 명확하게 설명하는 핵심적인 도구로 자리 잡았다.

그러나 명세서의 공개는 여전히 제한적이었다.

대부분 발명에서 중요하지 않은 부분만이 공개되었고, 핵심 부분은 비밀에 부쳐졌다. 이러한 상황은 특허 심사와 발명가들 사이에 긴장을 조성했고, 많은 발명가는 자기가 보호받지 못할까 우려했다.

반면에 다른 발명가들은 공개된 특허 명세서를 통해 필요한 기술적 정보를 얻기 위해 애썼는데, 로베르트도 이러한 제한적인 공개 속에서도 특허 명세서가 기술적 참고 자료로서 여전히 중요하다고 믿었다.

그는 특허 명세서의 제한된 공개가 발명의 보호와 산업 기술의 발전이라는 균형을 잡고 있다고 생각했다.

특허 명세서에 담긴 정보가 비록 제한적이었지만, 그것이 제공하는 기술은 발명가들에게 영감과 아이디어를 제공하기에는 충분했다.

로베르트는 자신의 발명품에 관한 특허 명세서를 작성하면서, 제한적인 공개 환경 속에서도 자신의 발명품이 충분히 보호받을 수 있도록 작성했다.

그는 핵심 기술과 방법을 충분히 기술하면서도, 경쟁자들에게 중요한 정보를 공개하지 않는 방식을 택한다.

이는 로베르트가 자신의 발명품을 보호하는 동시에 다른 발명가들에게 영감을 줄 수 있는 균형 잡힌 접근법이었다.

이러한 접근은 다른 발명가에게도 중요한 교훈을 주었는데, 그의 사례를 통해 자기의 발명품을 보호하면서도 필요한 정보를 효과적으로 공유하는 방법을 사용할 수 있었다.

로베르트의 방식은 특허 명세서의 변화와 제한이 산업 혁신과 발명가들의 권리 보호 사이에서 중요한 역할을 하는지를 보여주는 사례가 되었다.

◉ 후대의 기술: 참고 자료로서의 특허 명세서

로베르트는 기술의 미래와 특허 명세서의 역할에 대해 생각해 본다.

특허 명세서가 기술 확산에 계속해서 중요한 역할을 할 것으로 기대했다.

특히, 완제품보다는 기술 자체의 정보가 점점 더 중요해지고 있었기에 특허 명세서에 관한 규정이 변화하고 있음에도 불구하고, 모든 기술 지식을 완벽하게 표현하는 것은 불가능해 보였다.

로베르트는 이러한 현실을 인지하고, 특허 명세서가 기술 발전과 확산의 핵심 도구로 남을 것으로 보았다.

그는 특허 명세서가 단순히 법적 문서를 넘어 발명가들에게 중요한 참고 자료가 되어, 발명과 혁신을 촉진하는 데 기여할 것으로 여겼다.

기술의 복잡성이 증가함에 따라, 특허 명세서의 내용도 더욱 세밀하고 포괄적으로 변화할 것으로 예상했는데, 특허 명세서가 기술의 본질과 그 적용 방법을 더욱 명확하게 설명해야 하기 때문이라고 보았다.

이러한 변화는 발명가들에게 그들의 아이디어를 더욱 정밀하게 표현하고, 그들의 발명품이 시장에서 독창적인 위치를 차지하도록 도왔다.
로베르트는 이 분야에서의 더 많은 연구와 발전을 기대하며, 기술의 미래에 대한 그의 생각을 더욱 확장해 갔다.
그는 특허 명세서가 미래의 기술 발전과 혁신에 어떤 영향을 미칠지 그리고 이 변화가 사회에 어떤 기회를 제공할지 깊이 있게 생각하게 된다.
로베르트는 특허 명세서가 기술의 발전을 추적하고 이해하는 데 필수적인 도구로 남을 것이라 확신했으며, 이러한 그의 기대와 연구는 특허 명세서의 미래 역할에 대한 새로운 가능성을 보여주었다.
그는 특허 명세서가 기술 발전의 중요한 촉매제가 될 것이며, 발명가들에게 새로운 영감을 제공할 것으로 기대했다.

미국의 특허제도

◉ 로베르트, 기업의 재산권과 만나다

19세기 미국의 경제 발전이 한창이던 시기, 로베르트는 미국의 기업 세계와 사적 재산권의 중요성에 관한 연구를 진행한다.
미국의 법과 경제가 어떻게 상호작용하는지, 특히 법이 경제적 가치를 어떻게 반영하는지에 대한 그의 관심은 날로 커져만 갔다.
"법에 반영된 경제적 가치, 정말 흥미롭네!"
그는 법의 해석과 판단에 유용성이라는 기준을 적용하는 다양한 법률을 발견하고 큰 놀라움을 감추지 못했다.
로베르트는 미국의 경제 발전에서 특허제도가 어떻게 기업의 혁신과 사적 재산권을 보호하는 데 중요한 역할을 하는지 탐구한다.
그는 특허제도가 영향을 미쳤는지 그리고 이 제도가 기업의 기술 발전과 혁신을 어떻게 촉진했는지 깊이 고민하게 된다.
특허제도가 자기들 기업의 발명품을 보호하고, 그로부터 발생하는 경제적 이익을 확보하는 강력한 도구로 사용되었다는 사실을 깨달았다.
로베르트는 특허제도가 미국 경제에서 차지하는 중요성을 더욱 심도 있게 연구한다.

그는 특허가 기업의 발명품을 단순히 법적으로 보호하는 것을 넘어서, 경쟁우위를 확보하고 시장에서의 지배력을 강화하는 데 필수적임을 이해했다. 또한 로베르트는 특허제도가 미국의 경제적 발전과 혁신에 이바지했는지 확인하며, 이 제도가 기업에 새로운 기회를 제공했다는 것을 알게 되었다.
로베르트는 미국 특허제도의 역사와 그것이 사회와 경제에 미친 영향에 대해 더욱 깊이 연구하고, 이 연구를 바탕으로 자신의 발명품을 보호하고 경제적 이익을 극대화하는 방법을 모색했다.
그의 탐구는 미국 특허제도의 복잡한 역사를 통해 현재와 미래의 법 체제와 사회에 미치는 영향을 탐구하는 데에서 이어졌다.
그의 연구와 발견은 다른 발명가들에게 특허제도의 중요성과 그것이 기업과 경제에 미치는 영향에 대한 새로운 통찰을 제공했다.

◉ 경제 성장의 도구로서의 법

로베르트는 폭넓은 사색을 거치면서 법과 경제 성장 사이의 연결을 발견한다. 그의 연구와 분석은 법의 역할이 단순히 규제와 제한에 그치지 않고, 오히려 경제 성장을 촉진하는 중요한 도구로 작용한다는 것이다.
"법의 최대 가치는 기업이 원하는 것을 이루게 하는 거야!"
로베르트는 자신의 발견에 감탄하며 말했다.
'다시 말해, 법이 경제 성장을 촉진하는 중요한 도구가 되었네. 매우 흥미로워!'
로베르트의 이 발견은 그에게 새로운 시각으로 다가왔다.
그는 법이 어떻게 기업의 혁신과 창의성을 지원하고, 경제적 기회를 확장하는 데 이바지하는지 탐구하기 시작했다.
그런 법이 기업 활동을 안정시키고, 투자를 유치하며, 신뢰와 협력을 증진한다는 것을 알게 되었다. 또한 법이 기업 간의 경쟁을 공정하게 만드는 것을 알게 되었다.
로베르트는 혁신을 보호하는 방식의 연구를 시작했다. 로베르트는 법의 이러한 역할이 경제 성장에 얼마나 중요한지를 명확하게 이해했다.
그는 법이 경제 활동의 기반을 제공하고, 창의적인 아이디어와 발명품을 보호하며, 투자와 혁신을 촉진하는 데 필수적임을 깨달았다.

이러한 인식은 로베르트에게 법이 단순한 규제 수단이 아니라, 경제 발전을 위한 촉매제로 작용한다는 것을 보여주었다.
로베르트의 탐구는 법과 경제의 상호작용에 대한 새로운 통찰을 제공했고, 기업이 그들의 목표를 달성하는 데 어떻게 도움이 되는지에 대한 이해를 하게 되었다.
로베르트의 이야기는 법이 경제 성장에 미치는 영향과 그 중요성을 보여주는 사례가 되었다.
그의 연구는 법과 경제의 상호 의존성에 대한 중요한 교훈을 제공하며, 경제적 가치 창출에 법이 어떻게 이바지하는지를 명확히 보여주었다.

◉ 미국 특허법: 수용에서 미비함까지

1640년부터 1776년까지의 긴 시기 동안, 미국은 영국으로부터 특허법의 개념을 수용한다. 이는 신생 독립 국가로서 미국이 산업화의 길을 걸으며 필요한 법적 틀을 마련하는 중요한 단계였다. 하지만 19세기 초에 로베르트가 심도 있는 연구를 통해 미국의 특허법이 아직도 미비하게 운용되고 있다는 사실을 발견한다.
로베르트의 발견은 당시 미국 특허법의 여러 측면에서 드러났다.
그는 미국의 특허법이 영국의 시스템을 기반으로 했음에도 불구하고, 그것이 미국의 실제 산업과 혁신의 요구사항을 제대로 반영하지 못하고 있다는 것을 파악한다.
특허 신청 과정이 복잡하고 비효율적이었으며, 발명가들이 자기 아이디어를 보호받는 데 필요한 명확한 지침이 부족했다.
로베르트는 이러한 미비함이 미국의 산업 발전과 혁신에 영향을 미쳤는지 깊이 연구했다.
그는 특허법이 발명가들에게 충분한 보호를 제공하지 못함으로써, 새로운 기술과 아이디어의 발전을 저해하고 있다는 결론에 이르렀다.
또한 그는 특허법의 미비함이 경쟁력 있는 시장 환경을 조성하는 데도 장애가 되고 있다고 판단했다. 로베르트의 이러한 발견은 그가 특허법의 개선을 위해 더욱 활발히 활동하는 계기가 되었다.
그는 발명가들과 협력하여 특허 신청 과정을 개선하고, 특허법이 현대 산업의 요구사항을 더 잘 반영할 수 있도록 법 개정을 촉구한다.
로베르트의 노력은 점차 미국의 특허법이 발전하는 데 이바지했다.

로베르트의 이야기는 법적 틀과 산업 혁신 사이의 중요한 상호작용을 보여주는 사례가 되었다.
그는 특허법이 기술 혁신을 촉진하고, 발명가들의 창의성을 보호하는 데 얼마나 중요한 역할을 하는지를 명확히 보여주었다.
이 연구는 미국의 법 제도가 어떻게 산업 발전과 혁신을 지원할 수 있는지에 대한 중요한 교훈을 제공한다.

◉ 발명에 대한 미국인들의 무관심

로베르트는 18세기 미국 사회가 발명과 기술 혁신에 관해 보인 무관심에 놀라움이 들었다.
그는 당시의 사료와 기록을 탐구하며, "그들은 최신 기술을 사용하는 것을 꺼리고, 발명을 미국의 번영에 그다지 중요하지 않다고 여겼군."이라고 말한다.
"참 흥미롭네."
당시 미국 사회는 주로 농업과 소규모 상업에 의존하고 있었고, 산업화와 기술 혁신에 대한 인식이 매우 낮았다.
대다수 사람은 기존의 방식에 만족하며, 새로운 기술이나 발명품에 대해 큰 관심을 보이지 않았다.
로베르트는 이러한 태도가 미국이 산업혁명의 길을 따르는 데 장애가 되었다고 생각하며, 미국의 경제적, 사회적 발전에 영향을 미쳤는지 연구하기 시작한다.
그는 미국인들이 새로운 기술과 발명품을 어떻게 받아들였고, 그것이 경제와 사회에 변화를 가져왔는지를 분석했다.
로베르트는 발명과 기술 혁신이 경제 성장과 사회 발전에 필수적임을 깨닫고, 이를 더 널리 알리기 위해 노력하기 시작한다.
로베르트의 탐구는 18세기 미국 사회의 태도가 어떻게 산업 혁신을 저해했는지를 보여주는 중요한 사례가 되었다.
그는 발명과 기술 혁신이 경제적 번영과 사회적 발전에 중요한 역할을 한다는 것을 명확히 보여주었다.
로베르트의 이야기는 발명과 기술 혁신이 사회의 변화와 발전에 기여할 수 있는지에 대한 사례를 제공했다.

◉ 특허 심사의 도덕성 vs 유용성

19세기의 서막이 열리면서 로베르트는 미국 사회의 기술에 대한 인식이 여전히 보수적인 것을 알아차렸다. 그 당시 판사들은 특허 심사에서 중요한 요소인 '유용성'을 부도덕한 것과 대조적으로 여기고 있었다.

새로운 기술은 종종 전통적인 사회 질서를 위협하는 요소로 간주하였다.

이러한 사고방식은 기술 혁신과 발명에 대한 저항의 분위기를 조성했다.

로베르트는 이러한 태도가 특허 심사 과정에 영향을 미치는지 깊이 탐구했다.

그는 판사들이 특허 신청된 기술의 유용성을 판단할 때, 종종 그 기술이 사회의 도덕적 표준에 부합하는지를 중요한 기준으로 삼았다는 것을 발견한다.

이러한 현상은 특허 심사 과정을 더욱 복잡하고 주관적으로 만들었다.

이러한 분위기 속에서, 새로운 기술은 빠르게 발전하는 시대의 흐름에 부합하지 못하고, 전통적인 가치와 충돌하는 것으로 보였다.

로베르트는 이러한 인식이 기술 혁신과 발명의 가능성을 억제하고, 미국의 경제적 번영과 사회적 발전을 늦추는 요인이 되었을 가능성에 대해 깊이 생각했다.

로베르트는 이러한 도덕성과 유용성의 대립이 어떻게 미국 사회의 기술 발전에 영향을 미쳤는지 연구하며, 특허 심사 과정에서 이러한 요소들이 어떻게 조화를 이룰 수 있는지에 대한 해답을 모색한다.

그는 특허 심사 과정이 기술의 혁신성과 유용성에 더 중점을 두어야 한다고 주장했다. 이는 기술 발전과 사회의 진보를 위한 필수적인 조건인 것이 그의 견해였다. 로베르트의 이러한 탐구와 노력은 미국의 특허 심사 과정에 대한 새로운 통찰을 제공한다.

그는 특허 심사 과정이 기술 혁신을 촉진하고, 발명가의 창의성을 지지하는 데 어떻게 기여할 수 있는지에 대한 중요한 논의를 촉발했다.

그의 연구는 기술 발전과 사회적 진보 사이의 균형을 찾는 데 기여하는 중요한 역할을 한다.

◉ 관점의 변화: 발명은 경제 발전을 위해

로베르트는 자신의 연구와 분석을 통해 얻은 통찰을 정리하며, 발명과 경제 발전 사이의 관계에 대한 사회의 인식 변화를 되새긴다.

'그 후 변화가 시작됐구나!' 그는 혼잣말을 내뱉는다.

'사람들이 발명이 경제 발전에 도움이 된다고 믿기 시작했어. 그리고 법이 경제 성장을 촉진할 수 있다는 거야.'

이러한 인식의 전환은 미국 사회에 큰 영향을 미쳤다.

로베르트는 이 변화가 기술 혁신과 산업 발전을 촉진하는 데 어떻게 이바지했는지에 대해 깊이 탐구한다.

그는 발명이 단순히 기술적인 진보를 의미하는 것이 아니라, 경제적 번영과 사회적 발전의 촉매제로 작용한다는 것을 깨달았다.

이러한 관점의 변화는 미국의 법과 정책에도 영향을 미쳤다.

로베르트는 법이 어떻게 발명과 혁신을 지원하고, 이를 통해 경제 성장을 촉진하는 데 중요한 역할을 하는지를 분석한다.

그는 법이 기업과 발명가들에게 안정적인 환경을 제공하고, 그들의 창의성과 혁신을 보호함으로써, 경제 성장의 동력이 되었다고 생각했다.

로베르트는 이러한 인식의 변화가 어떻게 미국의 산업과 경제에 긍정적인 영향을 미쳤는지에 대해 깊이 연구하고, 이를 다른 발명가들과 공유하기 시작한다.

로베르트의 이야기는 발명과 법이 어떻게 함께 작용하여 경제 성장을 촉진하는지에 대한 중요한 교훈을 제공한다.

◉ 유용성의 재해석과 특허 가치 인식

1826년 미국 법원의 한 중대한 판결이 특허법의 역사에 새로운 장을 열었다. 얼(Earle) vs 써이얼(Sawyer) 사건에서, 법원은 '유용성'이라는 개념을 새롭게 해석했다.
이 판결은 당시의 법적 사고에 혁신적인 전환점을 마련했다.
'발명은 반드시 유용해야 해. 그리고 좋은 목적에 사용될 수 있어야 하지.'
로베르트는 이 판결의 중요성을 깊이 인식했다.
이 새로운 해석은 특허를 단순한 기술적 성취 이상으로 보게 했다.
특허는 이제 경제적으로 가치 있는 재산권으로 인식되기 시작했다.
이러한 변화는 발명가들에게 새로운 동기를 부여했고, 그들의 창의적 노력이 경제적 이득으로 이어질 수 있음을 보여줬다.
로베르트는 이 판결이 어떻게 미국의 기술 혁신과 산업 발전에 영향을 미쳤는지 깊이 연구했다.
그는 이 판결이 특허의 경제적 가치를 인정하고, 발명가들이 그들의 창의적인 아이디어를 보호받을 수 있는 환경을 조성하는 데 중요한 역할을 했다고 보았다.
로베르트는 이 판결이 특허의 유용성을 재정의하고, 발명가들에게 그들의 발명을 사회와 경제에 기여하는 중요한 자산으로 인식하게 했다고 분석했다.
이 판결은 미국 특허법의 발전에 중요한 이정표가 되었다. 로베르트는 이 사건이 특허의 가치와 중요성을 새롭게 정립하는 데 이바지했으며, 향후 발명가들과 기업가들이 창의적인 아이디어를 경제적 가치로 전환하는 데 중요한 역할을 할 것임을 예측했다.
로베르트의 연구와 분석은 특허가 단순한 법적 보호를 넘어 경제 발전과 사회 변화에 이바지하는 중요한 법적 도구임을 보여주는 사례가 되었다.

◉ 특허: 기술 변화에서 중요한 역할

로베르트는 연구와 분석을 통해 특허가 기술 변화에서 어떻게 중요한 역할을 하게 되었는지 발견했다.
그는 이것이 단순한 법적 개념을 넘어서 국가 전체의 경제와 산업 발전에 대한 시각을 바꾸는 데 결정적인 역할을 했다고 생각했다.

로베르트는 특허가 산업화와 기술 혁신의 시대에 발명가들과 기업가들에게 제공한 동기와 보호의 중요성을 깊이 이해했다.
특허가 기술 발전을 촉진하고, 새로운 발명품을 시장에 안정적으로 도입하는 데 필수적인 역할을 했다고 분석했다.
로베르트는 특허제도가 발명가들에게 그들의 아이디어를 실현하고, 그로 인해 얻은 이익을 보호하는 중요한 수단으로 작용했다고 믿었다.
로베르트는 이러한 특허의 역할이 어떻게 국가 전체의 기술적 진보와 경제적 번영에 이바지했는지 연구했다.
그는 특허가 발명가와 기업가들의 창의성을 장려하고, 그들의 기술적 성과를 시장에서의 경쟁력으로 전환하는 데 어떻게 도움을 주었는지 분석했다.
그는 특허가 기술 혁신의 주요 동력이 되며, 이에 따라 국가 경제의 성장을 촉진했다는 결론에 이르렀다.
로베르트의 이야기는 특허제도가 국가의 기술 발전과 산업혁명을 촉진하는 중요한 역할을 하며, 경제 발전에도 이바지하는 것을 알게 되었다.
그의 연구와 발견은 특허제도가 국가의 기술적 발전과 더불어 경제적 발전에서도 중요한 기능을 하며, 이를 통해 사회 전체가 발전하는 토대를 만들 수 있다는 것을 보여주었다.

◉ 특허법의 목적과 공익

미국의 대법원에서 한 중대한 판결이 특허법의 진정한 목적을 새롭게 조명했다.
이 판결은 특허법이 단순히 개인의 발명을 보호하는 것을 넘어, 개인의 발견이 공공에 가져다주는 이익을 보호하는 것이라고 강조했다.
'즉, 특허법의 주된 목적은 사회를 위한 것이었구나.'
로베르트는 이 사실에 깊은 인상을 받으며 혼잣말로 생각을 되뇌었다.
이 판결은 특허법이 단순히 개별 발명가의 권리를 보호하는 것을 넘어, 그들의 발명이 공공의 이익에 어떻게 이바지하는지를 인식하는 데 중요한 전환점이 되었다.
로베르트는 이 판결이 특허제도의 사회적 가치와 공공의 이익에 대한 이해를 반영한다고 생각했다.
그는 이를 통해 특허법이 개인의 창의적인 노력을 보상하면서 동시에 그 발명이 사회에 가져다주는 긍정적인 변화를 장려하는 방법을 강조했다고 보았다.
로베르트는 이 판결이 어떻게 발명가들의 혁신을 촉진하고, 동시에 그 혁신이 사회 전체에 긍정적인 영향을 미치도록 하는지에 대해 깊이 연구했다.
그는 특허법이 발명가들에게 안정적인 보호를 제공하고, 그들의 창의적인 아이디어가 사회적, 경제적 가치를 창출할 수 있도록 하는 중요한 역할을 한다고 믿었다.
로베르트의 탐구는 특허법이 어떻게 개인의 발명과 공공의 이익 사이의 균형을 찾는 데 도움을 주며, 이를 통해 사회 전체가 혜택을 받는지를 보여주는 사례가 되었다.
그의 연구는 특허법이 공공의 이익을 보장하고, 이에 따라 그 사회에 긍정적인 영향을 미친다는 것을 보여주었다.

◉ 특허의 보호와 개정: 1836년 미국 특허법의 변화

1836년, 미국은 특허법의 중대한 개정을 단행한다.
이 개정은 특허침해에 대한 소송을 쉽게 하고, 특허의 매매 절차를 간소화하는 등 발명가의 이익을 강화하는 내용을 포함했다.
'하지만 공익을 강조한 결과로, 많은 발명가가 특허제도를 통해 돈을 벌기는 힘들었던 것 같아.'
로베르트는 이 법 개정에 대해 살펴보면서 나름의 결론을 내렸다.
이 개정 이후 미국의 특허제도는 급격히 성장하며, 그 구조와 기능이 크게 발전한다.
'경제적 이익과 사회적 이익 사이의 균형을 이루려는 노력으로 법을 정비했구나.'
로베르트는 이러한 변화가 특허법의 본질적인 목적에 더 부합한다고 생각했다. 이 개정은 발명가에게 더 명확한 법적 보호를 제공하고, 그들의 발명이 시장에서 경쟁력을 가질 수 있도록 했다.
또한 이 개정은 발명가들이 그들의 창의적인 노력으로부터 합당한 경제적 보상을 받을 수 있는 환경을 조성했다.
하지만 로베르트는 이 개정이 발명가들이 단순히 돈을 벌기 위한 수단으로 특허를 활용하는 것을 어렵게 했다는 점도 지적했다.
그는 이러한 변화가 특허제도를 공익을 위한 도구로 더 강화하고, 기술 혁신이 사회 전체에 이익을 가져다주는 방향으로 이끌었다고 보았다.
로베르트의 이러한 분석은 특허법 개정이 발명가의 개인적 이익과 사회적 이익

사이의 균형을 어떻게 잡으려고 했는지를 보여주는 중요한 사례가 되었다. 그의 분석은 특허법이 개인적 창의성과 사회적 발전을 동시에 촉진하는 데 중요한 역할을 했다.
로베르트의 연구는 특허법이 발명과 혁신을 어떻게 지원하며, 이를 통해 사회 전체가 어떻게 이익을 얻는지에 관한 중요한 역할을 제공했다.

3 대담: 저자와 함께 역사 되짚어 보기

로베르트는 지식재산권의 역사를 더 깊이 이해하고자 저자와 대담을 청한다. 그는 이 대담에서 자신이 준비한 10가지 질문으로 지식재산권에 관한 통찰을 얻고자 한다.

표 14 특허분쟁과 특허 수

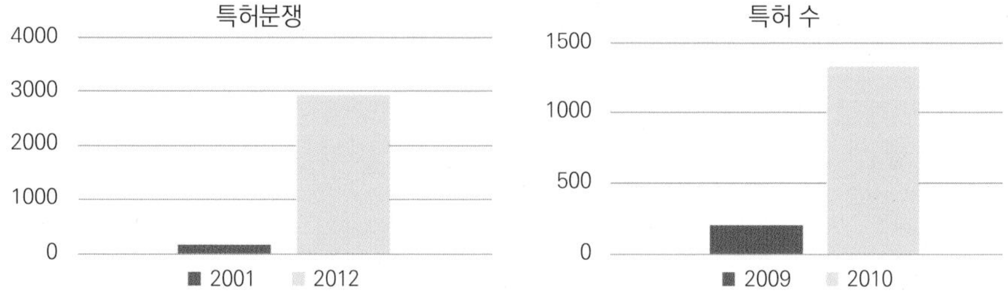

※ 특허분쟁의 증가: 2001년에 144건에서 2012년에 2,923건으로 증가
※ 특허 수의 증가: 2009년에 200개 미만에서 2010년에 1,300여 개로 증가

특허분쟁의 증가와 특허 수의 증가는 그의 관심을 끈다.
2001년에 144건이었던 특허분쟁이 2012년에는 2,923건으로 급증했으며, 특허 수도 2009년 200개 미만에서 2010년에 1,300여 개로 대폭 증가했다는 사실은 로베르트의 생각에 더욱 깊이를 더한다.
로베르트는 이러한 데이터를 바탕으로 특허제도의 미래와 그것이 국가 및 기업에 미치는 영향에 대해 더 깊이 탐구할 준비를 한다.

Q1. 특허제도의 탄생

로베르트는 자신이 알고 있는 특허제도의 시기가 맞는지 저자에게 확인차 질문한다.

로베르트: 특허법은 언제 처음 만들어졌죠?

저자가 명료하게 답한다.

저자: 첫 번째로 알려진 특허법은 1474년 이탈리아 베네치아에서 만들어졌어요. 당시 베네치아는 르네상스 문화와 과학의 중심지였고, 이 특허법은 성문화되지 않았던 것이었죠.

Q2. 특허의 진화

로베르트는 특허가 어떻게 진화되었는지 궁금했다.

로베르트: 그렇다면 현재와 같은 특허제도는 언제 생겼나요?

저자가 짧지만, 구체적으로 답을 이어간다.

저자: 첫 번째로 성문화된 특허제도는 1623년에 영국에서 만들어졌어요.

이 시기는 영국이 유럽대륙보다 공업 기술이 뒤처져 있었던 시기였고, 새로운 기술을 도입하는 사람에게 특권을 부여하는 법이 만들어져 산업혁명을 촉진했죠.

Q3. 국가 건설에 있어 특허의 역할

로베르트는 특허가 국가 건설에 어떤 역할을 했는지 궁금했다.

로베르트: 그러면 특허제도를 발전시킨 나라는 선진국이 되는 건가요?

저자는 동의하며 답한다.

저자: 맞아요. 독일과 미국도 특허제도의 발전이 강국으로의 진화에 중요한 역할을 했죠.

Q4. 특허출원을 가장 많이 하는 나라

로베르트는 저자에게 특허출원이 활발한 국가에 관한 질문도 던진다.

로베르트: 현재 가장 특허출원이 많은 나라는 어디인가요?

저자는 명료하게 자신의 의견을 밝힌다.

저자: 중국이 가장 많은 특허를 출원하지만, 외국인의 출원이 많아 중국을 특허 강국이라고 규정하기는 어려워요.

Q5. 특허출원에서 아시아의 선도

로베르트는 동아시아 세 국가의 특허출원 상황에 대해 궁금했다.

로베르트: 동아시아 세 국가가 특허출원에서 선두를 달리고 있는 것 같네요.

저자는 자신의 의견을 담아 설명한다.

저자: 수량적으로는 그렇지만, 상황은 복잡해요. 중국의 경우 많은 특허가 외국인에 의해 이루어진 것이라, 수량으로만 판단하는 것은 오해의 소지가 있지요.

Q6. 한국 특허제도의 시작

로베르트는 한국의 특허제도에 대해서도 궁금했다.

로베르트: 그러면 한국은 언제 특허제도가 생겼나요?

저자가 설명을 이어간다.

저자: 최초의 특허 관련 법은 1908년에 만들어졌지만, 제대로 시행되지 못했어요. 현재의 기초는 1960년대에 만들어진 특허법이에요.

Q7. 한국의 강한 특허 문화

로베르트는 한국의 특허 문화에 관해 궁금해졌다.

로베르트: 한국은 특허 문화가 독특하게 보이네요.

저자는 한국의 시대 상황을 빗대 설명해 준다.

저자: 맞아요. IMF 위기 이후 한국에서 기술에 대한 중점이 커지면서, 인구당 특허 등록 수에서 세계를 선도하는 결과를 낳았죠.

Q8. 한국의 세계적인 기술 수준

한국의 기술 수준에 관한 질문도 이어간다.

로베르트: 한국의 기술 수준은 세계에서 가장 높은 수준인가요?

저자는 한국의 현재 상황을 설명하면서 답한다.

저자: 일부 분야에서 한국은 세계적 수준에 도달했지만, 모든 기술 분야에서 그렇다고 말하는 것은 과장이에요.

Q9. 특허의 품질

로베르트는 특허의 품질에 대한 생각을 나누며, 한국의 전반적인 기술 수준에 관해 질문한다.

로베르트: 특허의 양도 중요하지만, 품질이 더 중요하다고 생각해요. 한국은 특정 분야에서 선도하고 있지만, 전반적인 기술 수준은 아직 선진국을 뒤따르고 있는 건가요?

저자가 답한다.

저자: 그렇습니다. 한국은 특정 분야에서 세계적인 수준에 도달했지만, 전체적으로 보면 아직 발전의 여지가 있는 상황이죠.

이러한 대담을 통해 로베르트는 지식재산권의 역사에 대해 더 깊은 이해를 얻고,

특허제도의 중요성과 그것이 각국의 경제와 기술 발전에 미친 영향을 더욱 명확하게 인식하게 된다.
이 대담은 그에게 지식재산권과 관련한 더욱 폭넓은 관점을 제공하며, 그의 연구와 탐구에 새로운 방향을 부여한다.

Q10. 특허의 미래

로베르트는 특허의 미래에 대해 고민한다.
'특허는 국가를 혁신시키고, 그 혁신은 다시 국가를 촉진한다. 또한 기업 간의 권력 역학을 형성하는 잠재력을 가진다. 하지만 그들의 본질적인 품질과 실행에 따라 그 효과가 다르게 나타난다.'
로베르트는 특허의 세계가 기업들에 미치는 영향을 주제로 여정을 계속하기로 한다.
그의 여정은 특허의 복잡한 세계를 탐색하고, 이를 통해 미래의 변화를 예측하고자 하는 그의 열정을 보여준다.

4 타임머신 속 이야기

반특허 운동

이번에는 저자가 로베르트에게 질문한다.
"로베르트, 제가 질문을 해도 될까요?"
로베르트가 조금은 당황한 표정을 지으며 저자를 바라보자, 저자는 상관없다는 듯 말을 이어간다.
"혹시, 19세기 말에 일어났던 자유무역 운동에 힘입어 인위적인 독점을 반대하는 반특허 운동이 1850년에서 1873년 사이에 유럽에서 일어난 사실을 알고 있나요?"
로베르트는 힘없는 목소리로 대답한다.

"아니요."
한 번도 생각해 본 적이 없었다.
지식재산권과 특허제도에 관해서 어느 정도 안다고 생각했는데, 전혀 예상치 못한 질문이었다.
지식재산권과 특허제도가 나 같은 발명가에게는 소중한 제도이고, 다른 사람에게도 마찬가지라고 생각했다.
그런데 반특허 운동이라니?
로베르트는 미간을 찌푸리며 탄식한다.
"음…."
저자가 말을 이어간다.
"그렇군요. 전혀 예상하지 못한 것 같군요? 이 운동은 특허의 경제적 효과에 의문을 제기하면서 시작되었죠. 그 결과 네덜란드와 스위스는 특허제도를 일정 기간 폐지하거나 초보 수준의 특허제도로만 유지해요."
저자는 자신을 바라보지 않는 로베르트를 부른다.
"로베르트."
저자는 로베르트에게 연거푸 질문을 던진다.
"그런데 이런 독점에 대해 반대하는 '반특허 운동'이 사라져요. 이런 독점에 대한 반대는 왜 사라진 걸까요?"
로베르트는 아무런 생각이 나질 않았다.
그래서 아무런 답도 하지 못하고 멍하니 저자만 바라보고 있었다.
반특허 운동이 뭔지도 모르는데, '반특허 운동이 왜 사라졌을까?'라고 또 묻는다.
"반특허 운동이 있다는 사실도 몰랐는데, 다시 사라졌다고요?" 로베르트의 머릿속은 온통 뒤죽박죽되어 아무런 생각도 떠오르지 않는다.
그저 멍하니 앉아 있을 뿐이다.
저자는 예상했다는 듯이 로베르트가 눈을 마주치자마자 말을 이어간다.
"19세기 말 공리주의[4]적 견해를 통해 지식재산권 보호를 합리화하는 주장과 이후

4 공리주의(Utilitarianism): 19세기 이후 영국을 중심으로 발달한 윤리 사상을 말한다. 인간 행위의 윤리적 기초를 개인의 이익과 쾌락의 추구에 두고, 무엇이 이익인가를 결정하는 것은 개인의 행복이라고 하며, '도덕은 최대 다수의 최대 행복을 목적으로 한다.'라고 주장한다. 이를 최대 행복의 원리(Greatest Happiness Principle)라

세계 경제공황이 찾아오면서 보호무역주의 및 민족주의의 대두로 인해 반특허 운동은 시대적 상황상 자연스럽게 사라져요. 이렇게 대부분 국가가 특허 등 지식재산권 제도를 제도화하였기 때문이죠."

저자는 이번에는 좀 더 심오한 질문을 로베르트에게 묻는다.

"그럼, 이 반특허 운동은 현대의 '과학 기술의 공공화(公共化)'에 대한 개념으로 볼 수 있을까요?"

이번에도 역시 로베르트가 아무런 말이 없자 저자는 말을 이어간다.

"정답은 '아니요', 그렇지는 않습니다. 당시 유럽 각국의 산업화 정도가 다른 상황에서 선진공업국과의 기술격차를 줄이기 위해 후진 공업국들이 이러한 반특허 운동을 일으킨 것으로 보여요. 이것은 그들의 경제정책 중 하나라고 볼 수 있죠."

저자는 로베르트에게 마지막으로 질문을 한다.

"로베르트, 그럼 이를 어떻게 해석해야 할까요?"

로베르트의 입은 어느새 말이 사라진다.

"음…."

저자는 로베르트를 보면서 계속 설명한다.

"이러한 반특허 운동은 다른 면에서 보면, 유럽에서 이미 상당한 정도로 특허를 통한 기술의 권리화가 이루어지고 있었음을 방증하는 것이라고 볼 수 있어요. 이미 선진공업국에서 상당한 특허가 나왔기에 후진 공업국들이 선진공업국을 쫓아가기 위해서 요구한 것이니까요."

로베르트는 드디어 할 말을 찾았다.

"아, 이해했습니다. 그래서 반특허 운동은 일종의 기술격차를 줄이기 위한 수단이었던 거군요."

저자는 미소를 지으며 대답한다.

"맞습니다. 이러한 역사적 사건들은 우리가 지식재산권에 대해 생각하는 방식에 큰 영향을 미쳐요. 단순히 법적인 도구로만 볼 것이 아니라, 그 시대의 경제적, 사회적 맥락 속에서 이해해야 한다는 것을 보여주죠."

고 부른다. 이 사상은 근대 시민사회의 윤리적 기준이 되었을 뿐만 아니라 영국 고전 경제학의 사상적 기초와 자본주의 질서 구축의 토대가 된다. 벤담(1748~1832년), 존 스튜어트 밀(1806~1873년) 등이 대표적 공리주의자들이다. 참고로, 공리주의에서의 '공리'는 공공의 이익이 아닌 유용성(Utility)을 의미한다(출처: 위키피디아).

로베르트는 고개를 끄덕이며 말한다.

"정말 흥미로운 관점이네요. 역사 속에서 우리가 배울 수 있는 교훈이 참 많은 것 같아요."

저자는 로베르트의 말에 동의하며 마무리한다.

"그렇습니다. 역사는 우리에게 항상 새로운 통찰을 제공해요. 로베르트, 이 대화가 당신에게 유익했나요?"

현대의 특허제도

저자가 현대의 특허제도에 관해 로베르트에게 질문을 한다.

"로베르트, 혹시 유럽대륙을 중심으로 한 특허제도의 발전과 확산에 대해 들어보셨나요?"

로베르트는 이번에도 아무 말 없이 저자의 눈을 바라보자, 저자는 알겠다는 듯이 설명을 이어간다.

"1883년에 산업재산권에 관한 '파리협약',[5] 1886년에 저작권에 관한 '베른협약'[6]이 체결됩니다. 로베르트, 알고 계셨나요?"

로베르트가 짧게 답한다.

"아니요."

저자의 설명이 이어진다.

"이 두 협약은 1892년에 스위스 연방정부의 감독하에 관리업무를 효율화하기 위해 통합되어 집니다. 로베르트, 그럼 베른협약은 무엇이고, 파리협약은 뭘까요?"

로베르트가 자신 없는 투로 툭 하고 말을 내뱉는다.

"산업재산권과 저작권에 관한 국제적 협약인 것 같은데요."

저자는 짧은 대답에 이어 설명을 이어간다.

"네, 맞습니다. 파리협약을 한마디로 하면 '한 나라의 특허를 포함한 지식재산 체계는 다른 나라에 의해 재생될 수 있다.'라는 것이 핵심이고, 베른협약은 '가맹국 간 직권을 보호하는 조약이며, 자국민의 직권을 타국에서도 보호해 주자는 취지'를 담고 있는 협약입니다. 두 협약에서 뭔가 느껴지는 게 없나요. 로베르트?"

로베르트는 한참 동안을 생각하더니 탄성과 같은 한마디를 던진다.

"국제적 무대에 등장…"

저자가 밝은 목소리로 답한다.

"네, 맞습니다."

로베르트는 생각에 잠겨 혼잣말로 중얼거린다.

"국제적 무대에서의 지식재산권 보호가 그토록 중요한 역할을 한다니…."

저자는 로베르트의 생각에 공감하며 추가 설명을 덧붙인다.

"맞아요, 로베르트. 국제적인 협약은 각국 간 지식재산권 보호의 표준을 설정해,

---

5 파리협약(Paris Convention for the Protection of Industrial Property): 공업 소유권의 보호를 위한 협약은 세계 지식재산권기구(WIPO)의 주관 아래 1883년 3월 20일 프랑스 파리에서 서명된 최초의 지식재산권 협정 중 하나이다. 이 협정에 따르면 한 나라의 특허를 포함한 지식재산 체계는 다른 나라에 의해 재생될 수 있다는 것이다(출처: 위키피디아).

6 베른협약(Bern Convention for the Protection of Literary and Artistic Works): 1886년 9월 9일 스위스 베른에서 체결된 저작권 관련 협약을 말한다. 정식명칭은 '문학·예술적 저작물의 보호를 위한 협약'이다. 가맹국 간 직권을 보호하는 조약이며, 자국민의 직권을 타국에서도 보호해 주자는 취지로 만들어졌다. 우리나라는 1996년 8월 17일에 가입했다(출처: 위키피디아).

지식재산권의 국경을 넘는 보호를 가능하게 합니다. 이러한 협약들은 전 세계적으로 지식재산권 보호를 강화하는 데 큰 역할을 해요."

로베르트는 고개를 끄덕인다.

"그렇군요, 국제적 협약이 지식재산권 보호에 그렇게 중요한 역할을 하고 있다니, 정말 놀랍네요. 이런 협약들이 없었다면, 현재의 지식재산권 보호 체계는 훨씬 더 취약했을 거예요."

저자는 로베르트의 말에 동의하며 말을 이어간다.

"정확합니다. 이런 협약들은 국제적인 협력을 촉진하고, 지식재산권 보호를 위한 공동의 기준을 마련하는 데 중요한 기여를 해요. 이를 통해 발명가와 창작자들은 전 세계 어디서나 그들의 작품과 발명품을 보호받을 수 있게 됩니다."

로베르트는 정확하게 이해되지 않는지 독백하듯이 질문한다.

"이런 국제 협약들이 지식재산권의 세계적 보호망을 구축하는 데 중심적인 역할을 한다는 걸 이해했습니다. 이런 지식재산권 보호 체계가 어떻게 발전해 나갈지 궁금하네요."

저자는 로베르트에게 미소를 지으며 대답한다.

"앞으로도 지식재산권의 국제적 보호는 더욱 중요해질 거예요. 기술의 발전과 국제적 협력이 계속되면서, 지식재산권 보호는 더욱 복잡하고 다양한 형태로 발전할 겁니다. 이런 변화를 따라가는 것이 우리 발명가와 창작자들에게 큰 도전이 될 거예요."

로베르트는 고개를 끄덕이며 말한다.

"정말 흥미로운 대화였어요. 이런 깊이 있는 통찰을 주셔서 감사합니다, 저자님. 이런 지식을 배울 수 있어서 정말 다행이에요."

저자는 로베르트의 감사 말에 고개를 숙이며 답한다.

"언제나 기쁜 마음으로 도움이 되었으면 합니다."

"앞으로도 많은 발전이 있기를 바랄게요."

저자가 궁금해하는 듯 묻는다.

"로베르트, 유럽대륙을 중심으로 한 특허제도의 발전과 확산에 대해 들어보셨나요?"

로베르트는 이번에도 아무 말 없이 저자의 눈을 바라보자, 저자는 알겠다는 듯이 설명을 이어간다.

"1883년에 산업재산권에 관한 파리협약이 체결되고, 1886년에는 저작권에 관한 베른협약이 맺어집니다. 이 두 협약에 대해 들어보셨나요?"
로베르트가 짧은 대답을 내어놓는다.
"아니요."
갑자기 뇌리를 스치며 질문이 생각났다. 로베르트는 주저 없이 저자에게 질문한다.
"이 두 협약은 지식재산권의 국제적 보호를 위해 중요한 역할을 해요. 파리협약은 특허와 관련된 국제 협약이고, 베른협약은 저작권 보호에 초점을 맞춘 협약이에요?"
로베르트는 자신감 넘치는 목소리로 질문을 연거푸 한다.
"그럼, 이 협약들은 어떤 결과를 가져왔나요?"
저자는 한 치의 망설임도 없이 설명을 이어간다.
"이 협약들로 인해 지식재산권 보호 국제합동사무국, BIRPI[7]가 설립되었어요. 그리고 나중에 이는 세계지식재산권기구인 WIPO[8]로 발전했죠."
로베르트는 저자가 설명을 마치자마자 바로 질문한다.
"그럼, WIPO는 어떤 역할을 하나요?"
저자의 설명은 막힘이 없다.
"WIPO는 파리협약과 베른협약뿐만 아니라 여러 국제 협약의 관리를 맡아 지식재산권의 국제적 보호를 강화하는 데 중요한 역할을 해요."
로베르트는 생각에 잠긴 듯 말한다.
"이런 국제기구의 역할이 지식재산권 보호에 얼마나 중요한지 알게 되었어요. 국제 협력과 규범의 중요성을 다시금 느끼게 됩니다."
저자는 로베르트의 말에 설명을 덧붙인다.
"맞아요. 국제적 협력과 규범은 지식재산권의 보호를 강화하고, 전 세계적으로 일관된 접근방식을 제공하는 데 필수적이에요."

7 BIRPI(United International Bureaux for the Protection of Intellectual Property): 문학 및 예술작품 보호를 위한 베른협약과 산업재산권 보호를 위한 파리협약을 관리하기 위해 1893년에 설립되었다. BIRPI는 세계지식재산권기구(WIPO)의 전신이다(출처: 위키피디아).

8 WIPO(World Intellectual Property Organization): 세계지식재산권기구는 유엔(UN)의 15개 전문기구 중 하나이다. 1967년 세계지식재산기구 설립협약에 따라 WIPO는 국가 및 국제기구와 협력하여 전 세계적으로 지식재산(IP)을 증진하고 보호하기 위해 설립되었다(출처: 위키피디아).

로베르트는 고개를 끄덕이며 말한다.
"정말로 깊이 있는 통찰을 얻을 수 있었어요. 이 대화를 통해 지식재산권에 대한 이해가 한층 더 깊어진 것 같아요."
저자는 로베르트에게 미소를 지으며 답한다.
"언제든 궁금한 점이 있으면 물어보세요. 지식재산권의 세계는 끝없이 흥미롭고 중요한 주제니까요."
대화를 마쳤다고 하는 찰나 로베르트가 질문이 시작된다.
"저자님, 혹시 지금까지의 특허제도의 역사적 변화에 관해 설명해 줄 수 있나요?"
저자는 짧은 대답과 함께 설명을 시작한다.
"물론이죠. 특허제도의 역사는 발명가의 권리 보호보다는 국가의 경제 정책적 측면에서 중요한 역할을 해 왔어요. 특히, 선진국이 주도하는 국제화 과정에서는 더욱 그렇죠."
로베르트는 진지하게 경청하다가 저자의 설명이 멈추자 또 다른 질문을 이어간다.
"그러니까, 특허제도는 발명자의 권리를 보호하기보다는 국가 경제의 일환으로 사용되는 거군요."
저자가 짧은 대답과 함께 부연 설명을 이어간다.
"정확합니다. 특허제도는 명과 암이 공존해요. 발명자의 권리를 보호하는 한편 때로는 경제적 이익에 따라 움직이기도 하죠."
로베르트는 고개를 끄덕이며 이해했다는 듯 말한다.
"그런 관점에서 본다면, 특허제도의 현재 상황은 어떤가요? 현대의 특허제도는 어떤 역할을 하고 있나요?"
저자는 심도 있는 답변으로 응대한다.
"현재 특허제도는 여전히 국가 경제정책의 중요한 도구로 사용되고 있어요. 하지만 발명가의 권리 보호라는 원래 목적도 여전히 중요합니다. 특히, 세계 경제에서는 특허가 기업들의 경쟁력을 강화하는 주요 수단으로 활용되고 있죠."
로베르트는 잠시 생각에 잠기지만 이내 질문을 꺼낸다.
"세계 경제에서 특허의 역할이 정말 중요하다는 것은 이해가 되었어요. 그렇다면 지식재산권의 세계는 정말 복잡하고 다양한 요소로 얽혀있다는 것이죠?"
저자는 로베르트를 격려하는 듯이 말한다.

"네, 정말 그렇습니다. 지식재산권은 항상 변화하고 발전하는 분야이니, 꾸준히 관심을 가지는 것이 중요해요."

로베르트는 저자의 답변에 만족한 듯 웃으며 말한다.

"제가 두서없이 하는 질문에 조리 있게 답해 주셔서 감사해요. 저자님과의 대화에서 항상 궁금한 점이 해결되어 저로서는 유익한 시간입니다. 저자님, 그럼 이제 WIPO의 역할에 대해 조금 더 설명해 줄 수 있을까요?"

"물론이죠."

저자는 짧은 답변에 이어 설명을 다시금 시작한다.

"WIPO는 지식재산권 보호를 위한 국제적 협력을 촉진하는 UN의 전문기구예요. 다양한 국제 협약의 관리와 집행을 담당하며, 지식재산권 보호의 국제적인 표준을 설정하는 역할을 하죠."

로베르트는 집중해서 듣다가 저자의 말을 끝나자 바로 질문한다.

"그렇다면 WIPO의 활동은 특허제도에 영향을 미치나요?"

저자는 설명을 계속한다.

"WIPO는 전 세계적으로 특허 보호의 기준을 마련하고, 회원국들이 이를 따르도록 유도해요. 또한 특허 정보의 교류와 협력을 촉진하고, 다양한 교육 프로그램과 기술 지원도 제공하고 있어요."

로베르트는 고개를 끄덕이며 이해했다는 듯 말한다.

"그렇군요. WIPO의 활동이 국제적인 특허 보호의 기준을 세우는 데 중요한 역할을 한다는 걸 이해했어요."

저자는 로베르트의 관심에 만족해하며 말한다.

"그렇죠. 지식재산권의 세계는 국제적인 차원에서 이해하고 접근하는 것이 매우 중요해요."

로베르트는 깊은 생각에 잠긴다.

…,

얼마나 시간이 지났을까? 로베르트는 문뜩 의문이 들었다.

"지식재산권이 세계 경제에서 이렇게 중요한 역할을 한다는 사실이 놀랍네요. 인제 보니 특허와 저작권은 단순한 개념이 아니라 복잡한 국제적 맥락 속에서 이해해야 하는 것 같아요."

저자는 로베르트의 생각에 공감을 표한다.
"맞아요, 로베르트. 지식재산권은 단순히 법적 보호를 넘어서 국제적인 경제, 정치, 기술적인 측면에서도 중요한 의미를 갖죠."
로베르트는 자신의 지식 폭이 한층 넓어진 것을 느끼며 만족해한다.
"저자님, 오늘 대화를 통해 많은 것을 배웠어요. 지식재산권에 대한 제 시야가 훨씬 넓어진 것 같아요."
저자는 로베르트를 향해 미소 지으며 말한다.
"언제든지 궁금한 것이 있으면 물어보세요. 지식재산권의 세계는 끊임없이 발전하고 새로운 관점을 제공하니까요. 계속해서 배우고 탐구하는 것이 중요합니다."
로베르트는 호기심 가득한 눈빛으로 또 다른 질문을 던진다.
"그렇다면 WIPO와 같은 국제기구의 결정이나 표준이 개별 국가의 특허 정책에 영향을 미칠 수 있나요?"
저자는 로베르트의 질문에 고개를 끄덕이며 대답한다.
"WIPO의 결정과 표준은 각 국가의 특허 정책과 법률에 큰 영향을 미칩니다. WIPO는 국제적인 특허 협력과 조화를 위한 기준을 마련하고, 이를 회원국들이 따르도록 권장하죠. 이는 국제적인 지식재산권 보호의 통일성을 강화하는 역할을 합니다."
로베르트는 이해가 된 듯 고개를 끄덕이며 다음 질문을 던진다.
"그러면 WIPO의 활동이 세계적인 기술 혁신과 발전에 어떤 역할을 하나요?"
저자는 로베르트의 질문에 이제는 열정적으로 답한다.
"WIPO는 기술 혁신과 발전을 촉진하기 위해 다양한 프로그램과 서비스를 제공합니다. 예를 들어, WIPO는 기술이전, 혁신 지원, 지식재산권 교육 및 훈련 프로그램 등을 통해 세계적인 기술 혁신을 지원하죠. 이러한 활동은 국제적인 지식재산권 체계를 강화하고, 세계적인 혁신 환경을 조성하는 데 기여하고 있습니다."
로베르트는 점점 더 흥미를 느끼며 질문을 이어간다.
"그렇다면 개별 국가에서의 지식재산권 보호와 관련된 문제는 WIPO에서 어떻게 다루어지나요?"
저자는 심도 있는 답변을 제시한다.
"개별 국가에서 발생하는 지식재산권 문제는 WIPO의 조정과 중재를 통해 해결할 수 있습니다. WIPO는 회원국 간의 분쟁 해결, 지식재산권 관련 법률 및 정책 자문, 그리고 국제 협약 준수에 관한 지원 등을 제공하죠. 이는 국가 간의 지식재산권 보호와 협력을 강화하는 데 중요한 역할을 합니다."

로베르트는 저자의 설명에 감탄한다.

"지식재산권의 세계는 정말 광범위하고 복잡한 것 같아요. WIPO와 같은 기구가 없었다면 국제적인 협력과 조화는 훨씬 더 어려웠을 것 같네요."

저자는 로베르트의 생각에 동의한다.

"맞습니다. WIPO의 역할은 세계적인 지식재산권 보호와 혁신을 위한 중요한 매개체입니다. 앞으로도 WIPO의 활동은 국제적인 기술 발전과 혁신에 큰 기여를 계속할 것입니다."

로베르트는 이야기에 몰입되어 헤어나지 못한 사람처럼 다시 질문한다.

"그렇다면 WIPO의 활동이 어떻게 우리와 같은 개별 국가의 지식재산권 제도에 구체적으로 영향을 끼치는 건가요?"

저자는 고민하는 듯한 표정을 짓더니 이내 설명을 이어간다.

"WIPO의 활동은 각국의 지식재산권 제도에 대한 국제적인 기준을 제공합니다."

"예를 들어, WIPO의 권고사항이나 표준은 각국의 법률 제정이나 개정 과정에 참고 자료로 활용될 수 있죠."

"또한 WIPO는 회원국에 지식재산권 관련 교육과 기술 지원을 제공함으로써, 각국의 제도를 국제적인 수준으로 끌어올리는 데 기여하고 있습니다."

로베르트는 저자의 답변에 감탄하며 또 다른 질문을 던진다.

"그렇다면 WIPO의 활동과 관련하여 우리나라가 특히 주목해야 할 점은 무엇일까요?"

저자는 신중하게 대답한다.

"우리나라는 WIPO의 활동을 통해 지식재산권 보호와 관련된 국제적인 동향을 파악하고, 이를 우리의 제도와 정책에 반영하는 것이 중요합니다. 특히, 세계 시장에서의 경쟁력 강화를 위해, 국제적인 지식재산권 규범과 기준에 부합하는 제도와 정책을 구축하는 것이 필요하죠. 또한 WIPO와의 협력을 통해 우리의 지식재산권 관련 전문성과 능력을 강화하는 것도 중요한 점입니다."

로베르트는 고개를 끄덕이며 이해했다는 듯 말한다.

"지식재산권 보호와 관련된 국제적인 협력과 기준이 우리의 경쟁력에 큰 영향을 끼친다는 것을 이해했어요. WIPO의 활동이 우리에게도 매우 중요한 역할을 한다는 걸 알게 되었네요."

저자는 로베르트의 말에 미소를 지으며 대화를 마무리하려고 설명한다.

"맞습니다. 지식재산권의 세계는 복잡하고 광범위하지만, WIPO와 같은 국제기구의 역할과 활동을 통해 우리가 더 나은 방향으로 발전할 수 있을 것입니다."

로베르트는 생각에 잠긴다.

무슨 질문을 할까? 저자가 유심히 로베르트를 보는데 로베르트가 이내 생각이 났다는 표정을 지으며 저자에게 말을 건넨다.

"지식재산권이 이렇게 중요한 영역인 줄 몰랐어요. 이제부터는 더 주의 깊게 살펴보고, 이해를 높여야겠어요."

저자는 실망한 표정인지 의아한 표정인지 모를 표정을 짓더니 로베르트의 말에 공감하며 대답한다.

"맞아요, 로베르트. 지식재산권은 단순히 법적인 보호만을 넘어서 경제적 가치, 혁신 그리고 국제적인 협력까지도 아우르는 중요한 영역이죠. 앞으로도 이 분야에 대한 이해와 관심은 계속 발전시켜 나가세요."

로베르트는 새롭게 깨달은 지식에 대한 흥미로 가득 찬 표정을 지으며 말한다.

"오늘 대화를 통해 많은 것을 배울 수 있었어요. 저자님의 설명 덕분에 지식재산권의 중요성과 복잡함을 좀 더 깊이 이해하게 되었고요."

저자는 로베르트의 열정에 감탄하며 말을 이어간다.

"항상 열린 마음으로 배움을 추구하는 태도가 중요합니다. 로베르트의 호기심과 열정이 앞으로도 큰 성과를 가져다줄 거예요."

로베르트는 저자에게 감사의 인사를 전하며, 이날의 대화를 마무리한다.

"정말 감사합니다, 저자님. 오늘 대화를 통해 많은 영감과 지식을 얻었습니다."

두 사람은 서로에게 고마움을 표하며 대화를 마무리하고, 로베르트는 새로운 지식과 영감을 가지고 모험을 떠날 준비를 한다.

CHAPTER 03

디자인과 지식재산권

디자인의 전쟁

CHAPTER 03

1. 디자인이란?
2. 디자인권이란?
3. 디자인권의 국제적 보호
4. 디자인 분야에서 지식재산권의 중요성
5. 대담: 저자와 함께하는 디자인권 분쟁
6. 디자인 개발 프로세스

제3장

디자인과 지식재산권

1 디자인이란?

로베르트: 저자님. 제가 이해하기로 '디자인'은 물품이나 서비스의 느낌이나 기능을 향상하는 데 중요한 역할을 하는 것으로 알고 있는데요. 이게 맞나요?
저자: 그렇습니다. 하지만, 로베르트 디자인은 단순히 그것만을 의미하지는 않아요. 디자인보호법상의 디자인은 물품을 전제로 한 것이기에 물품에 형상이 되어야만 디자인보호법상의 보호 대상이 됩니다.
디자인은 물품과 불가분의 관계에 있으므로 물품에 표현 또는 형상되지 않은 추상적인 모티브만으로는 디자인의 대상이 되지 못해요.

로베르트: 제가 처음 디자인 분야에 발을 들였을 때, '물품성'이라는 개념이 아주 흥미롭게 다가왔어요. 이것이 실제 제품디자인과 어떻게 연결되는지 그리고 이 개념이 시장에서 어떤 의미가 있는지 궁금해요.
저자: '물품성'은 디자인의 기본요건이에요. 물품은 '독립성이 있는 구체적인 유체'로 해석되며, 이는 디자인권이 부여될 대상이 되는 기준입니다. 따라서 디자인은 수요자에게 물품이 제공될 때, 그 물품에 적용된 디자인이 구매 의욕을 높여야 합니다.

로베르트: '물품성'이란 말이 인상적이네요. 그럼, '독립성'이란 무엇인가요?
저자: 물품은 독립하여 거래의 대상이 될 수 있어야 합니다. 이를 '독립성'이라 합니다. 따라서 독립하여 거래의 대상이 될 수 없는 것은 물품으로 인정되지 않습니다.
디자인은 물품의 형상, 모양, 색채 또는 이들의 결합으로 시각을 통하여 미감을 일으키게 하는 겁니다. 이것이 '물품성'이죠. 디자인은 '물품'이란 개념에 깊이 연결되어 있습니다. 이는 물품에 구현 또는 적용되는 기술과는 무관하게 물품의 외관을 미려하게 하는 것이며, 시각적인 관점에서 파악되는 것으로서 반드시 특정된 물품에 표현되어야 합니다.

로베르트: '구체성'에 대해서도 설명해 주시겠어요? 저는 항상 디자인의 '형태성'이란 개념에 매료됐어요. 대학에서 첫 디자인 코스를 들을 때부터, 디자인이 어떻게 물체의 형태와 기능을 변화시킬 수 있는지 항상 궁금했거든요. 따라서 '형태성'에 대한 귀하의 설명을 듣고 싶어요. 이것이 제가 지금까지 배운 것과 무엇이 다른지도 알고 싶어요.

저자: 물품은 그 형상이 구체적으로 특정될 수 있어야 합니다. 따라서 일정한 형태가 없는 것, 물품 자체의 형태가 아닌 것 등은 물품으로 인정되지 않습니다. 이것을 '구체성'이라 합니다. 디자인의 '형태성'이란 물품에 형상, 모양, 색채 또는 이들을 결합한 것을 의미합니다. 이는 물품의 마감을 발휘하는 장식적인 구성요소입니다.

로베르트: 이해가 되었어요. 하지만, 디자인 업계의 결과물이 UX와 UI에 기반한 다양한 형태로 진화하고 있는데, 이 변화에 디자인의 보호가 어떻게 이루어져야 하는지 궁금합니다.

저자: 현재 디자인 업계는 다양한 기술들을 디자인에 수렴해 적용하고 있습니다. 이에 맞춰 디자인 보호에 대한 수요도 빠르게 변화하고 있어요. 따라서 물품성 요건을 완화하여 보호 대상을 확대하는 논의의 필요성이 제기되고 있습니다. 이처럼 디자인은 물품성, 형태성, 시각성, 심미성 등 여러 가지 요소로 구성되며, 이러한 요소들이 합쳐져 우리가 보는 디자인이 완성됩니다. 디자인은 단순히 물건의 외관을 꾸미는 것이 아니라, 물건 자체의 기능과 가치를 높이는 역할을 합니다. 이러한 이유로 디자인은 매우 중요한 자산이 될 수 있으며, 디자인에 대한 이해와 보호는 기업들에 필수적입니다. 따라서 우리는 디자인을 이해하고, 그 가치를 인정하고 보호해야 합니다.

디자인에 대한 정리

로베르트는 디자인에 관해 자신만의 생각을 정리한다.

'디자인이란 정확히….'

'물품의 형상, 모양, 색채, 이들의 조합으로 시각적 미감을 일으키는 것이지.'

'디자인은 일반 디자인과 특유 디자인으로 나눌 수 있고.'

'그렇다면 일반 디자인에는 뭐가 포함되지?'

'그래! 일반 디자인은 물품성, 형태성, 시각성, 심미성의 요소들로 이루어져 있어.'

'물품성은 독립적이고 구체적인 유체로서 물품을 의미하고.'

'형태성은 물품에 구현된 형상과 모양을 말해.'

'특유 디자인은 달라.'

'특유 디자인은 기본적으로 그 구분이 다양하지.'
'글자체, 식품, 완성품과 부품, 형상, 문자, 동적, 화상, 캐릭터, 색채 등으로 나눌 수 있어.'
한가지 생각이 로베르트의 머리를 스쳐 간다.
'디자인의 궁극적인 목적은?'
'그렇다면 디자인에서 가장 중요한 부분이지!'
'디자인은 단순히 외관을 꾸미는 것이 아니다.'
'디자인은 물건의 기능과 가치를 높이는 데 중요한 역할을 하지. 그래서 디자인은 중요한 자산이 되고, 보호가 필수적이야!'

2 디자인권이란?

로베르트는 궁금증을 가득 담은 눈빛으로 저자에게 질문한다.
"디자인권이란 무엇인가요?"
저자는 친절하게도 차근차근 로베르트에게 설명한다.
"디자인권은 산업적 물품의 독창적인 외관 형상을 보호하는 권리랍니다. 디자인을 등록한 사람이 그 등록된 디자인에 대한 독점적인 권리를 가지는 것을 말해요. 창작자 또는 창작자의 승계인은 디자인보호법에 따라 이 권리를 얻을 수 있어요."
로베르트가 추가로 묻는다.
"여러 사람이 함께 디자인을 만들어 등록하면 어떻게 되나요?"
저자는 답한다.
"그런 경우에는 디자인권을 공유하게 되죠. 디자인권은 등록을 통해 발생합니다. 또한…."
로베르트 자신의 호기심을 억제하지 못하고 저자의 말아 끝나지도 않았는데 질문을 이어간다.
"'디자인권'이라는 용어는 어떻게 생겨났나요?"
저자는 역사적 배경을 설명한다.
"디자인권이라는 용어는 처음엔 '의장권'으로 불렸어요. 하지만, 2005년에 디자인권으로 변경됐죠. 이는 디자인 보호의 법적 진화를 보여주는 예입니다."

로베르트의 이번 질문은 좀 더 구체적이다.

"디자인권과 디자인보호법에서의 디자인은 무엇을 의미하나요?"

저자는 명확히 설명한다.

"디자인은 물품의 외관을 아름답게 하는 시각적 요소예요. 기술적인 부분은 별개로 하고, 디자인은 미적 외관만을 다루죠. 이것이 디자인보호법상의 보호 대상이 됩니다."

로베르트는 또 다른 질문을 던진다.

"디자인권을 다른 이름으로 부르기도 하나요?"

저자는 막힘없이 대답한다.

"디자인권은 디자인 권리, 디자인권 보호 제도, 디자인 특허 등으로 불릴 수 있어요. 하지만, 명칭의 사용은 문맥에 따라 달라질 수 있습니다."

로베르트는 이제 자신감 있는 목소리로 질문을 이어간다.

"지식재산권은 무슨 뜻인가요?"

저자의 설명이 이어진다.

"지식재산권은 특허권, 실용신안권, 상표권, 디자인권 등을 포함하는 개념이에요. 각각의 권리는 관련 법률에 따라 정해지고 보호되죠."

로베르트는 디자인권에 대한 지식을 얻기 위해 질문을 이어간다.

"그럼, 지식재산권과 디자인권은 어떤 차이가 있나요?"

저자는 한번 숨을 고르고 로베르트를 보며 설명한다.

"지식재산권은 인간의 지적 창작물을 보호하는 무형의 재산권이에요. 이는 산업재산권과 저작권으로 구분되죠. 산업재산권은 등록으로 보호를 받습니다. 반면, 저작권은 작품이 공개되는 즉시 보호를 받아요. 보호 기간도 다르다는 점을 기억하세요."

로베르트는 이해한 듯 고개를 끄덕이며 다음 질문으로 이어간다.

"산업재산권과 저작권의 차이는 무엇인가요?"

저자가 명확히 답한다.

"산업재산권은 특허청의 심사를 거쳐 등록해야 보호받습니다. 보호 기간은 대개 10년에서 20년 사이입니다. 저작권은 작품이 공개되면 즉시 보호를 받으며, 저작자 사후 70년까지 보호됩니다."

로베르트는 계속해서 질문을 이어간다.

"디자인권이란 결국, 어떤 것인가요?"

저자의 설명은 점점 차분해진다.

"디자인권은 공업 소유권의 일종으로 디자인을 등록한 자가 등록 디자인에 대해 누리는 독점적인 권리예요. 디자인을 창작한 자 또는 그 승계인은 디자인보호법에 따라서 디자인 등록을 받을 수 있는 권리를 가집니다. 공동 창작 시 디자인권은 공유해요."

로베르트는 저자와의 대화에서 계속해서 궁금증이 생겨났다.

"디자인권의 효력은 어떻게 발생하나요?"

저자가 자세히 설명한다.

"디자인권의 효력은 설정 등록으로 발생해요. 디자인권은 산업적 물품의 독창적인 외관 형상을 보호하기 위해 등록을 통해 허용된 권리예요. 의장권이라는 개념은 2005년에 디자인권으로 변경되었어요."

로베르트는 이해한 듯 눈을 깜박이며 또 다른 질문을 던진다.

"그렇다면 '디자인보호법'이란 무엇인가요?"

저자가 답한다.

"디자인보호법은 디자인의 창작과 보호를 위해 만들어진 법률이에요. 디자인권이라는 개념은 이 법률 덕분에 발생하며, 창작자는 그들의 창작물을 보호받을 수 있습니다."

로베르트의 궁금증은 여전히 이어진다.

"그러면 디자인을 보호받기 위해서는 반드시 디자인권을 등록해야 하나요?"

저자는 계속해서 답한다.

"대부분은 그렇습니다. 그러나 디자인권은 등록제이기 때문에 디자인을 보호받기 위해서는 특허청에 디자인을 등록해야 해요. 등록된 디자인은 디자인권자가 20년 동안 독점적으로 사용할 수 있습니다. 하지만 디자인권을 등록하지 않더라도 저작권법에 따라 미적 창작성이 있는 디자인은 저작물로서 보호받을 수 있어요."

로베르트는 고개를 끄덕이며 또 다른 질문을 던진다.
"그렇다면 디자인권의 보호 기간은 어떻게 결정되는 건가요?"
저자는 자세히 답한다.
"디자인권은 특정 디자인을 등록함으로써 발생하며, 이 권리는 등록된 날부터 20년간 유효해요. 이 기간 동안 디자인권자는 자신의 디자인에 대해 독점적인 사용 권한을 갖습니다. 이 기간이 지나면 그 디자인에 대한 독점적 사용권은 소멸하고, 그 디자인은 공공재로 전환됩니다."
"디자인권의 보호 기간을 연장하려면 특허청에 디자인권의 연장 신청을 해야 하지만, 이는 한정적인 상황에서만 가능합니다."
로베르트는 궁금증이 해소된 듯 눈을 반짝이며 말한다.
"디자인권의 이해가 깊어졌어요. 이제 디자인권이란 물품의 외관 형태나 모양을 창작하여 그 디자인을 등록한 자가 특허청으로부터 받는 독점적인 권리라는 걸 잘 알겠네요."
저자는 로베르트의 이해에 만족하며 덧붙인다.
"맞아요, 로베르트. 디자인권은 창작자가 그들의 창작물을 보호받을 수 있도록 하는 중요한 권리예요. 또한 디자인권은 일정 기간만 유효하며, 그 기간이 지나면 그 디자인은 공공의 재산이 되어 누구나 자유롭게 사용할 수 있게 됩니다. 이러한 지식은 디자인의 가치와 중요성을 더욱 이해하는 데 큰 도움이 될 거예요."
로베르트와 저자는 디자인과 지식재산의 관계에 대해 깊이 있는 대화를 나누며, 디자인의 가치와 중요성을 함께 공유한다.
이러한 이해는 로베르트에게 디자인 분야에서 더 나은 결정을 내리고 창작물을 보호하는 데 큰 도움이 될 것이다.

디자인권에 대한 정리

로베르트는 디자인권에 대한 깊이 있는 탐구를 이어간다.
'디자인권이란 정확히…'
'산업적 물품의 독창적인 외관 형상을 보호하는 독점적 권리야.'
'등록된 디자인에 대해 창작자 또는 그 승계인만이 가지는 거지.'

로베르트는 추가로 궁금한 점을 탐색한다.
'그럼, 공동으로 창작한 디자인은?'
'아, 그런 경우에는 디자인권을 공유하게 되는구나.'
'디자인권이라는 용어의 기원은?'
'원래는 '의장권'이라 불렸다가 2005년에 디자인권으로 변경되었어.'
로베르트는 더욱 구체적으로 파고든다.
'디자인보호법에서 디자인이란 무엇인가?'
'물품의 외관을 아름답게 하는 시각적 요소들을 말하네.'
'다른 이름으로 불리기도 하나?'
'디자인 권리, 디자인권 보호 제도, 디자인 특허 등으로 불릴 수 있어.'
지식재산권과의 관계는 어떻게 되지?
'지식재산권은 디자인권을 포함해 특허권, 실용신안권, 상표권 등을 아우르는 개념이야.'
'산업재산권과 저작권의 차이는 무엇인가?'
'산업재산권은 등록을 통해, 저작권은 작품 공개와 동시에 보호받아.'
로베르트의 마지막 궁금증,
'디자인권의 보호 기간은?'
'디자인권은 등록된 날부터 20년간 유효해.'
로베르트는 이 대화를 통해 디자인권의 본질과 그 가치를 깊이 이해하게 되었고, 이 지식이 그의 창작물을 보호하고 디자인 분야에서 더 나은 결정을 내리는 데 큰 도움이 될 것임을 깨닫는다.

3 디자인권의 국제적 보호

로베르트는 디자인권의 국제적 측면에 대해서도 궁금해한다.
"디자인권이 국제적으로는 어떻게 보호되나요?"
저자는 로베르트의 질문에 자세히 답한다.
"디자인권의 국제적 보호는 주로 파리협약과 세계무역기구(WTO)의 TRIPs 협정을 통해 이루어져요. 이 협약들은 회원국 간의 디자인권 보호를 위한 최소한의 기준을 설정하고, 디자인권자가 다른 국가에서도 그들의 디자인을 보호받을 수 있게 해줘요."

로베르트가 저자의 답변에 모르는 부분이 있어 질문한다.

"그럼, 국제적 보호를 받으려면 어떤 절차를 밟아야 하나요?"

저자는 질문이 끝나자마자 새로운 질문에 바로 대답한다.

"국제적 보호를 받기 위해서는 각국의 특허청에 디자인을 등록해야 해요. 파리협약의 회원국에서 디자인을 등록하면, 다른 회원국에서도 우선권을 인정받을 수 있어요. 이 우선권은 디자인권자가 다른 회원국에서 디자인을 등록할 때, 최초 등록일을 기준으로 보호를 받게 해주죠."

로베르트는 국제적으로 디자인권의 중요성이 궁금했다.

"국제적으로 디자인권 보호가 중요한 이유는 무엇인가요?"

이번에도 저자의 답변은 막힘이 없다. 자판기처럼 누르면 질문에 답이 바로바로 나왔다.

"디자인권 보호의 중요성은 창작물의 상업적 가치가 점점 더 세계화되고 있다는 데 있어 디자인권 보호는 창작자가 국제 시장에서 경쟁력을 갖고…."

"그들의 창작물을 보호받을 수 있게 해줘요. 또한 국제적인 보호는 디자인의 불법 복제나 모방을 방지하고, 창작자와 소비자 모두를 보호하는 역할을 해요."

로베르트는 이해한 듯 고개를 끄덕이며 더 깊은 생각에 잠긴다.

"국제적인 디자인권 보호는 창작자에게 더 큰 기회를 제공하고, 디자인 산업의 발전에도 기여하는군요."

저자는 로베르트의 생각에 동의하며 추가 설명을 덧붙인다.

"맞아요, 로베르트. 국제적인 디자인권 보호는 창작자들이 세계 시장에서 더 많은 기회를 얻고, 그들의 창작물을 더욱 효과적으로 상업화할 수 있게 해줘요. 이는 디자인 산업의 발전뿐만 아니라, 국제적인 문화 교류와 혁신을 촉진하는 데도 중요한 역할을 해요."

로베르트는 이런 지식을 통해 디자인권의 중요성을 더욱 깊이 인식한다.

그는 디자인권의 국제적 보호가 창작자와 디자인 산업 그리고 전체적인 문화와 혁신에 얼마나 중요한지를 이해하게 된다.

디자인권의 국제적 보호

로베르트는 저자와의 대화를 되새기며 자신에게 질문한다.

'디자인권 침해가 어떻게 일어나는 걸까?'

'디자인권 침해는 주로 두 가지 방식으로 일어나. 첫 번째는 다른 사람이 디자인권자의 독점적 권리를 침해하는 경우야.'

'예를 들면, 등록된 디자인을 사용하거나 복제, 판매하는 행위지.'

'두 번째는 이미 등록된 디자인과 유사하거나 같은 디자인을 새로 등록하려는 시도야.'

'디자인권 침해는 법적으로 금지되어 있고, 위반 시 처벌을 받을 수 있어.'

'만약 디자인권이 침해됐다면 어떻게 대처해야 하지?'

'먼저, 침해 사실을 입증할 증거를 확보해야 해. 그리고 법적 절차를 밟아야 하지. 침해 사실이 확인되면, 디자인권자는 침해자에게 손해배상을 청구할 수 있고, 침해 행위의 금지나 피해 구제를 법원에 청구할 수 있어. 필요한 경우에는 형사처벌을 요청할 수도 있지.'

'디자인권의 보호 기간을 연장할 수 있을까?'

'아니, 일반적으로 디자인권의 보호 기간은 20년이고, 이 기간이 지나면 독점적 사용권은 소멸해. 특허나 상표와 같은 다른 지식재산권에서는 보호 기간 연장이 가능하지만, 디자인권에서는 그렇지 않아.'

'만약 디자인을 수정하거나 개선하면 새로운 디자인권을 등록해야 하나?'

'그렇지. 기존 디자인을 개선하거나 수정하여 새로운 디자인을 창작했다면, 새로운 디자인에 대한 디자인권을 얻기 위해 특허청에 디자인 등록을 해야 해. 새로운 디자인은 기존 디자인과 독창적으로 달라야 하고, 산업적으로 이용할 수 있어야 해.'

'디자인권과 저작권의 차이는 뭐지?'

'디자인권과 저작권은 둘 다 창작물을 보호하지만, 그 적용 범위와 보호 내용이 달라. 디자인권은 제품의 외관 형태를 보호하고, 저작권은 주로 문학, 음악, 미술 등의 예술적 작품을 보호해. 저작권은 작품이 창작되는 즉시 발생하지만, 디자인권은 등록해야 발생해. 그리고 보호 기간도 달라. 디자인권은 보통 20년 동안 유효하지만, 저작권은 저작자 사후 70년까지 유효해.'

로베르트는 이제 디자인권에 대해 깊이 이해한 것 같다. 그는 만족한 미소를 지으며 생각한다.
'이제 디자인권에 대해 어느 정도 이해가 된다.'

4 디자인 분야에서 지식재산권의 중요성

로베르트가 디자인 분야에서 왜 지식재산권이 중요한지 궁금증을 표현하며 저자에게 묻는다.
"국내 지식재산권 주요 동향에 관해 설명해 줄 수 있을까요?"
저자가 최근의 기록을 알려준다.
"그럼요. 국내의 지식재산권은 글로벌 금융위기 이후 저성장의 고착화, 저출산과 고령화, 소득 양극화 등 성장잠재력 저하가 이어지고 있는 와중에도 2019년 디자인권, 특허, 실용신안, 상표 출원은 510,968건으로 2018년 480,245건에 비해 6.4% 증가하며 역대 최초로 50만 건을 돌파했어요."
저자가 로베르트를 부른다.
"로베르트!"
로베르트가 답한다.
"네, 저자님!"
저자가 PC를 꺼내면서 로베르트에게 양해의 말을 전한다.
"로베르트, 제가 2019년 이후의 데이터를 정확하게 기억 못 해서 잠시 자료를 찾아보고 설명을 이어가도 될까요!"
로베르트는 당연하다는 듯 말한다.
"물론이죠. 천천히 찾으셔도 됩니다."
저자가 PC 켜고 특허청 사이트를 열어 자료를 보면서 설명을 이어간다.
"아! 여기 있네요."
"자료를 보면, 2020년 557,256건, 2021년 592,615건, 2022년 556,436건, 2023년 556,600건입니다. 음, 2022년도 자료를 구체적으로 보겠습니다. 상표 259,078건으로 46.6%, 특허 237,633건으로 42.7%, 디자인 56,641건으로

10.2%, 실용신안 3,084건으로 0.6%를 차지하고 있습니다. 그런데 등록 건수를 보면 상표 135,333건으로 41.4%, 특허 135,180건으로 41.4%, 디자인 54,775건, 16.8%, 실용신안 1,452건으로 0.4%로 디자인 등록률이 96.7%로 다른 지식재산권(상표 52.2%, 특허 56.9%, 실용신안 47.1%)보다 상당히 높습니다. 디자인의 중요성을 인지하고 그만큼 차별성을 가지고 출원하고 있다는 것입니다."

로베르트의 궁금증은 멈추질 않는다.

"그렇다면 국내에서는 지식재산권의 다출원 기업은 어디인가요?"

저자의 답변은 이번에도 AI처럼 막힘이 없다.

"국내 다출원 기업 중 상위 5대 기업의 출원 건수는 총 25,652건으로 전체 기업(251,669건)의 10.2%를 점유하고 있습니다. 다출원 기업을 보면, 삼성전자(11,417건), LG전자(4,722건), LG에너지솔루션(3,384건), 삼성디스플레이(3,145건), 현대자동차(2,984건)가 각각 1~5위를 차지하고 있습니다."

로베르트는 창작자로서 디자인 동향에 대해 더 관심이 갔다.

"그렇다면, 디자인권의 주요 동향은 어떤가요?"

저자의 답변이 이어지자, 로베르트는 넋이 나간 듯 저자를 바라본다.

"2019년 67,583건, 2020년 67,583건, 2021년 64,787건, 2022년 56,641건, 2023년 55,335건으로 전체 지식재산권과 비슷한 흐름을 보입니다. 디자인 출원 현황을 보면, 내국인은 개인이 23,363건, 법인이 28,066건, 외국인은 개인이 365건, 법인이 3,539건으로 모두 개인보다는 법인이 높습니다. 이는 그만큼 기업이 디자인 출원의 중요성을 알고 있다는 것을 의미합니다. 기업별로 보면, 대기업 3,637건, 중견기업 2,325, 중소기업 20,786건, 대학·공공연구소 934건, 개인 23,336건, 외국인 5,171건, 공공기관 452건입니다."

로베르트가 추가로 묻는다.

"외국인 비율이 낮지 않네요. 그렇다면 국내에 디자인권 다출원 국가는 어디인가요?"

저자는 최근 자료를 설명한다.

"매년 조금씩의 변화는 있는데, 1, 2위 국가는 최근 5년간 거의 변화가 없어요. 2022년도를 기준으로 보면, 다출원 국가는 미국 1,575건, 중국 1,149건, 일본 745건, 네덜란드 281건, 프랑스 249건, 스위스 238건, 독일 208건 순입니다."

로베르트는 디자인권의 동향에 이어 최근 디자인에서 중요한 분야인 UI·UX와 관련된 디자인권에 대해서도 평소 궁금한 점이 많아 질문을 이어간다.

"저자님, UI·UX 영역의 디자인권에 대해 들려주시겠어요?"

저자는 로베르트의 질문에 답을 이어간다.

"로베르트, 아주 중요한 질문이에요. 삼성과 애플의 분쟁 이후에 UI·UX 분야도 많은 발전을 했어요. 전 세계에서 사용하는 휴대폰, 태블릿 제품에 적용된 플랫폼의 인터페이스는 같은 기능을 제공하더라도 UI와 UX에 따라 다르게 표현되기 때문에 사용자의 경험은 매우 다를 수 있어요. 두 영역은 다른 관점으로 접근해서 보호해야 합니다."

로베르트가 추가로 질문한다.

"그렇다면, UI와 UX는 어떻게 보호받을 수 있나요?"

저자는 잠시 생각을 하더니 이내 설명을 이어간다.

"먼저, UI에서 그래픽 디자인적 요소를 보호받고 싶다면 저작권과 화상디자인으로 보호해야 합니다. 그리고 UX는 사용자의 경험이기 때문에 기능적인 요소를 보호하려는 목적이라면 특허로 접근하여 보호해야 하는데, 최대한 보호받으려면 특허와 화상디자인, 저작권 모두를 활용해야 합니다."

로베르트는 UI·UX 분쟁이 많은지 궁금해졌다.

"저자님, 그런데 최근의 기업들을 보면 UI·UX 분쟁이 많지는 않은 듯하던데 특별한 계기가 있었나요?"

저자는 이에 대해 답한다.

"맞아요. 특히 UI·UX 디자인은 애플과 구글이 선두로 오픈 디자인 소스를 공개하여 전 세계 디자이너들이 쉽게 사용할 수 있게 개방하고 있어요. 그 대표적인 예가 애플의 휴먼 인터페이스 가이드라인(Human Interface Guideline)과 구글의 머트리얼 디자인(Material Design)입니다. 이렇게 오픈 소스들이 많이 공유되면서 다 같이 더 나은 디자인을 하기 위한 노력에 집중하며 분쟁은 조금 줄어드는 추세를 보이고 있습니다."

로베르트는 UI·UX에 대한 궁금증이 해결되자 이어서 최근의 디자인권의 변화에 대해서도 궁금했다.

"저자님, 최근 3년간 국내 디자인권의 주요 변화 내용은 무엇인가요?"

'저자는 어디까지 알고 있는 걸까?' 로베르트는 시험해 보고 싶었다.

저자는 잠시 머뭇거리는 것 같았지만, 이내 설명을 이어간다. 그런데 이번에는 수치가 아니라 통계를 분류해 가며 설명한다.

"주요 변화를 4가지로 분류할 수 있습니다. 첫째, 디자인 분야 국제협력 체계의 구축 강화입니다. 디자인 법 조약(DLT)을 통해 산업디자인 출원에 관한 간소화된 국제 규범을 마련하고 국내법에도 이를 도입하려는 움직임이 강화되었습니다."

로베르트는 저자의 설명에서 한 가지 궁금한 점이 생겼다. 수년간 국내 디자인권이 변해왔으니. 그 보호 정책도 얼마나 변해왔는지 궁금했다.

"디자인 보호 대상의 확대는 어떤 방식으로 이루어져 왔나요?"

역시 저자의 대답은 막힘이 없다.

"디자인 보호 대상이 확대되는 주요한 변화로는 가상현실·증강현실 등 신기술을 활용한 디자인의 등장을 꼽을 수 있습니다. 이들은 현행 디자인보호법상 권리 보호가 어려워 신산업 창출 기회가 상실될 우려가 커지고 있습니다. 따라서 기존 보호 대상인 '물품디자인' 외에 2021년 '화상디자인'을 새로운 보호 대상으로 추가하여 디자인 보호 대상을 확대하고 있습니다."

로베르트도 저자의 답변에 지지 않겠다는 듯 질문을 쏟아낸다.

누군가 이 광경을 보고 있으면 두 사람은 마치 힙합 배틀을 하는 것 같다고 생각할 것이다.

"디자인의 침해 유형은 어떻게 변화했나요?"
그런데 한 편으로 그의 머릿속에서 지금까지 저자와 나눈 대화가 다 기억되지 않았다. 슬그머니 노트를 꺼내서 적어보려고 하는데 저자가 말을 건다.
"로베르트, 조금 전 질문에 답을 할게요! 지금부터는 녹음해도 돼요."
로베르트가 핸드폰에서 녹음기 앱을 열고 녹음 버튼을 누르자 저자가 말을 이어간다.
"디지털 시대에는 전자적 수단을 활용한 새로운 유형의 침해 유형이 등장합니다. 이를 예로 들면, 3D 프린팅 데이터 등을 이용한 생산 또는 정보통신망을 이용한 제공(전송·배포)하는 행위 등을 규정하려는 변화가 있습니다. 이에 따라, 온라인 장터 운영자에게 디자인권 침해 물품의 유통에 대한 책임을 부과하는 등의 신규 규정이 마련되고 있습니다."
로베르트는 갑자기, 요즘 쟁점이 되는 인공지능이 궁금했다.

로베르트: 인공지능이 창작한 디자인에 대한 법적 문제는 다루어지고 있나요?
저자는 한동안 말이 없다. 얼마나 시간이 지났을까?
'이번 주제가 어려웠나?'라고 로베르트가 생각하고 있는 찰나 저자는 자신의 판단까지 담아 사실을 객관적으로 설명한다.
저자: 충분히 생각해 볼 수 있는 좋은 주제입니다. 로베르트! 좋은 질문입니다. 저도 계속해서 생각해 오던 질문입니다.
아직 법률적으로는 정해진 것이 없습니다.
인공지능이 생성한 디자인의 지식재산권이 인공지능 것인지, 인공지능을 만든 회사 것인지? 아니면 인공지능에 지시한 사용자 것인지? 어디서부터 어떻게 정의할지 아직 아무것도 정해진 것이 없습니다.
단지, 제 생각과 판단을 전달하는 선에서 설명해 보겠습니다.
인공지능이 창작한 디자인에 대한 법적 문제는 분명 현재 기술 발전 속에서 중요한 논점입니다. 이 문제에 대한 제 의견을 나누기 전에, 인공지능 창작물의 지식재산권 소유 문제는 현재 법적, 윤리적 그리고 철학적 측면에서 활발히 논의되고 있음을 지적하고 싶습니다.
인공지능을 활용한 창작이 실체화되면서 창작자 판단, 창작성 존재 여부, 침해 여부, 결과물에 대한 법적 보호 등 쟁점들이 드러나고 있습니다. 이런 쟁의 본질은 인공지능을 우리가 현재 사용하고 있는 2D, 3D 프로그램들처럼 **'도구로 볼 것이냐? 아니면 인간의 창작 영역에 포함되는 지능, 또는 지능화된 도구로 볼 것이냐?'**가 관건이라고 봅니다.

구체적으로 설명을 해보겠습니다.

첫째, 인공지능을 단순한 도구로 보는 관점에서 설명해 보겠습니다. 이 경우, 인공지능은 마치 2D나 3D와 같은 소프트웨어 도구로 간주할 수 있으며, 따라서 창작물에 대한 권리는 인공지능을 사용하여 창작 활동을 한 사용자에게 귀속됩니다. 이는 전통적인 창작 도구 사용과 유사한 논리로, 창작물의 저작권은 도구를 사용한 창작자에게 속한다는 원칙을 따릅니다.

둘째, 인공지능을 창작 과정에 참여하는 독립적인 '지능' 또는 '창작자'로 보는 관점입니다. 이 경우, 인공지능이 생성한 작품에 대한 권리 소유는 더 복잡해집니다. 인공지능 스스로 법적 주체가 될 수 없으므로 이러한 창작물의 권리는 인공지능을 개발하고 운영하는 기업 또는 인공지능에게 특정 지시를 한 사용자에게 귀속될 수 있습니다. 그러나 이는 '인공지능의 창작 과정과 창작물에 대한 기여도를 어떻게 평가하고 정의할 것인가?'에 대한 복잡한 문제가 남습니다.

셋째, 인공지능 창작물에 대한 법적 보호 및 지식재산권의 귀속을 결정하는 데 있어 현재 법 체계의 한계와 미비점이 있습니다.

기존의 저작권법률은 인간에 의한 창작 활동을 전제로 하고 있어서, 인공지능과 같은 비인간적 주체에 의해 생성된 작품에 적용하기에는 불충분합니다. 따라서 이러한 기술 발전을 반영하여 법률을 개정하거나 새로운 법적 틀을 마련하는 것이 필요합니다.

결론적으로, 인공지능이 창작한 디자인에 대한 지식재산권 문제는 단순히 법적 규정을 넘어서 윤리적, 사회적, 그리고 철학적 문제와도 충돌합니다. 이는 인공지능 기술의 발전과 사회에 미치는 영향을 고려할 때, 지속적인 논의와 사회적 합의가 필요한 영역입니다. 인공지능이 창작 활동에 참여함으로써 우리가 직면하는 새로운 도전과 기회는 향후 기술 발전과 사회 변화의 중요한 촉매가 될 수도 있지만, 그 반대인 경우도 충분히 고려해야 합니다.

제가 생각하는 바는 여기까지입니다.

한참을 저자의 설명에 빠져들었던 로베르트는 질문의 관점을 바꿔보기로 한다.
"국내 디자인권 환경에 대한 인식은 어떻게 변화했나요?"
저자는 구체적으로 설명한다.
"기업들 사이에서 디자인 분쟁이 발생하며 디자인에 대한 법률적인 권한의 필요성이 인식되고 있습니다. 특히 스타트업, 중소기업 등에서 디자인을 둘러싼 분쟁이 빈번히 발생하고 있어, 디자인 침해 방지에 대한 중요성이 대두되고 있습니다. 따라서 디자인권 분쟁에서 승소한 경험이 있는 기업들을 중심으로 디자인권의 확보가 비용이 아닌 권리 보호를 위한 투자로 인식되는 변화가 이루어지고 있습니다."
로베르트는 창가에 서서 바깥을 바라보며 속으로 생각에 잠겼다. 그의 마음속에서는 최근의 대화들이 메아리치며, 디자인과 지식재산권에 대한 깊은 사색에 빠져들게 만들었다.
"이제야 깨달았어. 우리가 매일 마주하는 수많은 디자인, 그것들이 단순한 시각적 즐거움을 넘어서 우리 삶의 질을 높여주고, 심지어는 생각하는 방식마저 변화시킬 수 있다는 사실을. 이처럼 디자인의 힘은 가늠할 수 없이 크며, 그 가치를 인식하는 것이 얼마나 중요한지 이제야 알게 되었어."
로베르트는 창문 너머로 펼쳐진 도시의 스카이라인을 바라보며, 그 속에 담긴 수없이 많은 디자인을 생각했다. 건물의 윤곽, 광고판의 색감, 심지어 거리를 지나가는 사람들의 옷차림까지 모든 것이 누군가의 창의력과 노력의 산물이었다.
"하지만 창의력의 산물이라 할지라도, 그것이 적절히 보호받지 못한다면 그 가치는 시간이 흐르며 서서히 퇴색해 갈 것이야. 그렇기에 디자인의 보호, 즉 지식재산권의 중요성이 더욱 부각하는 것이지. 내가 만든 디자인, 내가 구상한 아이디어가 적절한 보호를 받아 그 가치를 인정받고, 더 나아가 사회에 기여할 수 있다는 사실은 참으로 고무적인 일이야."
그는 잠시 후에 자신의 작업대로 돌아가며, 끊임없이 발전하기 위해 노력하는 다른 디자이너들과 자신을 생각했다. 새로운 디자인을 창출하는 것 그리고 그것을 지식재산권으로 보호받는 일의 중요성을 다시 한번 상기시켜 주는 순간이었다.
"분명히, 우리는 새로운 디자인을 통해 끊임없이 발전해야 해. 그 과정에서 우리가 만든 디자인이 적절한 보호를 받아야만 그 가치가 지속될 수 있음을 잊지 말아야 할 것이야. 디자인의 보호는 단순히 개인의 이익을 넘어서, 창의적인 사회를 만들어가는 데 있어 필수적인 일이야."

로베르트는 작업대 앞에 앉아 새로운 프로젝트를 시작하기 위해 펜을 들었다. 그의 마음속에는 디자인과 지식재산권에 대한 깊은 이해와 새로운 영감이 가득 차 있었다. 이제 그는 더욱 확신을 가지고 자신의 창작 활동을 이어갈 준비가 되어 있었다.

디자인에서 지식재산권의 중요성 정리

로베르트는 저자와 나눈 이야기를 자신에게 질문하면서 도표를 그리기 시작한다.

'그런데 디자인권을 침해하는 행위는 어떤 것들이 있지?'

'디자인권을 침해하는 행위는 크게 두 가지로 나뉜다.'

'첫째는 디자인권자가 가지는 독점적 사용권을 침해하는 행위다. 예를 들면, 디자인을 등록한 사람이 아닌 다른 사람이 그 디자인을 복제하여 사용하거나, 판매하는 경우이다.'

'둘째는 디자인의 독창성을 침해하는 행위이다. 예를 들면, 이미 등록된 디자인과 같거나 유사한 디자인을 새로 등록하려고 하는 경우가 이에 해당한다.'

'이러한 침해 행위는 디자인보호법에 따라 엄격히 금지되고 있으며, 위반 시 법적인 처벌을 받게 된다.'

'디자인권이 침해되면 어떻게 해야 하지?'

'디자인권이 침해되면 먼저, 디자인권 침해의 사실을 입증할 수 있는 증거를 확보한다. 그리고 그 증거를 바탕으로 법적 절차를 밟는다.'

'디자인권 침해의 사실이 확인되면, 만약 누군가가 디자인권을 침해한다면, 디자인권자는 법적 조처를 할 수 있다.'

'이는 손해배상 청구, 침해 행위의 금지 요청 그리고 피해의 구제를 포함한다.'

'그리고 필요하다면 침해자에 대해 형사처벌을 요청할 수도 있다.'

로베르트는 이제 디자인권에 대한 기본적인 이해를 얻은 것 같았다.

그는 미소를 지으며 생각한다.

'이제 디자인권에 대해 많이 이해했어.'

5 대담: 저자와 함께하는 디자인권 분쟁

로베르트

“이번에는 저 로베르트가 저자와 함께 실제 디자인권의 분쟁사례를 가지고 이야기를 해볼까 합니다. 우리는 뉴스를 통해서 디자인 분쟁이 사례를 많이 접하게 되는데 실제 분쟁이 어떻게 끝을 맺었는지 알지 못합니다. 대부분 기업에서 분쟁이 발생하면 법원에서 이뤄지는 절차는 자신들의 영업비밀과 관련이 있다고 해서 거의 모두가 비공개로 진행해 일반인들은 물론 언론들도 자세한 내막을 알기 어렵습니다. 해서 이러한 사실에 관해 연구한 저자에게 구체적인 사례를 들어보면서 디자인권이라는 지식재산권이 기업의 경영에 어떠한 영향을 미치는지 알아보고자 합니다.”

주요 대기업집단 간의 디자인 분쟁

과거 애플은 삼성으로부터 자사 주력 제품인 아이폰과 아이패드에 탑재되는 프로세서를 독점 공급받고, 메모리 등 핵심 부품도 공급받았다.

삼성 역시 2011년 기준 78억 달러 상당의 부품을 애플에 공급하는 등 양사는 부품 공급 계약을 매개로 상호 의존적이고, 긴밀한 파트너십을 유지했다.

그러나 삼성이 스마트폰 및 태블릿 PC 시장에 진출하면서 애플의 스마트폰인 '아이폰'에 대응하는 '갤럭시 시리즈'와 태블릿 PC인 '아이패드'를 견제할 수 있는 '갤럭시탭 시리즈'를 출시한다.

갤럭시S 시리즈는 애초 큰 기대가 없었던 안드로이드폰이 시장에 등장하면서 스마트폰 시장에서 아이폰의 강력한 경쟁상대로 부상했으며, 틈새시장용이었던 갤럭시노트 시리즈마저 아이패드에 대항하는 안드로이드 진영 태블릿 PC의 대표주자로 자리매김한다.

애플은 스마트폰 시장을 개척했지만, 하드웨어 없이 소프트웨어에만 의존하면서 경쟁하는 데 한계를 느꼈고, 모바일 시장의 강력한 경쟁상대로 부상하고 있는 삼성을 압박하기 위한 전략으로 삼성의 갤럭시가 아이폰의 디자인을 모방한 것으로 특허소송을 시작하면서 전면적인 특허전이 시작되었다.

2011년 4월 미국에서 시작된 특허분쟁은 한국은 물론 영국, 프랑스, 독일 등 전 세계 9개국의 법정으로 확대되면서 양사는 경쟁 관계로 변하고, 미국과 유럽 재판소에서는 다른 판결이 나왔다.

2011년 1심 재판을 시작으로 삼성의 상고를 통해 2013년 12월 미국 대법원까지 올라갔지만, 삼성의 손을 들어준 대법원의 판단에 따라 다시 하급법원으로 돌아갔다.

삼성과 애플 모두 중국 제조사의 추격을 받는 상황에서 장기간에 걸쳐 인적, 물적 비용이 심하게 소모되어, 언제든 뒤집힐 수 있는 불확실한 소송을 지속하기엔 부담스럽다는 판단 아래 2018년 6월 합의 종결을 결정한다.

하지만, 아직도 다양한 목적과 방법으로 특허 전쟁은 이어지고 있다.

삼성과 애플, 그 분쟁의 시작

2010년에 애플은 MS, 삼성 등에 디자인 특허침해와 관련하여 저작권료를 포함한 라이선스 계약을 요구했고, MS는 아이폰과 아이패드의 디자인을 모방한 제품을 만들지 않겠다는 복제금지 조항을 포함한 계약을 맺었다.
그 이후 MS는 운영체제 내 인터페이스를 차별화하기 시작했다.
반면, 협상하지 않은 삼성은 특허권 침해를 주장하고, 애플은 트레이드 드레스(Trade Dress), 디자인권 중심으로 침해를 주장했다.
삼성은 애플의 기존 특허를 무력화하는 한편 삼성의 통신 관련 기술 특허를 허락없이 무단으로 침해한 것에 대한 문제점을 제기했다.
이에 애플은 빠른 소송 결과를 위해 주로 제3자가 직관적으로 알아보기 쉬운 디자인, 아이콘 등에 대해 소를 제기했다고 볼 수 있다.
이 소송은 아이콘이나 제품의 외관 및 포장에 관한 디자인 개발이나 상표권 획득의 중요성을 부각한 사건으로 디자인과 디자인권에서 현대에서 중요한 소송이라 볼 수 있다.

삼성과 애플, 그 분쟁의 쟁점

로베르트: 그럼, 2011년에 일어난 삼성과 애플 사이의 디자인 분쟁에 대해 좀 더 상세히 알려주실 수 있을까요?
저자: 그럼요. 이 사건은 스마트폰 역사상 가장 유명한 법적 분쟁 중 하나입니다. 애플은 2011년 삼성이 아이폰의 디자인과 특허를 카피했다며 법적 조처합니다.

로베르트: 아이폰의 디자인과 특허를 카피했다는 것은 구체적으로 어떤 부분을 의미하는 건가요?
저자: 애플이 주장한 바에 따르면 삼성은 아이폰의 특징적인 직사각형 디자인, 둥근 모서리, 아이콘 배열 방식 그리고 특정 터치스크린 기능 등을 카피했다는 것입니다. 이러한 주장은 애플이 그들의 특허를 침해했다는 데 대한 소송으로 이어졌죠.

로베르트: 이 법정 싸움은 오래 지속되었나요?
저자: 이 사건은 여러 법정에서 여러 해 동안 다각도로 계속되었습니다. 유럽과 미국 등 여러 국가에서 다양한 소송이 진행되었고, 이는 삼성과 애플 사이의 복잡한 법적 싸움을 초래했습니다.

로베르트: 그러면 결국, 어떤 결론이 내려졌나요?
저자: 2018년 최종적으로 미국 캘리포니아 북부지방법원에서 삼성이 애플에 약 5억 3천만 달러를 지급하라는 판결이 내려졌습니다.
이는 애플이 원래 요구했던 금액의 일부분이었지만, 이는 삼성에게 가격이나 판매량에 미칠 수 있는 영향을 고려할 때, 매우 큰 금액이었습니다. 하지만 정확한 종결 내용은 두 기업 외에는 알지 못합니다. 그 또한 종결의 합의사항이니까요.

로베르트: 그 사건은 디자인의 중요성을 보여주는 사례인가요?
저자: 맞습니다. 이 사건은 디자인의 가치와 그로 인한 법적 문제에 대한 인식을 제공합니다. 디자인은 단순히 제품의 외관을 꾸미는 것 이상이며, 기업의 핵심 경쟁력을 나타냅니다. 이 사건은 기업들이 자신들의 디자인을 얼마나 진지하게 보호하려고 하는지를 보여줍니다.

삼성과 애플의 특허소송

표 15 삼성과 애플의 소송일지

소송일		소송 내용
2011	4.15	• 애플, 캘리포니아 지방법원에 삼성 제소 » 상용특허 3건 및 디자인 4건
	6.30	• 삼성, 캘리포니아 지방법원에 애플 제소 » 표준특허 2건 및 상용특허 3건 » 미국 외에도 한국, 독일, 일본, 이탈리아, 영국, 네덜란드, 프랑스, 스페인, 호주 등 국가에서 특허소송 동시 진행
2012	8.24	• 캘리포니아 지방법원 배심원 평결 » 삼성전자가 애플에 10억 5,000만 달러 배상 평결
2013	3.1	• 캘리포니아 지방법원, 손해배상액 관련 판결 » 손해액 계산에 법적 오류, 10억 5,000만 달러 중 4억 1,000만 달러에 대한 재산정 명령
	11.21	• 캘리포니아 지방법원 배심원 평결 » 재산정 명령이 내려진 4억 1,000만 달러를 2억 9,000만 달러로 평결(총 9억 3,000만 달러 배상)
2014	3.5	• 캘리포니아 지방법원, 1심 최종 판결 » 삼성, 애플에 9억 3,000만 달러 배상 평결 » 디자인 침해 부분 3억 9,900만 달러, 상용특허 부분 1억 5,000만 달러, 트레이드 드레스 3억 8,000만 달러
	3.6	• 삼성, 연방항소법원에 항소
	7.31	• 삼성-애플, 미국 외 국가에서 진행 중인 소송을 8월 15일까지 모두 취하하기로 합의
2015	5.18	• 연방항소법원, 항소심 판결 » 트레이드 드레스 침해 3억 8,000만 달러 관련 부분 파기 » 파기된 트레이드 드레스 침해 추후 재재판
	8.25	• 연방항소법원, 1심 법원으로 사건 환송
	9.18	• 1심 법원 판결 » 디자인 특허, 상용특허 관련 부분 판결(5억 4,800만 달러) 선고
	10.13	• 연방항소법원, 부분 판결 유지(Summary Affirmance) 판결
	12.14	• 삼성, 디자인 특허 부분 대법원에 상고
2016	3.21	• 미국 대법원, 삼성의 상고 신청인용
	12.6	• 미국 대법원, 디자인 관련 항소법원 판결 파기·환송 » 대법관 8명 전원 일치로 삼성 주장 수용
2017	10.22	• 1심 법원, 디자인 손해배상액 재재판 결정
2018	5.24	• 디자인 및 트레이드 드레스 관련 환송심 1심 재재판 배심원 평결 » 삼성이 애플에 5억 3,900만 달러 배상 평결
	6.28	• 삼성-애플, 특허분쟁 종결키로 합의

삼성과 애플의 법정 분쟁은 지난 2011년부터 시작했다.
애플은 애초 10억 달러의 배상금을 요구했으나, 1심 법원에서 결정된 손해배상액은 9억 3천만 달러였다.
애플이 제기한 삼성의 특허침해 내용은 검은 사각형에 둥근 모서리를 둔 스마트폰이나 태블릿의 기본디자인, 액정화면의 테두리(프런트 페이스 림), 애플리케이션 배열(아이콘 그리드) 등 세 가지였다.
애플은 삼성이 디자인 특허를 침해한 스마트폰을 판매하면서 23억 달러의 매출과 10억 달러의 이익을 얻었다고 주장했지만, 삼성은 배상액 산정의 기준을 제품 전체가 아닌 일부 부품으로 해석해야 한다는 요지의 변론을 폈다. 애플은 2012, 2013년 캘리포니아 지방법원과 2014년 연방항소법원에서 일부 승소하지만, 2016년 미국 대법원은 디자인 관련 항소법원 판결 대법관 8명 전원 일치로 삼성 주장을 수용하며 파기·환송한다.
2017년 10월에 대법원 파기·환송으로 1심 법원은 디자인 손해배상액 재재판을 결정하고, 2018년 5월에 디자인 및 트레이드 드레스 관련 환송심 1심 재재판 배심원 평결에서 삼성이 애플에 5억 3,900만 달러를 배상하라고 평결한다.
이 평결에 대해 삼성은 '디자인 특허침해 범위에 대해 삼성의 손을 들어준 대법원 판결에 거스르는 것'이라며 '모든 기업과 소비자를 위해 독창성과 공정경쟁을 방해하지 않는 결과를 얻기 위한 모든 선택지를 고려할 것'이라는 견해를 밝혔고, 애플은 '우리는 디자인의 가치를 진정으로 믿는다. 우리 팀은 끈질기게 혁신적인 제품을 만들어왔고, 우리 고객을 기쁨으로 만족시켜 왔다. 이번 사건은 항상 돈 이상의 것이다'라고 밝힌다. 한 치의 양보도 없이 진행되어 오던 삼성과 애플의 법적 분쟁은 재재판 배심원 평결 한 달만인 2018년 6월까지 벌여온 특허분쟁을 두 거대 기업이 종결하기로 합의하면서 끝이 난다.
양측이 어떤 조건으로 분쟁을 타결했는지 구체적인 합의 조건은 소송자료에 적시되지 않았지만, 양측이 모든 소송을 취하하고, 같은 요구에 대해 다른 소송을 제기할 수 없도록 합의한 것으로 전해진다.

로베르트: 그렇다면 이러한 디자인 분쟁은 앞으로 어떻게 발전할 것으로 보나요?
저자: 디자인 분쟁의 해결은 단순히 법적 문제를 해결하는 것을 넘어서 디자인의 가치와 특성에 대한 공동의 이해와 인식을 바탕으로 이루어져야 합니다. 디자인은 독창적이면서도 보편적인 속성을 동시에 지니고 있기에, 이 두 가지 속성 간의 균형을 잘 맞추는 것이 중요합니다.
디자인의 독창성과 보편성 간의 균형을 통해, 디자인 분쟁은 서로 배우고 협력하는 프로세스로 전환될 수 있을 것입니다.
디자인이 지닌 이중적 가치를 인정하고 그 안에서 혁신적인 방법을 찾아내는 것, 그것이 앞으로의 디자인 분쟁 해결의 방향이 될 것입니다.

로베르트: 디자인 분쟁에 대해 논하는 것이 주요 대기업 간의 경쟁력을 이해하는 데 중요한가요?
저자: 그렇습니다. 디자인은 제품의 핵심 가치를 전달하는 중요한 요소입니다. 특히 주요 기업들 사이에서 디자인 분쟁은 흔한 현상입니다.
삼성과 애플이 가장 대표적인 예인데, 이들은 상호 의존적인 파트너십을 유지하며 동시에 치열한 경쟁을 벌이고 있습니다.

로베르트: 그러면 삼성과 애플 간의 분쟁은 어떻게 시작되었나요?
저자: 삼성이 스마트폰 및 태블릿 PC 시장에 진출하면서 시작되었습니다.
삼성은 애플의 아이폰과 아이패드에 대응하는 갤럭시 시리즈와 갤럭시탭 시리즈를 출시합니다. 이들 제품은 아이폰과 아이패드의 강력한 경쟁상대로 부상합니다.
애플은 이에 반응하여 삼성의 갤럭시가 아이폰의 디자인을 모방한 것으로 특허소송을 시작합니다.

로베르트: 이 소송은 얼마나 지속되었나요?
저자: 특허분쟁은 2011년부터 시작되어 무려 7년간 계속되었습니다. 전 세계 여러 법정에서 진행되었고, 미국과 유럽 재판소에서는 각각 다른 판결이 나왔습니다. 이는 삼성과 애플 간의 긴장감을 고조시켰습니다.

로베르트: 애플의 주장은 무엇인가요?
저자: 애플은 삼성이 디자인 특허를 침해한 스마트폰을 판매하면서 이익을 얻었다고 주장합니다. 특히, 검은 사각형에 둥근 모서리를 둔 스마트폰이나 태블릿의 기본디자인, 액정화면의 테두리, 애플리케이션 배열 등을 침해했다는 주장을 펼쳤습니다.

로베르트: 그러면 삼성의 주장은 무엇이었나요?
저자: 삼성은 배상액 산정의 기준을 제품 전체가 아닌 일부 부품으로 해석합니다. 그리고 삼성은 자신의 통신 관련 기술 특허를 애플이 무단으로 침해한 것에 대해 문제를 제기합니다.

로베르트: 결국, 어떻게 마무리되었나요?
저자: 2018년 6월, 삼성과 애플은 분쟁을 종결하기로 합의합니다. 양측이 어떤 조건으로 분쟁을 타결했는지는 공개되지 않았습니다.
하지만 양측이 모든 소송을 취하하고 같은 요구에 대해 또 다른 소송을 제기할 수 없도록 합의합니다.
캘리포니아주 새너제이 연방지법의 배심원단은 삼성이 애플의 디자인 특허를 침해해 5억 3천900만 달러를 배상해야 한다고 판결합니다.

로베르트: 디자인 분쟁은 어떻게 발전하고 있나요?
저자: 이 분쟁은 디자인 개발과 상표권 획득의 중요성을 부각한 이후로도 계속되었습니다. 다양한 목적과 방법으로 특허 전쟁이 이어지고 있습니다.
애플과 삼성 간의 분쟁은 경쟁과 협력 사이에서 이루어지는 복잡한 관계를 보여주는 좋은 예입니다.

삼성과 애플의 기나긴 전쟁의 끝

두 거대한 기업의 기나긴 전쟁의 마지막 장이 펼쳐진다.

삼성 vs 애플

이 세계적인 두 기업은 기술과 혁신의 거인으로, 그들의 대결은 전 세계의 주목을 받았다. 장장 7년간 지속된 이 긴 전쟁을 끝내려 한다.

이 전쟁은 단순히 두 회사 간의 분쟁을 넘어섰다. 디자인권,[1] 특허권,[2] 상표권,[3] 트레이드 드레스에 모든 것이 걸린 대결이었다.

각각의 전투는 기술과 디자인의 미래를 형성하는 중대한 사건이었고, 디자인의 중요성을 각인시키는 현대의 대표적인 전투사례로 남았다.

두 기업은 각자의 전략과 무기를 가지고 치열하게 싸웠다.

삼성은 혁신과 다양성을 앞세워, 애플은 세련된 디자인과 사용자 경험으로 맞섰다.

---

1 디자인권: 새로운 디자인을 만든 자가 등록하여 가지는 권리를 말한다(출처: 국가법령정보센터).

2 특허권: 특허법에 따라 발명을 독점적으로 이용할 수 있는 권리, 광의로는 특허법·실용신안법·의장법 및 상표법에 따라 발명·실용신안·의장 및 상표를 독점적으로 이용할 수 있는 권리를 말한다(출처: 국가법령정보센터).

3 상표권: 등록상표(登錄商標)를 지정상품(指定商品)에 독점적으로 사용할 수 있는 권리를 말한다(출처: 국가법령정보센터).

이 두 거인의 대결은 법정과 시장 양쪽에서 벌어졌고, 각각의 움직임은 긴장과 기대를 자아냈다.
그러나 긴 싸움 끝에, 두 기업은 더 이상의 실리가 없음을 깨닫고 싸움을 멈추기로 한다.
이 결정은 단순히 전투의 종식을 의미하는 것이 아니라, 더 큰 협력과 공존의 가능성을 여는 것이었다.
이들의 합의는 기술 업계에 새로운 전환점을 제시했고, 미래의 혁신을 위한 새로운 길을 열었다.
이 전쟁은 전 세계 기업에 중요한 교훈을 남겼다.
기술과 디자인의 중요성 그리고 지식재산권의 힘이 얼마나 중대한지를 보여주었다.
또한 경쟁 속에서도 협력의 가능성을 찾을 수 있음을 깨닫게 했다.
삼성과 애플의 이야기는 이제 새로운 장을 맞이하고 있다.
이들의 합의는 단순히 한 장의 법적 문서에 불과하지만, 그것은 끊임없이 변화하는 기술 세계에서 혁신을 지속하고, 동시에 지속 가능한 경쟁을 구축하는 새로운 방법을 모색하는 시작점이다.
이 전쟁의 종결은 기술과 혁신의 미래에 대한 새로운 질문을 던진다.
삼성과 애플, 이 두 거인이 이끌어갈 다음 단계는 무엇일까?
하지만 7년의 전쟁으로 두 기업이 달라진 것은 없었다.
이 거대 두 기업의 전쟁이 우리에게 남긴 것은 무엇일까?
한 가지 분명한 것은 그들의 다음 움직임을 전 세계가 주목하고 있다는 것이다.

6 디자인 개발 프로세스

디자인 개발 프로세스는 분야에 따라 다양하며, 대략 다음과 같은 단계로 구성될 수 있다.

① **제품기획 단계**: 아이디어 혹은 초기 개념을 형성하는 단계이다.
② **리서치 단계**(조사, 분석): 정보 수집, 문제점 파악, 시장이나 사용자 조사 등을 통한 현실적인 문제 이해 단계이다.

③ 종합 ↔ 분석 ↔ 연구: 문제에 대한 이해를 바탕으로 필요한 요소들을 종합하고, 이를 분석하여 새로운 접목 기술에 관해 연구하는 단계이다.
④ 디자인 구체화 단계: 이 단계에서는 전 단계를 통해 얻은 통찰을 바탕으로 실제 디자인을 만들어나가는 단계이다.
⑤ 실현 단계: 디자인을 실제 제품으로 구현하며, 이를 통해 사용자에게 전달되는 단계이다.

이를 그림으로 표현하려면, 원형 또는 선형의 플로 차트를 사용할 수 있다.
각 단계는 별도의 박스 또는 원으로 표시하고, 이들 사이의 연결선으로 진행 순서를 나타낼 수 있다.
또한 종합 ↔ 분석 ↔ 연구 단계는 중첩되거나 반복적으로 이루어질 수 있으므로, 이 부분은 순환적인 형태로 표현할 수 있다.

로베르트: 디자인 개발 프로세스가 무엇인지 설명해 줄 수 있나요?
저자: 그럼요. 디자인 개발 프로세스는 문제를 이해하고 해결하기 위해 종합적인 시각을 통해 현실적으로 실현할 수 있는 다양한 접목 기술에 관해서 연구하는 과정을 말해요.
여기서 중요한 것은 종합, 분석, 연구의 프로세스를 통해 디자인적 문제를 해결해 실현하는 것이며, 각 디자인 요소별로 각각의 프로세스를 가지고 있다는 점입니다.

로베르트: 그렇다면 이 프로세스는 모든 디자인 분야에서 적용 가능한가요?
저자: 그렇습니다. 제품디자인, 시각, 환경, 건축 등 다양한 분야별로 세부적인 프로세스의 차이는 있지만, 큰 맥락에서 프로세스는 같은 형태를 보입니다.
모든 디자인 개발 프로세스는 '종합 ↔ 분석 ↔ 연구 ↔ 실현'과 같은 공통적인 요소를 띕니다.

로베르트: 디자인 개발 프로세스가 발전하는 프로세스는 어떠한가요?
저자: 좋은 질문이에요. 디자인 개발 프로세스는 시간이 지나면서 다양한 프로세스와 절차에 기반한 방법론으로 변천되었어요. 그리고 접근하는 프로세스의 상황

과 목표, 기능 및 목적과 용도에 따라 다양하게 개발되었습니다. 또한, 이 프로세스에는 각기 다른 성격의 방법론, 접근방식이 적용되며, 그 응용 범위가 넓어 프로세스의 결과는 여러모로 분석될 수 있습니다.

로베르트: 그렇다면 제품디자인 프로세스에서 중요한 점들은 무엇인가요?
저자: 제품디자인 프로세스는 상당히 다양해요.
산업혁명 이후 대량생산 체계가 도입되면서 디자인 문제 해결에 대해 다각적이고 복합적인 접근이 필요하게 되어, 단순 문제 해결 방법에서 사용되었던 방식으로는 문제를 해결할 수 없게 되었습니다.
이런 산업적 변화에 따라 문제의 해결 방법을 도출한 것이 디자인 개발 프로세스입니다.

로베르트: 그래서 어떤 식으로 변화했나요?
저자: 과거 전통적인 방법의 디자인 문제 해결 방법은 디자인에서 문제가 제기되었을 때, 그 문제의 해결 프로세스와 방법이 구체적으로 정의되지 않은 블랙박스 방법을 통해 디자인 해결안을 끌어냈습니다.
그러나 1세대 디자인 프로세스는 크리스토퍼 존스, 크리스토퍼 알렉산더, 브루스 아처 등에 의해 디자인 프로세스를 분석, 종합, 평가의 3단계로 구분하여 프로세스를 체계적으로 정의합니다.

로베르트: 그런데 이 체계적 프로세스는 무엇을 기반으로 한 건가요?
저자: 체계적 프로세스는 엔지니어, 오퍼레이션 프로세스를 기반으로 하여 구체적이고 개별적인 정량화를 통한 문제 해결 방안에 접근하는 방식이었습니다. 그러나 이 방식은 디자인 문제의 정량화가 불가능하다는 단점을 발견하게 되었습니다.
이를 보완한 2세대 디자인 프로세스는 1960년대 초 호스트 리텔에 의해 디자인의 문제는 정의가 어려운 문제나 이질적인 특징을 가지고 있다는 점을 인지하고, 참여적 접근방법론을 도입합니다.
이 방식은 문제의 정의 자체가 디자인 일부로 인식되어, 반복적이고 상호작용하는 과정을 통해 디자인 문제를 해결하려는 접근법을 택합니다.

이렇게 복잡하고 동적인 디자인 환경에 적응하려면 디자이너는 유연하게 문제를 정의하고, 다양한 가능성을 탐색하며, 반복적인 프로토타이핑을 통해 해결책을 개선해 나가는 역량이 요구되게 되었습니다.
이렇게 변화하는 디자인의 트렌드를 받아들이며 현대의 디자인 생각과 방식, 즉 '디자인 싱킹(Design Thinking)'이 등장하게 되었습니다.

로베르트: 그러면 디자인 싱킹은 어떻게 다른 기업들이나 사람들에게 영향을 미쳤나요?
저자: 디자인 싱킹은 이제 디자인 전문가만의 영역이 아니라, 기업전략, 혁신, 사회문제 해결에까지 확장되며 큰 영향을 미쳤습니다. 이러한 디자인 싱킹의 접근법은 고객 중심의 해결책을 제시하고, 창의적인 아이디어를 끌어내며, 협업을 통해 다양한 관점을 결합하는 데 효과적이었습니다. 이에 따라 많은 기업이 디자인 싱킹을 도입하면서 디자인이 전략적 경영 도구로 인식되기 시작합니다.

로베르트: 그런데 디자인에 대한 이런 사고방식이, 삼성과 애플 같은 대기업 간의 디자인 분쟁에 영향을 미쳤을까요?
저자: 그건 매우 흥미로운 문제입니다.
삼성과 애플의 사례를 보면, 디자인 분쟁의 본질은 디자인의 가치와 그 특유의 속성, 즉 '디자인의 독창성'과 '디자인의 보편성'에 대한 인식 차이에서 비롯된다고 볼 수 있습니다.
애플은 디자인의 독창성을 강조하며 자신들의 제품디자인이 특허를 통해 보호받아야 한다는 입장입니다.
반면 삼성은 디자인의 보편성을 강조하며, 애플의 디자인이 너무나 일반적이어서 특허를 통해 보호받을 수 없다고 주장합니다.
이러한 디자인 분쟁은 디자인의 가치와 특성에 대한 다른 인식과 접근법 때문에 발생한 것으로 보입니다.

로베르트: 그렇다면 이러한 디자인 분쟁은 앞으로 어떻게 발전할 것으로 보시나요?
저자: 디자인 분쟁의 해결은 단순히 법적 문제를 해결하는 것을 넘어서 디자인의 가치와 특성에 대한 공동의 이해와 인식을 바탕으로 이루어져야 합니다.

디자인은 독창적이면서도 보편적인 속성을 동시에 지니고 있기에, 이 두 가지 속성 간의 균형을 잘 맞추는 것이 중요합니다.

디자인의 독창성과 보편성 간의 균형을 통해, 디자인 분쟁은 서로 배우고 협력하는 과정으로 전환될 수 있을 것입니다.

디자인이 지닌 이중적 가치를 인정하고 그 안에서 혁신적인 방법을 찾아내는 것, 그것이 앞으로의 디자인 분쟁 해결의 방향이 될 것입니다.

CHAPTER 04

대기업의 디자인 분쟁

CHAPTER 04

디자인의 전쟁

1. 대기업의 디자인 분쟁
2. 현대 디자인 분쟁의 본질
3. 이야기로 보는 사례 연구: 스마트폰 전쟁

제4장

대기업의 디자인 분쟁

1 대기업의 디자인 분쟁

로베르트: 저자님, 디자인 분쟁이란 말은 많이 들어봤지만, 현대 대기업 간에 디자인 분쟁사례는 어떤 것들이 있는지 궁금합니다.

저자: 말씀하신 대로 디자인 분쟁은 현대 기업에서 자주 발생합니다.

앞서 언급했듯이, 디자인은 제품이나 서비스의 핵심 가치를 나타내므로 이를 중심으로 한 경쟁이나 분쟁이 발생하게 됩니다.

아래에 몇 가지 사례를 들어보겠습니다.

2011년 LG vs 소니

로베르트: 저자님, 저는 LG와 소니(Sony) 간의 특허분쟁에 대해 들어본 적이 있습니다. 그러나 그에 대한 세부 사항은 명확하게 알지 못합니다. 이에 대해 좀 더 자세히 설명해 줄 수 있을까요?
저자: 네, 물론입니다. 이 분쟁은 2011년에 시작되었는데, 이때 소니가 LG를 미국 국제무역위원회에 제소한 것으로 시작되었습니다. 소니는 LG의 휴대전화가 소니의 무선 통신 특허를 침해하고 있다고, 주장합니다.

로베르트: 어떤 특허가 문제였을까요?
저자: 소니의 주장은 주로 UMTS(국제 이동통신 표준) 및 LTE(장거리 이동통신 표준) 등과 관련된 소니의 특허들이었습니다. 이들은 현대 통신 시스템에서 중요한 부분을 차지하고 있습니다.

로베르트: 그럼, LG는 어떤 반응을 보였나요?
저자: LG는 이에 대한 반격으로 소니를 미국 국제무역위원회에 제소합니다. LG는 소니의 플레이스테이션 3(PS 3)가 LG의 블루레이 디스크 기술 특허를 침해하고 있다고 주장합니다. 이 주장에 따르면 소니는 LG의 특허를 무단으로 사용하여 수백만 대의 플레이스테이션 3를 제조하고 판매했다고 합니다.

로베르트: 그렇다면 이 분쟁은 어떤 결과로 이어졌나요?
저자: 이 두 회사 사이의 특허분쟁은 국제적인 법정 공방으로 이어졌고, 각 회사가 상대방의 제품에 대한 판매금지를 요청하는 등의 많은 법적 조처가 이루어졌습니다.
이 분쟁은 결국, 2012년에 양 회사 간의 상호 합의로 끝났습니다. 그리고 그들은 각자의 특허를 존중하고 이용하기로 약속합니다.

로베르트: 이러한 특허분쟁의 의미는 무엇일까요?
저자: 이러한 특허분쟁은 기술 산업에서 빈번히 일어나는 일로, 특허를 통해 기술적 혁신을 보호하고 경쟁우위를 확보하려는 기업들의 노력을 반영하는 것으로 볼 수 있습니다. 이는 기술 및 디자인 분야에서의 지식재산권에 대한 중요성을 재조명하고 있습니다.

2015년 아디다스 vs 스케쳐스

로베르트: 저자님. 2015년 아디다스(Adidas)와 스케쳐스(Skechers) 사이에 발생한 디자인 분쟁 사건에 대해 상세히 설명해 줄 수 있나요?
저자: 그럼요. 이 사건은 아디다스가 스케쳐스에 상표 침해에 대해 법적 소송을 제기한 것으로 시작되었습니다.
아디다스는 스케쳐스가 그들의 인기 있는 'Stan Smith' 스니커즈 디자인을 복제했다고 주장합니다.

로베르트: 그럼, 아디다스의 주장은 어떻게 입증되었나요?
저자: 아디다스는 스케쳐스의 운동화 오닉스(Onix)가 자신들의 'Stan Smith' 디자인을 모방한 것을 보여주는 다양한 증거를 제시합니다.
이는 색상 조합, 패턴, 심지어 스니커즈의 전체적인 형태에 이르기까지 아디다스의 제품 특징을 그대로 닮은 것이었습니다.

로베르트: 그렇다면 법원에서는 어떤 결정을 내렸나요?
저자: 법원은 아디다스의 주장에 손을 들어주었습니다.
아디다스가 이 디자인에 대한 특허를 가지고 있음을 인정하고, 스케쳐스에 해당 제품의 판매를 중지하라는 명령을 내렸습니다.

로베르트: 이 분쟁에서 가장 중요한 교훈은 무엇이었을까요?
저자: 이 사건은 상표와 디자인의 중요성을 강조하고 있습니다.
디자인은 브랜드의 이미지와 가치를 표현하는 중요한 요소이며, 이를 복제하려는 시도는 법적으로 제재를 받을 수 있음을 보여주고 있습니다.
또한 이는 제품의 독특한 디자인을 특허로 보호하는 것이 얼마나 중요한지를 잘 보여주는 사례입니다.

2016년 나이키 vs 스케쳐스

로베르트: 이번에도 글로벌 스포츠 브랜드 나이키(Nike)와 스케쳐스(Skechers)가 그 주인공입니다. 이 두 회사 사이의 논란이 어떻게 시작되었나요?
저자: 그건 2016년에 시작되었습니다. 로베르트.
그때 나이키가 스케쳐스에서 자신들의 특허를 침해하는 디자인 요소를 발견했다고 주장했죠.
특히, 스케쳐스의 '어드밴티지(Advantage)'라는 신발 모델이 중심에 있었습니다.

로베르트: 그러니까 나이키는 스케쳐스가 자신들의 특허를 무단으로 사용했다는 주장을 펼쳤던 거군요. 그런데 그 후 스케쳐스는 어떤 반응을 보였나요?
저자: 스케쳐스는 이에 대해 맞서서 나이키의 8개 특허가 실제로는 무효라고 주장합니다. 이를 입증하기 위해 스케쳐스는 미국 특허심판 및 항소 위원회에 이 사안을 제기했죠.

로베르트: 저는 과거에 회사 내부의 분쟁을 경험한 적이 있어요. 그때 느꼈던 긴장감과 불확실성이 지금도 생생해요.

이렇게 심각한 분쟁을 겪은 나이키와 스케쳐스 사이의 관계가 어떻게 진행되었는지 궁금합니다.

저자: 2019년에 나이키는 스케쳐스를 상대로 추가 소송을 제기합니다.

이번엔 스케쳐스의 두 신발 모델이 나이키의 '에어맥스 270(Air Max 270)'과 '바이퍼맥스(Vapor Max)' 디자인을 침해했다고 주장했죠.

그리고 이어서 한 달 뒤에는 스케쳐스의 또 다른 두 모델이 자신들의 에어 및 신발 쿠션과 관련된 실용 특허를 침해했다고 주장합니다.

로베르트: 이 분쟁은 어떻게 끝이 났나요?

저자: 이런 분쟁이 지속되던 중 양사는 결국, 2023년에 도달하여 합의점을 찾게 되었습니다. 이 합의에 따라 나이키와 스케쳐스는 총 3건의 소송을 마무리하기로 합니다.

로베르트: 나이키와 스케쳐스, 두 회사의 이번 합의는 어떤 의미가 있나요?

저자: 이번 합의는 곧 나이키가 오랫동안 제기했던 스케쳐스의 지식재산권 침해 주장을 끝내는 것을 의미합니다. 즉, 이는 두 회사 사이의 긴 싸움의 마침표라고 볼 수 있습니다.

하지만 특히 주목해야 할 점은, 두 회사의 합의 내용이 아직 완전하게 공개되지 않았다는 것입니다. 그래서 이 합의가 어떠한 영향을 끼칠지, 아직은 확실하게 알 수 없습니다.

로베르트: 이렇게 많은 브랜드가 지식재산권에 대한 분쟁을 겪고 있는데, 이런 문제를 방지하기 위한 법적 대응은 어떤 것이 있을까요?

저자: 지식재산권 침해에 대한 법적 대응은 다양합니다,

로베르트 그중에서도 가장 중요한 것은 특허를 적절하게 등록하고 그 등록을 유지하는 것입니다.

또한 다른 회사의 특허를 존중하고, 자신의 제품이 다른 회사의 특허를 침해하고 있지 않은지 항상 확인해야 합니다.

그런데도 특허침해가 발생하면, 그 침해 행위를 중단시키기 위해 법적 조치를 취할 수 있습니다.

로베르트: 이런 분쟁을 통해 우리는 어떤 교훈을 얻을 수 있을까요?
저자: 이런 경우는 지식재산권이 얼마나 중요한지를 보여주는 사례입니다. 특히 다국적 기업에서는 다른 회사의 특허를 존중하고, 그들의 지식재산권을 침해하지 않도록 주의를 기울여야 합니다.
그리고 자신의 지식재산권을 적절히 보호하는 데 필요한 모든 조처를 해야 합니다. 그렇지 않으면, 이런 큰 브랜드들처럼 복잡한 법적 분쟁에 휘말릴 수 있습니다. 이는 시간과 자원을 낭비하는 것이며, 회사의 명성에도 영향을 미칠 수 있습니다. 따라서 늘 법적인 지식재산권 문제에 주의를 기울이는 것이 중요합니다.

로베르트: 이번 사건은 특히 디자인 특허에 대한 중요성을 강조하고 있는 것 같아요. 이에 대해 더 설명해 줄 수 있나요?
저자: 네, 그렇습니다. 로베르트. 디자인 특허는 제품의 모양, 패턴, 색상 등 외관을 보호하는 데 사용됩니다. 이러한 디자인 요소들은 특히 패션과 스포츠 산업에서 중요하죠. 디자인이 비슷한 제품은 소비자를 혼란스럽게 하고, 결국, 브랜드의 가치를 훼손할 수 있습니다. 따라서 디자인 특허는 브랜드의 독특성을 유지하고 경쟁에서 우위를 유지하는 데 매우 중요합니다.

로베르트: 그렇다면 이런 디자인 특허에 대한 문제는 어떻게 해결해야 할까요?
저자: 가장 좋은 방법은 예방이죠. 즉, 새로운 디자인을 개발할 때는 항상 다른 브랜드의 특허를 침해하지 않도록 주의를 기울여야 합니다.
또한 자신의 디자인에 대한 특허를 적절하게 등록하고 그 등록을 유지하는 것이 중요합니다.
그런데도 디자인 특허침해가 발생한다면, 법적인 조처를 하는 것이 필요합니다. 이런 문제는 소송을 통해 해결될 수 있지만, 가능하다면 합의를 통해 해결하는 것이 더 낫습니다.

2017년 애플 vs 스와치

로베르트: 이 디자인 분쟁이 언제 시작되었나요?
저자: 이 분쟁은 2017년 4월에 시작되었습니다. 그때 애플(Apple)은 스와치(Swatch)의 'Tick Different'라는 슬로건이 자사의 'Think Different' 슬로건과 유사하다며 스와치를 상대로 소송을 제기합니다.

로베르트: 그렇군요, 그런데 최초 판결은 어떻게 나왔나요?
저자: 2019년에 스위스 연방 행정 법원은 애플의 'Think Different' 슬로건이 스위스에서는 잘 알려지지 않았다는 판결을 했습니다.
애플이 승소하기 위해서는 최소한 50%의 스위스 사람들이 'Think Different' 슬로건을 애플과 연관시키는 것을 증명해야 했습니다.
그러나 법원은 애플이 이에 실패했다고 판결합니다.

로베르트: 그러니까 애플이 패배한 건가요?
저자: 그렇습니다. 그 이후 이 사건은 유럽연합 법원으로 이동했고, 이 법원은 애플의 주장을 기각합니다.

로베르트: 제가 애플의 디자인에 관심을 끌게 된 것은 애플이 처음 출시되었던 때로 거슬러 올라가요. 그들의 디자인 철학은 제게 큰 영감을 주었죠. 애플과 스와치 사이의 이러한 분쟁이 과거에도 있었는지 그리고 그들의 디자인 철학이 어떻게 충돌했는지에 대해 더 알고 싶어요.

저자: 로베르트, 두 회사 사이에는 여러 차례 상표 침해와 관련된 분쟁이 있었습니다. 2015년에는 스와치가 애플의 '원 모어 씽(One more thing)'이라는 문구에 대한 상표 사건에서 승리합니다.

그리고 2016년에는 스와치가 지난 2013년부터 판매하던 자사의 'ISwatch'와 유사하다며 애플의 'iWatch' 상표 등록에 성공적으로 이의를 제기합니다.

로베르트: 이 분쟁에서 가장 중요한 판결은 무엇이었나요?

저자: 가장 중요한 판결은 유럽연합 일반법원이 애플의 상표 등록 취소에 대한 이의를 기각한 것이었습니다.

그들은 애플이 2016년 10월 14일 이전의 5년 동안 해당 제품에 대해 상표가 실질적으로 사용되었음을 증명해야 했는데, 이를 충족시키지 못했다고 판결합니다.

로베르트: 애플이 항소하면서 주장했던 점은 무엇이었나요?

저자: 애플은 항소에서 관련 공중의 주의 수준을 고려하지 않았다는 점을 비롯하여 상표가 실질적으로 사용되었다는 점은 논란의 여지가 있다고 주장합니다. 그러나 법원은 애플이 주장하는 것을 받아들이지 않았습니다.

로베르트: 결국, 애플이 미숙한 주장으로 패배하게 된 건가요?

저자: 그렇다고 볼 수 있습니다, 로베르트. 법원은 애플의 주장이 논란의 결정을 잘못 해석한 것에 기반하고 있음을 지적합니다.

그들은 애플의 'Think Different' 상표에 독특한 특성이 없다는 애플의 주장을 거부하고, 이를 약한 독특한 특성이 있다고 판결합니다.

로베르트: 이 판결이 앞으로의 디자인 상표 분쟁에 어떤 영향을 미칠까요?
저자: 이 판결은 디자인 상표에 대한 법적 해석을 재정의하는 역할을 합니다.
상표의 독특성과 실질적 사용에 대한 증명의 필요성을 강조하면서, 공공의 인식에 대한 이해를 새롭게 끌어냅니다.
애플의 'Think Different' 슬로건이 전 세계적으로 유명하지만, 법원에서는 스위스에서의 실질적인 인지도가 충분치 않다는 판결을 했습니다. 이는 상표권의 지역성을 재차 강조하는 사례로 볼 수 있습니다.

로베르트: 그렇다면 애플의 패배는 상표권 분쟁에서 실질적 사용의 증명과 지역적인 인지도의 중요성을 강조한 사례라고 볼 수 있는 건가요?
저자: 로베르트. 사실, 이 경우는 상표권 분쟁에서 디자인의 중요성을 넘어서 상표 자체가 지역 사회에서 어떻게 인식되고 사용되는지에 대한 깊은 고찰을 요구하는 사례라고 할 수 있습니다.
따라서 이는 브랜드가 전 세계적으로 인지도를 높이는 것 이상의 목표를 가지고 있어야 함을 강조하는 사례로 해석될 수 있습니다.

로베르트: 애플과 스와치의 이런 오랜 싸움을 보면, 상표권과 디자인은 단순히 로고나 슬로건 이상이라는 것을 깨닫게 되네요.
이것들은 기업의 정체성을 대표하고, 그것이 어떻게 공중에 인식되는지가 결정적인 역할을 하는 것 같습니다.
저자: 맞아요. 로베르트. 그것이 바로 저희가 이 책에서 중점을 두고 있는 내용입니다.
디자인과 상표권은 단지 시각적 요소를 넘어서 기업의 정체성, 가치 그리고 고객과의 관계를 구축하는 매우 중요한 도구입니다.
이런 점에서 애플과 스와치 사이의 이 분쟁은 디자인과 상표권의 가치에 대한 이해를 우리에게 선사하고 있습니다.

2018년 구찌 vs 포에버21

로베르트: 2018년에 구찌(Gucci)와 포에버21(Forever 21) 사이에 발생한 디자인 분쟁에 대해 자세히 설명해 줄 수 있을까요, 저자님?
저자: 그럼요. 2018년에 구찌는 패션 소매점인 포에버21이 그들의 'Green-Red-Green' 스트라이프 디자인을 복제했다며 법적 조처합니다.

로베르트: 그럼, 구체적으로는 어떤 제품에 그런 문제가 발생했던 건가요?
저자: 구찌는 포에버21이 판매하는 여러 의류와 액세서리 제품들이 그들의 이색적인 스트라이프 디자인을 무단으로 사용했다며 소송을 제기합니다.
이에 포함된 제품은 스웨터, 백, 밴딩 등이었습니다.

로베르트: 포에버21의 입장은 어땠나요?
저자: 포에버21은 구찌의 이런 주장에 강력하게 반박하며, 'Green-Red-Green' 스트라이프 디자인은 일반적이며, 구찌에만 독점적으로 속해있지 않다고 주장합니다.

로베르트: 이 분쟁은 결국, 어떻게 마무리되었나요?
저자: 양측은 상호 합의로 마무리했습니다.
그 합의의 정확한 내용은 공개되지 않았지만, 양측 모두 디자인 소유권 분쟁을 해결하기 위한 합의를 이루었다는 것은 확실합니다.

로베르트: 이 사건에서 얻을 수 있는 교훈은 무엇인가요?
저자: 이 사건은 디자인 소유권과 관련된 법적 문제가 얼마나 복잡할 수 있는지를 보여주는 좋은 예시입니다.
또한 일반적으로 인식되는 디자인 요소가 특정 브랜드에 어떻게 독점적으로 속할 수 있는지에 대한 논의도 필요하다는 것을 보여줍니다.
포에버21은 10~20대 젊은 여성을 타깃으로 1984년에 세운 브랜드로 한때, 전 세계 800여 곳에 매장을 두며 패스트 패션 '빅3'에 꼽히기도 했는데, 결국 2020년에 매각되었습니다.
당시 전문가들은 브랜드 규모보다 매장 수를 급격히 확장한 것을 파산의 원인으로 지목합니다.
저는 여기에 더해 포에버21이 상습적으로 디자인을 베꼈다는 논란과 상표권 침해 소송만 50여 차례 당한 것이 파산의 한 원인으로 보고 있습니다.

2019년 레고 vs 레핀

로베르트: 2019년에 발생한 레고(Lego)와 레핀(Lepin) 사이의 디자인 소유권 분쟁에 대해 더 자세히 설명해 줄 수 있을까요?
저자: 그럼요. 레고는 2019년 중국의 장난감 제조업체인 레핀이 그들의 블록 디자인을 무단으로 복제했다며 소송을 제기합니다.

로베르트: 그럼. 레핀이 어떤 제품에서 레고의 디자인을 복제했나요?
저자: 사실, 레핀은 많은 레고 제품의 디자인을 매우 유사하게 모방합니다.
레고의 주요 제품 라인인 '스타워즈(Star Wars)', '닌자고(Ninjago)', '시티(City)' 등에서 복제된 것으로 확인되었습니다.

로베르트: 그런데 레핀이 그렇게 명백하게 디자인을 복제했다면, 왜 이 사건은 2019년에야 해결되었을까요?

저자: 그건 중국의 지식재산권법이 미국이나 유럽과 비교해 상대적으로 약했기 때문입니다. 그러나 시간이 지나면서 중국 정부도 점점 더 엄격한 지식재산권법을 시행하게 되었고, 이에 따라 레핀은 결국, 법적인 책임을 지게 되었습니다.

로베르트: 이 사건의 결론은 어떠했나요?
저자: 법원은 레핀에 수백억 원대 벌금과 징역 6년이라는 강력한 처벌을 판결합니다. 또한 레핀은 법원으로부터 레고의 디자인을 복제한 제품의 생산과 판매를 즉시 중단하라는 명령도 받았습니다.

로베르트: 이 사건이 우리에게 주는 교훈은 무엇인가요?
저자: 이 사건은 기업들이 자신들의 지식재산권을 보호하는 것이 얼마나 중요한지를 강조해 줍니다. 또한 국제적으로 효력을 갖는 특허와 지식재산권을 취득하고 이를 집행하는 것이 더욱 중요하다는 점을 보여줍니다.

2021년 삼성 vs 화웨이

로베르트: 2021년에 삼성(Samsung)과 화웨이(Huawei) 사이에 발생한 특허분쟁에 대해 자세히 설명해 줄 수 있나요?
저자: 그럼요, 로베르트. 삼성은 2021년에 화웨이가 그들의 스마트폰 디자인 특허를 침해했다는 주장으로 법적 조처합니다.

로베르트: 삼성이 어떤 특허를 소유하고 있었는데 화웨이가 그것을 침해했다는 주장을 한 건가요?
저자: 삼성은 그들의 스마트폰 디자인과 관련된 여러 특허를 보유하고 있습니다. 구체적으로는 삼성의 'Edge' 디자인, 즉 스마트폰의 특징적인 곡선 화면 디자인에 대한 특허가 침해당했다는 주장입니다.

로베르트: 그렇다면 화웨이가 어떻게 이 특허를 침해했다는 것인가요?
저자: 화웨이의 'Mate' 시리즈 스마트폰이 삼성의 'Edge' 디자인을 불법적으로 복제했다는 것이 삼성의 주장입니다.

삼성은 화웨이의 해당 제품이 그들의 디자인 특허를 침해했다며 판매 중지 및 배상금을 요구합니다.

로베르트: 아직 이 사건은 해결되지 않았나요?
저자: 맞습니다. 이 사건은 현재도 계속 진행 중입니다. 이런 유형의 디자인 특허 분쟁은 종종 복잡하고 시간이 많이 필요할 수 있습니다.

로베르트: 이런 분쟁을 통해 우리가 배울 수 있는 점은 무엇인가요?
저자: 이런 사례들은 기업들이 그들의 디자인을 얼마나 열심히 보호하려는지를 보여줍니다.
디자인 특허를 얻는 것이 중요하지만, 또한 불법 복제를 막기 위해 법적인 조처를 하는 것도 중요합니다.
특히, 급속히 변화하고 발전하는 기술 분야에서는 디자인 특허의 중요성이 더욱 주목받습니다.

2022년 애플 vs 샤오미

로베르트: 2022년에 애플(Apple)과 샤오미(Xiaomi) 사이의 디자인 분쟁에 대해 듣고, 저도 예전에 비슷한 상황에 부딪혔던 적이 있어요.
제가 작업했던 프로젝트에서 경쟁사와 디자인이 유사하다는 문제가 발생했었죠.
그 경험에서 배운 것이 많아서, 이런 분쟁이 어떻게 해결되는지 궁금합니다.
저자: 네, 로베르트. 2022년에 애플은 샤오미가 그들의 아이폰 디자인을 카피했다는 주장으로 법적 조치합니다.

로베르트: 그렇다면 어떤 디자인 요소가 문제였던 건가요?
저자: 애플은 그들 아이폰의 독특한 디자인, 특히 스마트폰의 모서리 부분과 디스플레이의 둥근 디자인 그리고 뒷면의 카메라 배치 등에 대한 특허를 보유하고 있습니다. 애플은 이러한 디자인 요소들이 샤오미의 일부 제품에서 불법적으로 복제되었다고 주장합니다.

로베르트: 저는 시장에서 디자인 분쟁이 어떻게 진행되는지 항상 관심이 많았습니다. 특히 샤오미와 같은 회사가 애플과 같은 거대 기업의 주장에 어떻게 대응하는지 보는 것은 매우 흥미롭죠. 샤오미의 반응은 어떠했나요?
저자: 샤오미는 이 주장을 강하게 부인합니다. 그들은 자신들의 스마트폰 디자인이 독창적이며, 애플의 아이폰 디자인과는 전혀 다르다는 점을 강조합니다.
샤오미는 자신들의 제품이 독특한 디자인을 하고 있으며, 이는 그들의 독자적인 연구와 개발의 결과라고 주장합니다.

로베르트: 이 사건은 아직 진행 중인가요?
저자: 그렇습니다. 로베르트. 이 사건은 아직 진행 중입니다.
디자인 특허분쟁은 종종 복잡하고 시간이 오래 걸릴 수 있습니다.

로베르트: 이러한 분쟁을 통해 우리가 얻을 수 있는 교훈은 무엇인가요?
저자: 디자인 특허분쟁은 우리에게 기업이 그들의 창의성과 투자를 보호하려는 필요성을 보여줍니다. 디자인은 기업의 정체성을 형성하고, 그들의 제품을 소비자에게 독특하게 만드는 중요한 요소입니다. 이는 디자인의 가치를 인정하고 적절하게 보호하는 것이 얼마나 중요한지를 강조하고 있습니다.

로베르트: 디자인 분쟁사례에 대한 설명 감사합니다.
이러한 사례들을 보니 디자인의 가치와 그로 인한 분쟁의 심각성을 직접 느낄 수 있었습니다.
저자: 네, 로베르트. 이 주제에 대해 더 이해하셨다니 기쁩니다. 혹시 더 궁금한 점이 있으시면 언제든지 말씀하세요.
이러한 사례들은 디자인의 중요성과 그로 인한 분쟁이 얼마나 심각한 수준에 이르렀는지 보여주는 좋은 예시라고 생각합니다.
디자인은 기업의 핵심 경쟁력이며, 이를 통해 기업은 자신들의 제품이나 서비스를 시장에서 독특하게 만들 수 있습니다.
그러나 이는 또한 분쟁의 원인이 될 수 있으므로, 기업들은 디자인을 개발하고 보호하는 방법에 대해 충분히 고려해야 합니다.

로베르트: 그렇군요! 이러한 분쟁들은 특히 디자인이 중요한 역할을 하는 현대사회에서 매우 중요하다는 것을 알 수 있었습니다.
기업들이 자신들의 디자인을 보호하는 것이 중요하다는 것을 이해하게 되었습니다.
저자: 그렇습니다, 로베르트. 디자인이 기업에 가져다주는 가치를 보호하기 위해선 그에 상응하는 법적 보호가 필요합니다.
디자인권은 이를 보장하고, 독창적인 디자인을 통해 경쟁력을 유지하려는 기업에 중요한 도구가 될 수 있습니다.

2 현대 디자인 분쟁의 본질

현대 대기업 간의 디자인 분쟁의 본질은 디자인 자체뿐만 아니라 이를 보호하는 다양한 지식재산권에 대한 이해와 이를 전략적으로 관리하고 활용하는 능력에 근거하고 있다. 이는 삼성과 애플 사이의 장기적인 지식재산권 분쟁에서도 명확하게 확인할 수 있다.
디자인은 제품의 특징을 구성하고 그 제품을 시장에서 구별할 수 있는 중요한 요소다. 디자인의 중요성은 최근 IT 및 소비재 산업에서 상품이나 서비스의 기능적인 측면과 아울러 이를 구성하는 디자인 자체가 경쟁우위를 결정짓는 요소로 부상하며 더욱 강조되고 있다.
이런 맥락에서, 기업들은 디자인권을 포함한 지식재산권을 출원하고 이를 관리하는데 많은 시간과 자원을 투자하고 있다.
그러나 이들 기업이 보유하고 있는 지식재산권은 수만 건에 달하며, 이에 대한 분쟁은 디자인뿐만 아니라 부정경쟁행위, 상표권 등에도 확산하고 있다고 봐야 한다.
특히, 기업들은 디자인권, 상표권, 특허권 등을 연계한 보호 전략을 통해 분쟁에 대비하고 있다. 이는 한 가지 권리가 무력화될 때, 다른 권리로 보호받을 수 있게 하는 상호 보완적인 관계를 구축하는 것을 목표로 한다.
결론적으로, 현대 대기업 간의 디자인 분쟁의 본질은 단순히 디자인의 우수성을 겨루는 것이 아니라 디자인을 포함한 다양한 지식재산권을 효과적으로 관리하고 활용하여 시장에서의 경쟁력을 확보하는 것이다.

이는 디자인 분쟁의 본질적인 차원을 보여주며, 이에 대한 이해와 전략적인 접근이 필요하다.

대기업 간 디자인 분쟁의 본질

로베르트는 대기업들이 어떻게 이렇게 치열하게 특허분쟁을 벌일 수 있는지 의문이 들었다.
"그런데 이 특허 전쟁, 결국, 어디에 도달하는 건가요?" 로베르트는 책을 내려놓고 고개를 들어 저자를 쳐다본다.
"저는 결국, 모두가 손해를 보는 것 아닌가 싶은데…."
로베르트는 말끝을 흐리며 혼잣말처럼 중얼거린다.
이 말은 들은 저자는 한동안 말이 없다가 로베르트를 쳐다보며 생각한다.
'그의 말이 이치에 맞다.'
저자는 무게감을 더하며 말을 입 밖으로 내어놓는다.
"맞아요! 로베르트. 어디까지나 특허분쟁은 사업적 수익을 위한 전략일 뿐이지, 실제로 모든 기업에 이익이 되는 것은 아닙니다. 실제로 많은 자원이 투입되지만, 특허분쟁이 종결되더라도 그 결과는 불확실하죠."
로베르트의 눈에는 의문이 가득 차 있었다.
"그러면 왜 이런 분쟁을 벌이는 건가요?"
저자가 의문이 가득한 로베르트의 눈을 주시하며 설명한다.
"로베르트, 이것은 강력한 경쟁상대에 대한 저지 전략일 수도 있어요."
저자는 천천히 말을 이어간다.
"특허분쟁은 결국, 상대방의 사업 활동을 제한하려는 의도가 크기 때문입니다. 그 이면에는 상대방을 압박하려는 전략적 의도가 숨어 있을 수 있다고도 보입니다."
로베르트의 말 맺지 못하고 대답하지만, 질문은 강조하며 말했다.
"그러니까 그들이 이런 전쟁을 계속 이어가는 이유는, 그들이 이 전쟁을 통해 무언가를 얻을 수 있다고 믿기 때문인가요?"
저자의 답변은 간결했다.
"이것이 바로 현대 디자인 분쟁의 본질입니다."

그날 이후로 로베르트는 특허 전쟁에 대해 다시 생각해 보게 되었다.
그런 과정에서 그는 더 깊은 이해를 얻었고, 우리는 모두 그것을 통해 더 나은 이해를 얻을 수 있었다.
그것이 바로 우리가 이 책을 통해 얻을 수 있는 일부의 가치라고 할 수 있다.
현대 대기업 간의 디자인 분쟁을 살펴보면, 특히 지난 수년간 가장 두드러진 사례는 삼성과 애플 간의 끊임없는 법정 다툼이다.
이들 사이의 분쟁은 디자인 분야에서 독창적인 아이디어와 혁신적인 기술의 가치를 잘 보여주며, 그들이 세계적인 경쟁력을 유지하려는 노력을 보여준다.
이 분쟁은 또한 디자인권의 본질과 그 중요성을 잘 보여준다.
디자인권은 제품의 외관, 배열구성, 색상, 모양, 질감 등을 포함한 외부 요소를 보호하는 지식재산권의 한 형태이다.
디자인은 종종 제품의 구매 결정을 좌우하는 중요한 요소로 여겨지며, 따라서 기업들은 그들의 디자인이 경쟁 업체들로부터 모방당하지 않도록 보호하려는 노력이 필요하다.
애플은 삼성을 상대로 여러 나라에서 법정 다툼을 시작했다. 삼성의 갤럭시 시리즈 제품들이 자신들의 아이폰과 아이패드 디자인을 모방하고, 특허를 침해했으며, 자신들의 브랜드와 제품에 대한 소비자의 인식을 훼손시켰다고 주장했다.
한편 삼성은 애플을 상대로 자신들의 특허를 침해했다고 맞고소한다. 삼성은 애플이 그들의 무선 통신 특허를 침해했고, 이는 디자인 분쟁이 단지 외관적인 요소에 국한되어 있지 않다고 주장한 것이다.
삼성과 애플의 분쟁은 기술 특허, 디자인권, 상표권 등 여러 형태의 지식재산권이 경쟁 기업에 어떤 영향을 미치는지를 보여준 사례다.
이 분쟁은 결국, 막대한 금전적 손해와 각 기업의 이미지 훼손하기까지 이르게 되었다.
디자인 분쟁의 본질은 종종 이러한 비용을 초래하고, 기업은 자신들의 디자인과 지식재산권을 보호하기 위한 노력이 기업의 이익에만 몰두하는 것으로 비쳐 기업이 쌓아 올린 이미지에 생채기를 내기도 한다.
하지만 이러한 분쟁의 본질을 이해하기 위해서는 지식재산권과 디자인의 중요성을 먼저 이해해야 한다.

디자인은 제품이 소비자에게 전달하는 메시지와 감성을 표현하는 방법이다.
디자인은 소비자의 구매 결정에 상당한 영향을 미치며, 그것은 기업의 가치와 맞닿아 있다.
이제, 이러한 디자인 분쟁이 어떻게 관리되고 예방할 수 있는지 살펴보자.
첫째로 기업들은 자신들의 디자인과 지식재산권을 적극적으로 보호해야 한다. 이는 특허출원, 디자인 등록, 상표 등록 등을 포함한다. 그들은 또한 적절한 법적 조처하여 경쟁 업체들로부터의 침해를 방지해야 한다.
둘째로 기업들은 적극적인 협상과 합의를 통해 디자인 분쟁을 관리해야 한다. 이는 기업들이 서로의 지식재산권을 인정하고 존중하면서 공생적인 관계를 유지하도록 돕는다.
마지막으로 기업들은 자신들의 디자인과 지식재산권 전략을 지속해서 검토하고 갱신해야 한다. 기업들은 경쟁 상황, 시장 방향, 법적 환경 등이 변화함에 따라 전략을 조정해야 한다.
이러한 방식으로, 기업들은 디자인 분쟁을 최소화하고 자신들의 지식재산권을 보호할 수 있다. 그들은 디자인의 가치를 인정하고 디자인을 통해 경쟁우위를 얻는 방법을 배울 수 있다.
디자인 분쟁의 본질은 이런 방식으로 이해되어야 한다.

3 이야기로 보는 사례 연구: 스마트폰 전쟁

스마트폰 전쟁의 시작

로베르트: 저자님, 삼성과 애플 사이에는 무슨 일이 벌어진 건가요?
저자: 그것은 마치 봄비가 차분하게 내리던 어느 날을 떠올리게 해요. 대학 초년생이 첫 전공 수업을 마치고 첫 과제를 받아 들고서 느꼈던 그 막막함이라고 할까요. 삼성의 처지에서는 그랬을 겁니다.
당시 애플이 디자인 특허침해에 대해 MS와 삼성에게 로열티를 포함한 라이선스 계약을 요구한 건데요.

MS는 아이폰과 아이패드의 디자인을 복제하지 않겠다는 약속을 포함한 계약을 맺습니다.
그 결과 MS는 운영체제 내 인터페이스를 차별화하는 방향으로 발전합니다.

로베르트: 그런데 삼성은 어떻게 반응했나요?
저자: 삼성은 저항하는 길을 택해요. 그들은 특허권 침해를 주장하면서도 애플이 디자인과 트레이드 드레스, 디자인권 침해를 주장하는 것에 대해 반발합니다.
삼성은 애플의 기존 특허를 무력화하려 했고, 그들의 통신 관련 기술 특허가 무단으로 침해된 것에 대해 문제를 제기합니다.
애플은 빠른 소송 결과를 위해 직관적으로 이해하기 쉬운 디자인과 아이콘 등에 대해 소송을 제기했죠.
그것은 마치 막막한 미래를 향해 젊은이들이 고민하는 것처럼, 불확실한 미래를 예측하고 풀어나가는 과정에 빗댈 수 있어요.
이 사건은 아이콘이나 제품의 외관 및 포장에 관한 디자인 개발이나 상표권 획득의 중요성을 재조명했던 것이죠.

로베르트: 저자님, 삼성과 애플 사이의 지식재산권 분쟁을 종합적으로 설명해 줄 수 있을까요?
저자: 물론입니다. 삼성과 애플 사이의 법정 분쟁은 2011년부터 시작되어 총 7년 동안 이어집니다. 애플은 처음에 10억 달러의 배상을 요구했으며, 이는 1심에서 9억 달러로 조정되었고 대법원의 파기 환송으로 금액은 5억 3,900만 달러 배상 평결로 조정됩니다. 삼성이 침해한 디자인 내용은 애플의 특정 디자인 요소들로 검은 사각형에 둥근 모서리를 가진 스마트폰과 태블릿의 기본디자인, 액정화면의 테두리 그리고 애플리케이션 배열 등이 포함됩니다.

로베르트: 삼성의 입장은 어떤 것이었나요?
저자: 삼성은 디자인 특허침해에 대한 배상액 산정 기준을 제품 전체가 아닌 일부 부품으로 해석되어야 한다고 주장합니다.
또한 그들은 대법원의 판결이 자신들에게 유리하게 나올 것이라는 믿음을 표현하

면서, 모든 기업과 소비자를 위해 공정한 경쟁을 방해하지 않는 결과를 얻기 위해 모든 가능성을 고려하겠다고 밝힙니다.

로베르트: 그렇다면 애플의 입장은 어떠한가요?
저자: 애플은 배심원의 결정 이후 성명에서 디자인의 가치를 강조하며, 그들의 팀이 혁신적인 제품을 개발해 왔고, 이는 고객들에게 큰 만족을 주었다고 강조합니다. 또한 이 사건이 항상 돈 이상의 문제였다고 밝힙니다.

로베르트: 이 분쟁이 어떻게 해결되었나요?
저자: 2018년 6월에 이르러서야 삼성과 애플은 법적 분쟁을 해결하는 데 합의합니다. 양측이 어떤 조건으로 분쟁을 타결했는지는 구체적으로 알려지지 않았지만, 모든 소송을 취하하고 같은 요구에 대해 다시 소송을 제기할 수 없도록 합의하죠. 또한 '캘리포니아주 새너제이 연방지법'의 배심원단은 삼성이 애플의 디자인 특허를 침해해 5억 달러를 배상해야 한다고 판결하기도 합니다.

로베르트: 애플이 주장한 삼성의 디자인 특허침해 주요 부분과 그 분쟁의 핵심 쟁점은 무엇인가요?
저자: 애플이 제기한 침해 내용은 둥근 모서리 형태와 검은 사각형, 베젤을 덧댄 액정 그리고 격자 형태의 앱 아이콘 배열 등입니다.
이 세 가지 부분은 모두 '연방대법원'에서 특허침해가 인정되었습니다.
이번 분쟁의 핵심은 디자인 특허침해가 인정된 이후 부과된 배상금의 적절성에 대한 문제였습니다.

스마트폰 전쟁의 핵심 쟁점

로베르트: 삼성과 애플의 특허분쟁에서 주요 쟁점은 무엇인가요?

저자: 이 분쟁은 크게 삼성의 표준특허와 FRAND 원칙 그리고 애플의 디자인과 트레이드 드레스에 관한 문제로 나누어 볼 수도 있습니다.

로베르트: 삼성의 표준특허와 FRAND 원칙이란 무엇인가요?

저자: 삼성은 표준특허를 가지고 있어요. 이는 기업의 특허가 기술 표준이 되었을 때, 그 특허를 이용하고 싶은 다른 회사들에 허용해야 한다는 원칙을 의미합니다.
이때 이용 조건은 FRAND, 즉 공정하고, 합리적이고, 비차별적이어야 합니다.
이는 표준이 된 특허 기술의 권리자가 경쟁사에 차별적인 사용조건을 적용하여 발생할 수 있는 불공정행위를 방지하는 것을 목적으로 하고 있습니다.

로베르트: 그렇다면 애플의 디자인과 트레이드 드레스란 무엇인가요?

저자: 애플은 그들의 독특한 디자인과 사용자 인터페이스, 아이콘 등의 외관을 트레이드 드레스로 보호하고 있습니다. 예를 들어, 바운스백 기술이나 멀티터치 줌 등은 애플의 특허 기술입니다.
또한 직사각형 모양에 사면의 모서리를 곡면으로 처리한 외형, 전화기의 수화기 모양을 한 녹색 통화버튼의 모양과 위치 등도 애플의 디자인 및 트레이드 드레스에 해당합니다.

로베르트: 애플은 이러한 디자인과 트레이드 드레스를 어떻게 주장했나요?

저자: 애플은 삼성의 '갤럭시 S폰'과 '갤럭시탭'이 자신들의 '아이폰'과 '아이패드'의 외관 및 패키징을 모방했다고 주장합니다.
또한 삼성의 사용자 인터페이스와 아이콘 디자인이 애플의 특허 및 상표권을 침해했다고 주장하죠.

로베르트: 삼성과 애플의 지식재산권 분쟁을 보면, 지식재산권의 본질에 대한 고민이 필요해 보이는데, 특히 어떤 점이 그런 이유인가요?

저자: 우선, 과도한 독점권 부여에 대한 우려가 있습니다.
특허권은 기술개발을 촉진하고 그 기술을 사회에 공개하기 위한 인센티브를 주는 권리인데, 이게 기술적 가치가 크게 높지 않은 아이디어에 대해서 과도하게 적용되는 경우입니다.
삼성과 애플의 특허소송에서도 이런 문제가 제기된 겁니다.

로베르트: 그렇다면 특허의 신규성 정의에 대해서는 어떻게 생각하시나요?
저자: 삼성과 애플의 분쟁은 대부분 제품의 외관과 느낌에 관한 것입니다.
그런데 이를 보호하기 위해 신규성에 대한 정의를 과도하게 확장하는 것은 문제가 될 수 있죠.
예를 들어, 손가락 제스처나 모서리가 둥근 사각형과 같은 아이디어에 독점적 권리를 부여하는 것은 신규성의 한계점까지 정의를 확장하는 것입니다.

로베르트: 삼성과 애플의 분쟁에서는 선행디자인 차용 가능 범위도 중요한 이슈였습니다. 어떻게 생각하시나요?
저자: 그것은 매우 중요한 이슈입니다. 특히 애플의 혁신이 모두 특허를 받아야 하는지 그리고 기존 기업이나 신생기업이 타사의 혁신적인 디자인을 어느 정도까지 차용할 수 있는지에 대한 문제는 많은 고민이 필요하다고 봅니다.

로베르트: 마지막으로, 지식재산권 전략을 어떻게 구사하는 것이 중요하다고 생각하시나요?
저자: 지식재산권의 보유 목적이 다양해지고, 지식재산권이 기업 간 대립의 무기로 쓰이는 현재 상황에서는 전략적인 지식재산권 관리가 중요할 겁니다.
이에 대응하기 위해 기업은 지식재산권 분쟁의 변화를 분석하고, 이를 토대로 최적화된 지식재산권 전략을 구사해야 합니다.

스마트폰 전쟁으로 지식재산권이 기업에 미칠 영향

로베르트: 지식재산권 분야에서 삼성과 애플의 분쟁이 어떤 시사점을 남겼나요?
저자: 삼성과 애플의 지식재산권 분쟁은 디자인권의 중요성을 사람들에게 일깨워 준 계기였죠. 이들 기업은 자신만의 특별하고, 차별화된 기술력을 통해 디자인권을 포함한 수만 건의 지식재산권을 출원해 자신들의 지식을 보호하고자 한 것이죠!

로베르트: 그러면, 이 분쟁으로 인한 명백한 승자는 있나요?
저자: 명백한 승자는 없다고 봐야 합니다.
삼성과 애플은 자사의 제품군이 지속해서 보호받고, 효율적으로 대응하기 위해 지식재산권 포트폴리오를 체계적으로 구성하며 경쟁하고 있어요.

로베르트: 삼성과 애플이 디자인 분쟁을 최소화하기 위해 어떤 전략을 적용했나요?
저자: 삼성과 애플은 디자인권과 상표권, 실용신안권(특허권)을 연계한 보호 전략을 적용했습니다.
이 두 기업은 자신들이 개발한 디자인의 특성과 성격에 맞게 최적화된 권리를 먼저 선점하고 다른 권리들과 연계된 상호 보완적인 관계를 구축했죠. 이를 분쟁이 벌어진 법정에서 주장하고 이용한 것입니다.

로베르트: 상호 보완적인 관계를 구축한다는 것은 어떤 의미인가요?
저자: 이는 한 가지 권리가 무력화되었을 경우 다른 권리로 보호받을 수 있게 하는 전략을 의미합니다.
예를 들어, 기업이 보유하고 있는 디자인권이 무력화될 경우, 상표권과 실용신안권으로 보호할 수 있습니다. 반대로, 실용신안권이 무력화될 때, 디자인권과 상표권으로 보호하게 됩니다.

로베르트: 그러면, 지식재산권 분쟁의 영역은 어떻게 변화하고 있나요?

저자: 이제 지식재산권 분쟁은 단순한 기술 분야에만 국한되지 않아요. 기술뿐만 아니라 디자인과 부정경쟁행위, 상표권 등에서도 분쟁할 수 있다는 것을 삼성과 애플의 분쟁이 보여준 것입니다.

로베르트: 중소기업, 스타트업(Startup)[1]의 입장에서 이러한 변화는 어떤 의미가 될까요?
저자: 중소기업, 스타트업도 디자인, 상표 등에 부여되는 지식재산권에 더욱 신경 써야 하는 시대가 도래했다는 의미입니다.
기술적인 특허가 있는 제품도 디자인권을 침해한다면 판매에 큰 문제가 발생할 수 있습니다. 이런 상황을 예방하기 위해, 기술과 디자인 모두에 주의를 기울여야 합니다.

로베르트: 지식재산권 분쟁이 기업과 제품의 이미지에 영향을 미칠까요?
저자: 지식재산권 분쟁에 휘말리게 되면 기업과 제품의 이미지에 큰 타격을 입게 됩니다. 그래서 분쟁을 방지하고, 필요한 경우 효과적으로 대응하는 전략이 필요해요.

로베르트: 이러한 전략을 통해 어떤 결과를 기대할 수 있나요?
저자: 이런 방식의 전략을 설계함으로써, 권리 간의 조합을 통해 효과적으로 방어와 공격이 가능해집니다.
이를 통해 기업들은 디자인 분쟁에 유연하게 대응할 수 있게 되는 것이죠. 이는 최종적으로 디자인 분쟁을 최소화하는 데에 중요한 역할을 합니다.

로베르트: 디자인 분쟁의 중심에 서 있는 기업들은 어떻게 분쟁을 관리하고 있나요?
저자: 기업들은 각자의 방식으로 분쟁을 관리하고 있습니다.
예를 들어, 애플은 자사의 제품디자인을 보호하기 위해 지식재산권을 철저하게 관리하고 있습니다. 애플은 자신들의 제품디자인이 독특하다는 것을 강조하고 이를 지식재산권으로 보호하는 전략을 사용합니다.

---

1 스타트업(startup)은 설립한지 오래되지 않은 신생 벤처기업 또는 창업기업을 말한다(출처:나무위키).

로베르트: 애플의 전략이 효과적이었나요?
저자: 애플의 전략은 분명히 효과가 있습니다.
애플은 자신들의 제품디자인이 독특하다는 인식을 고객들에게 깊게 심어줌으로써 자사의 제품을 보호하고 있습니다.
그런데도, 이는 완전한 해결책이 아닙니다. 디자인 분쟁은 복잡하며, 지식재산권 보호는 끊임없는 노력이 필요한 분야입니다.

로베르트: 그렇다면 삼성은 어떤 전략을 사용하나요?
저자: 삼성도 마찬가지로 자사의 디자인을 보호하기 위해 노력했습니다.
삼성은 특허, 디자인권, 상표권 등 다양한 지식재산권을 활용하여 자사의 제품을 보호하는 전략을 사용합니다.
이들은 디자인의 독특성을 강조하기 위해 지식재산권을 적극적으로 활용하고 있습니다.

로베르트: 이러한 디자인 분쟁은 미래에 어떻게 변할 것으로 예상되나요?
저자: 디자인 분쟁은 계속해서 진화할 것으로 보입니다. 기술 발전과 시장의 변화에 따라 디자인 분쟁이 계속해서 발생할 것입니다.
기업들은 이러한 변화에 유연하게 대응하기 위해 지속해서 자신들의 지식재산권 전략을 수정하고 갱신해야 합니다.

로베르트: 이런 지식재산권 분쟁이 우리에게 알려주고자 하는 것은 무엇일까요?
저자: 이 분쟁이 우리에게 알려주는 것은 4가지로 보입니다.
첫째, **지식재산권의 중요성입니다.** 삼성과 애플의 분쟁은 지식재산권이 현대 비즈니스에서 중요한 역할을 하며, 기업전략의 핵심 요소임을 드러난 것이죠.
둘째, **디자인 분쟁은 복잡합니다.** 명백한 승자 없이, 지식재산권 분쟁은 기업이 지속해서 지식재산을 관리하고 보호하기 위한 전략을 개발하도록 강요합니다.
셋째, **전략적 대응이 필요합니다.** 이 분쟁으로 삼성과 애플은 상호 보완적인 지식재산권 관리 전략을 통해 분쟁을 최소화하고자 노력하게 됩니다. 이는 다른 기업도 중요한 교훈이 되었다고 볼 수 있습니다.

넷째, **지속해서 변화하고 적응해야 합니다.** 디자인 분쟁은 기술 발전과 시장 변화에 따라 지속해서 변화할 것이며, 기업은 이에 유연하게 대응하기 위해 전략을 수정하고 갱신해야 합니다.
삼성과 애플 간의 지식재산권 분쟁은 단순히 두 기업 사이의 문제를 넘어서, 현대 기업이 지식재산권을 어떻게 관리하고 보호해야 하는지 보여줍니다. 이러한 분쟁을 통해 드러난 교훈은 모든 기업, 특히 혁신과 디자인이 핵심 경쟁력이 있는 기업에 중요합니다.
기업은 복잡한 지식재산권 환경에서 생존하고 번영하기 위해, 지식재산권의 중요성을 인식하고, 효과적인 관리와 보호 전략을 개발하여 적용해야 합니다.
이는 끊임없이 변화하는 시장에서 경쟁우위를 확보하고, 혁신을 지속해서 추진하는 데 필수적인 요소입니다.

기술의 발전과 디자인의 중요성이 증가함에 따라, 디자인 분쟁은 복잡성을 더해갈 것이다.
그러므로 기업들은 자신들의 제품과 서비스를 보호하고, 경쟁력을 유지하기 위해 지식재산권을 철저히 관리하고 보호해야 할 필요가 있다.

이런 전략은 불가피하며, 이를 통해 기업들은 자신들의 제품과 서비스를 보호하고 더 큰 시장에서 경쟁이 가능할 것이다.

CHAPTER 05

분쟁으로부터 배우는 것들

CHAPTER 05

디자인의 전쟁

1. 디자인 분쟁으로부터 얻을 수 있는 교훈
2. 미래의 디자인 분쟁
3. 대담: 디자인 스토커, 로베르트의 모험

제5장

분쟁으로부터 배우는 것들

1 디자인 분쟁으로부터 얻을 수 있는 교훈

[디자인 분쟁 해결 방안과 그 중요성]

'디자인 저작권에 대한 국제적 표준과 규정'

'디자인 분쟁 예방을 위한 전략 및 접근법'

'디자인 분쟁이 디자이너와 기업에 미치는 영향'

이런 주제들을 논의하면서 디자인 분쟁에서 얻을 수 있는 교훈을 계속해서 탐색하고 깊이 있게 이해하는 과정이 필요하다.

직접적인 교훈

로베르트: 저자님, 디자인 분쟁으로부터 얻을 수 있는 교훈에 관해 설명해 줄 수 있나요?
저자: 네, 분쟁은 항상 좋아 보이지 않지만, 우리는 분쟁에서 중요한 교훈을 얻을 수 있습니다.

로베르트: 그렇다면 디자인 분쟁의 주요 원인은 무엇인가요?
저자: 디자인 분쟁의 주요 원인은 여러 가지가 있습니다. 그중 하나는 디자인의 독창성과 저작권에 대한 불명확성입니다.

로베르트: 디자인의 독창성과 저작권에 대한 불명확성에 대해 좀 더 자세한 설명이 가능할까요?
저자: 디자인은 항상 독창적이어야 합니다. 그러나 때로는 디자인이 비슷해 보이거나, 기존 디자인에서 영감을 받은 경우, 저작권 문제가 발생할 수 있습니다.
이렇게 디자인 분쟁이 발생하는 경우, 디자인의 독창성, 특징과 요소가 저작권 침해에 중요한 것으로 이해가 필요합니다.

로베르트: 그렇다면 디자인 분쟁을 해결하는 방법에는 어떤 것들이 있나요?
저자: 디자인 분쟁을 해결하는 방법은 여러 가지가 있습니다.
먼저, 디자인권, 상표권, 특허권 등 지식재산권의 법적 보호를 이해하고 활용하는 것이 중요합니다.
디자인의 저작권을 명확히 표기하고, 필요한 경우 법적인 절차를 밟아 저작권을 등록하면 분쟁을 예방하거나 해결하는 데 도움이 될 수 있습니다.

로베르트: 디자인의 저작권을 표기하고 등록하는 것이 그렇게 중요한가요?
저자: 네, 매우 중요합니다. 저작권을 표기하고 등록함으로써, 디자이너는 자신의 디자인에 대한 권리를 명확히 할 수 있습니다.
또한 디자인의 독창성을 보호하고, 불필요한 분쟁을 피할 수 있습니다.

로베르트: 그런데 국제적인 디자인 분쟁에 대해서는 어떻게 해결해야 할까요?
저자: 국제적인 디자인 분쟁을 해결하는 것은 복잡할 수 있습니다.
다양한 국가 간의 저작권법률이 서로 다르기 때문입니다.
하지만 WIPO와 같은 국제기구를 통해 분쟁을 조정하거나 해결하는 방안을 찾을 수 있습니다.

로베르트: 디자인 분쟁을 예방하는 가장 좋은 방법은 무엇일까요?
저자: 디자인 분쟁을 예방하는 가장 좋은 방법은 초기 단계에서부터 충분히 커뮤니케이션하는 것입니다.
디자인을 개발하는 동안에 저작권에 대한 이해 그리고 다른 사람의 작품을 참조하거나 이용할 때의 경계를 명확히 하는 것이 중요합니다.

로베르트: 그럼, 디자인 분쟁에서 어떤 식으로 법적인 절차를 밟아야 하는지 설명해 줄 수 있을까요?
저자: 법적인 절차를 밟는 것은 종종 복잡하고 시간이 오래 걸릴 수 있습니다. 하지만 이 과정을 통해 원하는 결과를 얻을 수 있습니다.
일반적으로 디자인 분쟁에서는 증거 수집, 법률 자문, 상속자 대리인 선정, 소송 등의 과정이 필요합니다.

로베르트: 그렇다면 법적인 절차가 이렇게 중요한데, 왜 많은 디자이너가 이를 회피할까요?
저자: 그 이유는 여러 가지일 수 있습니다.
일단, 법적 절차는 복잡해 많은 시간이 필요할 수 있기 때문입니다.
또한 많은 디자이너가 법률에 대한 지식이 부족하므로, 법적인 문제를 해결하는 것에 대한 두려움을 가질 수 있습니다.
이러한 문제를 해결하기 위해서는 디자이너들이 법률적인 지식을 갖추는 것이 중요하며, 필요한 경우 전문가의 도움을 받는 것이 좋습니다.

로베르트: 이런 문제들을 피하려면 어떤 준비를 해야 할까요?

저자: 가장 좋은 방법은 처음부터 디자인 작업을 진행할 때, 법적인 문제에 대해 충분히 고려하는 것입니다.
이는 디자인을 개발하는 단계에서부터 시작해야 합니다. 특히, 자신의 디자인이 다른 사람의 저작물을 침해하지 않도록 주의를 기울여야 합니다.
또한 가능한 경우 자신의 디자인에 대한 저작권을 등록하고, 디자인을 공개하기 전에 모든 법적인 문제를 검토하는 것이 좋습니다.

로베르트: 그렇다면 저작권을 등록하는 과정은 어떻게 되나요?
저자: 저작권을 등록하는 과정은 나라마다 다르지만, 일반적으로 저작권 등록기관에 필요한 서류를 제출하고 등록비를 내는 과정을 거칩니다. 이를 통해 디자이너는 자신의 디자인에 대한 법적인 권리를 확보할 수 있습니다.

로베르트: 그러면 저작권을 등록하지 않았을 때의 불이익은 어떤 것들이 있나요?
저자: 저작권을 등록하지 않으면 아무리 혁신적인 디자인을 했더라도 디자인에 대한 권리를 주장하는 것이 어려워집니다.
최초로 디자인 및 제품을 개발했다는 것을 입증하는 것이 어려워질 수 있기 때문입니다.
또한 저작권을 침해당하였을 때, 법적으로 보호받기 어려울 수 있습니다.

로베르트: 그렇다면 디자인 분쟁이 발생했을 때, 제가 취해야 할 첫 단계는 무엇인가요?
저자: 먼저, 당신의 디자인이 실제로 침해당했다는 것을 입증할 수 있는 증거를 수집하는 것입니다. 그다음으로, 법률 조언을 요청하거나 필요한 경우 소송을 준비해야 합니다.

로베르트: 소송을 준비하는 과정에서 중요한 점은 무엇인가요?
저자: 소송 준비 과정에서는 증거를 체계적으로 수집하고, 잘 준비된 법률전략을 갖는 것이 중요합니다.
소송이 길어질수록 비용이 많이 들기 때문에, 가능한 한 효율적으로 소송을 진행하는 것이 좋습니다.

로베르트: 소송을 진행하는 데 필요한 비용은 어느 정도 들까요?
저자: 소송 비용은 많은 요인에 따라 달라집니다. 예를 들어, 분쟁이 얼마나 복잡한지, 소송이 얼마나 오래 걸리는지, 당신이 고용한 변호사의 비용 등에 따라 달라집니다.

로베르트: 그럼, 비용을 줄이는 방법은 없나요?
저자: 소송 비용을 줄이는 가장 좋은 방법은 분쟁을 미리 예방하는 것입니다.
그러나 만약 분쟁이 이미 발생했다면, 소송을 가능한 한 효율적으로 진행하는 것이 중요합니다. 이는 잘 준비된 법률전략을 갖는 것과 효율적인 증거 수집 방법을 사용하는 것을 포함합니다.

로베르트: 디자인 분쟁을 예방하는 효과적인 방법이 있을까요?
저자: 처음부터 모든 것이 철저하게 문서로 만들어져 있어야 합니다.
디자인 개발 프로세스의 각 단계에서의 결정, 변경 사항, 공유된 아이디어와 그에 대한 피드백 등을 포함하는 모든 과정을 기록하고 보관하는 것이 중요합니다.
이렇게 하면 나중에 문제가 발생했을 때, 근거를 제시하는 데 도움이 될 수 있습니다.

로베르트: 그렇다면 디자인이 이미 침해당했다는 것을 알게 된 경우 어떻게 해야 할까요?
저자: 그 경우 법률 상담을 받는 것이 가장 먼저입니다.
변호사는 당신이 다음에 어떤 조처를 해야 할지 그리고 그 과정에서 당신의 디자인을 보호하는 데 필요한 증거를 어떻게 수집해야 할지 조언해 줄 수 있습니다.

로베르트: 이런 디자인 분쟁이 발생했을 때, 가장 어려운 부분은 무엇일까요?
저자: 많은 사람이 법적 과정 자체가 복잡하고 이해하기 어렵다고 느낍니다.
디자인 분쟁은 보통 자신이 만든 디자인에 대한 열정과 그에 따른 감정적인 연결 때문에 더욱 어렵게 느껴질 수 있습니다.
이런 이유로 많은 디자이너가 법적 도움을 받는 것을 고려하게 됩니다.

로베르트: 디자인 분쟁의 결과는 어떻게 될 수 있나요?
저자: 분쟁의 결과는 여러 가지가 될 수 있습니다. 당신이 승소하면 침해자에게 손해를 배상하도록 판결을 받을 수 있습니다. 하지만 패소하면 당신의 디자인을 다시는 사용하지 못하게 될 수도 있습니다. 그리고 양쪽 모두 큰 비용과 시간을 소비할 수 있습니다.

로베르트: 그럼, 소송 외에 다른 해결 방법은 없나요?
저자: 네, 디자인 분쟁을 해결하는 데는 중재, 조정, 협상 등이 있습니다.
이러한 방법들은 보통 더 빠르고, 비용이 적게 들며, 당사자들 간의 관계를 유지할 수 있게 해주는 장점이 있습니다.

로베르트: 분쟁에서 승리하더라도 그 과정에서 소모되는 시간과 에너지, 무엇보다 감정적인 스트레스를 고려하면 분쟁 자체를 피하는 것이 더 나을 수도 있겠네요.
저자: 그렇습니다. 대부분 사람이 이해하기 어려운 법적인 절차, 높은 비용 그리고 무엇보다도 감정적인 고통을 감수해야 하는 분쟁은 가능한 피하는 것이 가장 이상적인 시나리오입니다.
이를 위해선 교육과 예방이 중요합니다. 디자인에 대한 이해와 이에 대한 존중 그리고 올바른 디자인 행동에 대한 지식이 필요합니다.

로베르트: 그런 점에서, 디자인 교육은 디자인 기술뿐만 아니라 이러한 윤리적, 법적인 측면까지도 고려해야 하는 건가요?
저자: 네, 맞습니다. 디자인 교육은 단순히 능력을 키우는 것 이상입니다.
디자이너의 책임과 역할에 대한 이해, 그리고 디자인에 대한 존중과 사회적인 시각을 키우는 것이 중요합니다.
디자이너는 자신의 작업이 사회와 문화에 미치는 영향을 이해하고, 그에 대한 책임을 져야 합니다.

로베르트: 그럼, 디자이너로서 어떤 윤리적 가치를 가져야 할까요?
저자: 디자이너는 자신의 디자인이 사회와 문화에 미치는 영향을 깊이 이해하고 존중해야 합니다.

그들의 작업은 단순히 미적인 부분뿐만 아니라 기능적, 사회적 측면까지도 고려해야 합니다. 또한 디자이너는 공정하게 경쟁하고 다른 사람의 창조적인 노력을 존중하는 것이 중요합니다.

로베르트: 그런 윤리적 가치를 바탕으로, 디자인 분쟁을 피하려면 더 할 수 있는 것이 있을까요?
저자: 윤리적 가치를 바탕으로, 디자이너는 항상 투명성과 정직성을 유지해야 합니다. 그들의 작업에 대한 출처와 영감을 명확히 표시하고, 필요한 경우 적절한 권한을 얻어야 합니다. 또한 항상 다른 사람의 작업을 존중하고, 그들의 창조적 노력을 인정하는 것이 중요합니다. 이러한 행동이 디자인 분쟁을 예방하는 데 크게 기여할 수 있습니다.

로베르트: 마지막으로, 디자인 분쟁에서 무엇을 배울 수 있을까요?
저자: 디자인 분쟁은 불편하고 복잡한 경험일 수 있지만, 그런데도 그것은 우리에게 중요한 교훈을 제공합니다.
우리는 분쟁을 통해 자신의 디자인을 어떻게 보호해야 하는지 그리고 어떻게 공정하게 경쟁해야 하는지 배울 수 있습니다.
또한 이런 분쟁을 통해 우리는 디자인의 가치를 더욱 명확하게 이해하게 되며, 이를 통해 우리의 디자인 실천을 향상할 수 있습니다.

로베르트: 그렇다면 디자인 분쟁에 대한 예방이나 해결은 디자이너 자기 손에 달려 있다는 거군요.
저자: 그렇습니다. 강력한 디자인은 단순히 심미성 또는 기능성을 초월합니다. 그것은 커뮤니케이션의 수단이며, 사람들의 생활 방식에 영향을 미치는 도구입니다. 디자이너로서, 우리의 창의력과 능력이 얼마나 영향력 있는지 이해하는 것이 중요합니다. 그리고 그런 힘이 있다면, 그에 상응하는 책임도 따라야 합니다.

로베르트: 디자인의 권리와 책임에 대한 이해가 필요하다는 걸 들으니, 디자인 분야의 저작권법에 대한 교육도 필수적이겠네요.

저자: 맞습니다. 디자인 교육에서 저작권법은 종종 간과되는 분위기가 있습니다. 하지만 디자인 분쟁을 피하고, 사람들이 서로의 창의성을 존중하게 만들기 위해서는 이에 대한 교육이 필요합니다.
이렇게 해야만 우리는 서로를 존중하고, 우리의 창작물을 존중받을 수 있는 환경을 만들 수 있을 것입니다.

로베르트: 그럼, 저작권 문제가 복잡해지는 디지털 시대에서는 어떻게 해야 하나요?
저자: 디지털 시대에는 더욱 신중해야 합니다. 인터넷은 우리가 쉽게 정보를 얻고 공유할 수 있게 해주지만, 그로 인해 저작권 침해가 쉽게 일어날 수 있습니다.
그래서 디지털 환경에서 작업할 때는 항상 자신의 자료를 표시하고, 필요한 허가를 받는 것이 중요합니다.

로베르트: 분쟁에 봉착했을 때는 어떻게 해야 할까요?
저자: 분쟁에 봉착했다면, 먼저 합의를 보려고 노력해야 합니다.
객관적인 입장에서 사태를 바라보고, 상대방의 상황을 이해하려고 노력해야 합니다. 합의가 이루어지지 않는다면, 전문가의 도움을 청하는 것이 좋습니다. 이는 변호사일 수도 있고, 중재인 또는 조정인일 수도 있습니다. 이들은 분쟁을 공정하게 해결하는 데 도움을 줄 수 있습니다.

로베르트: 앞서 말한 합의는 어떤 형태로 이루어져야 하나요?
저자: 합의는 상대방의 요구와 자신의 요구가 충돌할 때, 양측이 만족할 수 있는 해결책을 찾는 것을 의미합니다.
그것은 타협이라는 단어로 간주할 수도 있지만, 합의는 단순히 양보하는 것이 아니라, 양측 모두에게 가치를 제공하는 상황을 찾는 것입니다.

로베르트: 그러면, 실제로 합의하는 과정은 어떤 것인가요?
저자: 합의하는 과정은 대화와 협상으로 이루어집니다. 양측은 각자의 입장을 명확히 하고, 서로의 견해를 이해하려고 노력해야 합니다.
이해와 상호 존중이 합의의 기초가 되어야 하며, 이를 위해 대화와 협상이 필요합니다.

로베르트: 그렇다면 이런 과정에서 교착 상태에 빠지면 어떻게 해야 하나요?
저자: 교착 상태는 분쟁 과정에서 흔히 발생하는 일입니다. 이런 상황에서는 외부의 도움을 청하는 것이 좋습니다.
이는 중재인이나 조정인과 같은 중립적인 제3자가 될 수 있으며, 그들은 분쟁을 해결하는 데 필요한 신선한 관점을 제공할 수 있습니다.

로베르트: 합의를 마무리하는 마지막 단계는 무엇인가요?
저자: 합의를 마무리하는 마지막 단계는 합의한 내용을 문서로 만드는 것입니다.
이것은 단순히 글로 적는 것 이상의 의미가 있습니다.
그것은 양측이 약속했고, 그 약속을 지킬 의사가 있다는 것을 공식적으로 인정하는 것입니다.

로베르트: 저자님, 이런 많은 내용을 공유해 줘서 감사합니다.
이런 분쟁을 관리하고 해결하는 방법을 배움으로써, 저는 더 나은 디자이너가 될 수 있을 것 같습니다.
저자: 고맙습니다, 로베르트. 당신이 말한 것처럼, 이 모든 학습은 당신이 더 나은 디자이너가 되는 데 도움이 될 것입니다.
기억하세요, 우리는 모두 계속 배우고 성장하는 과정에 있습니다.

로베르트: 앞으로 제가 분쟁을 경험하게 될 경우, 저자님이 말씀하신 이 모든 원칙을 기억하겠습니다.
특히 감정을 제어하고, 열린 마음으로 대화하며, 공동의 가치를 찾는 것이 중요하다는 것을 잊지 않겠습니다.
저자: 잘하셨습니다, 로베르트. 그리고 이 점을 기억하세요.
분쟁 자체는 나쁜 것이 아닙니다.
오히려 분쟁은 우리가 더 나은 해결책을 찾아가는 과정에서 발생하는 자연스러운 현상입니다.
중요한 것은 분쟁을 어떻게 관리하고 해결하느냐 입니다.

로베르트: 맞습니다. 분쟁을 부정적인 것으로만 바라보지 않고, 오히려 기회로 삼아야겠습니다. 그러면 더 나은 디자인, 더 나은 결정을 내릴 수 있겠군요.
저자: 정확합니다. 그러한 마음가짐이 바로 훌륭한 디자이너가 되는 길입니다.
디자인은 오직 예술적인 표현만이 아닙니다.
디자인은 사람들과의 관계, 커뮤니케이션 그리고 문제 해결을 포함합니다.
디자인은 우리 주변 세상을 이해하고, 개선하기 위한 노력입니다.

간접적인 교훈

로베르트: 만약 디자인 분쟁이 협업 파트너와의 관계를 악화시킨다면 어떻게 해야 하나요?
저자: 좋은 질문이에요, 로베르트. 분쟁이 발생하면 특히 그것이 지속되면, 관계에 긴장감이 생기는 것은 자연스러운 현상입니다.
그러나 그런 상황에서도 우리는 항상 전문적인 태도를 유지해야 합니다.
우선, 분쟁의 원인이 무엇인지 파악하는 것이 중요합니다.

그다음으로는 그 문제를 직접적으로 다루는 것입니다. 서로를 존중하며, 감정에 휘둘리지 않고 문제를 해결하려는 노력이 필요합니다.

로베르트: 특정 상황에서는 개인적인 감정을 일단 제쳐두고, 분명하고 객관적인 목표를 세우는 것이 중요하다는 말씀인가요?
저자: 맞습니다. 디자인은 결국, 사용자를 위한 것이기 때문에, 감정을 제쳐두고 사용자의 이익이 무엇인지, 우리가 어떻게 그 이익을 최대화할 수 있을지를 고민하는 것이 중요합니다.
그리고 그 과정에서 발생하는 분쟁은 서로가 더 나은 결과를 끌어내기 위한 도구로 볼 수 있습니다.

로베르트: 분쟁을 도구로 본다는 관점은 전혀 생각해 본 적이 없었습니다. 정말 새로운 시각을 제공해 주셔서 감사합니다.
저자: 네, 새로운 시각으로 받아들여 주셨다니 감사합니다.
로베르트. 이 분야에서 성장하는 것은 끊임없이 배우고, 자기 생각을 확장하는 것에 달려 있습니다. 계속해서 물어보고, 탐색하고, 실험하세요.
당신을 더 좋은 디자이너로 만들 겁니다.

로베르트: 그렇다면 디자인 분쟁이 일어날 때, 일반인들이 어떻게 대응해야 할까요?
저자: 디자인 분쟁이 발생하면 그건 보통 전문가들 사이의 문제로 여겨질 수 있습니다. 하지만 이는 모두에게 영향을 미칠 수 있습니다.
일반인들은 자신들이 사용하는 제품이나 서비스가 디자인 원칙에 기반을 두고 있는지 이해하고, 그것이 어떻게 자기 삶에 영향을 미치는지 알아야 합니다.
또한 자신이 좋아하는 디자인이 원작자에게 정당하게 라이선스 비용을 지급하고 사용하는지 확인하는 것도 중요합니다.

로베르트: 일반인들이 디자인 분쟁에 대해 알아야 할 필요성을 좀 더 구체적으로 설명해 줄 수 있나요?
저자: 물론입니다. 일반인들이 디자인에 대한 깊이 있는 이해를 갖추고, 디자인이 어떻게 만들어졌는지 그리고 자기 삶에 영향을 미치는지 이해하게 되면, 그들은 더욱 풍부하고 더욱 경제적인 결정을 내릴 수 있습니다.
예를 들어, 누군가 자신이 좋아하는 제품의 디자인이 다른 디자이너의 작품을 무단으로 복제한 것임을 알게 된다면, 그 사람은 복제 제품을 구매하는 것을 다시 한 번 생각하게 됩니다.
디자인 분쟁에 대한 이해는 그런 의식적인 소비자 행동을 가능하게 합니다.

로베르트: 그럼, 디자인 분쟁에 대한 이해를 높이기 위한 첫 단계는 무엇일까요?
저자: 디자인에 대한 이해는 디자인이 단순히 미적인 요소를 넘어서 그것이 어떻게 만들어졌는지 그리고 그것이 어떻게 우리의 삶에 영향을 미치는지를 이해하는 것부터 시작합니다.
디자인은 우리의 생활 방식, 우리가 세상을 이해하는 방식에 깊이 영향을 미치는 중요한 요소입니다.
디자인에 대한 이런 이해는 디자인 분쟁에 대한 이해를 높이고, 분쟁을 예방하는 데도 도움이 됩니다.

로베르트: 일반인들이 디자인 분쟁에 대해 알게 된다면 어떤 변화를 불러올 수 있을까요?
저자: 일반인들이 디자인 분쟁에 대해 알게 되면, 그들은 더욱 풍부하고 의미 있는 경험을 얻을 수 있습니다.
그들은 자신이 좋아하는 디자인이 어떻게 만들어지고, 그것이 어떤 가치를 가지는지 이해하게 됩니다.
그리고 그것은 그들의 소비 행동에 영향을 미칠 수 있습니다.
디자인 분쟁에 대한 이해는 우리가 모두 더 책임감 있는 소비자가 되고, 디자인의 가치를 더욱 존중하게 하는 데 도움이 됩니다.

로베르트: 그러면 저는 이 대화를 끝내며, 분쟁을 두려워하지 않고, 그것을 관리하고 해결하는 방법을 통해 더 나은 디자이너가 되는 것을 목표로 하겠습니다. 정말 감사합니다, 저자님.
저자: 매우 감사합니다, 로베르트. 이런 중요한 주제를 다루는 기회를 제공해 주셔서 감사합니다.
그리고 무엇보다, 당신이 이런 경험을 통해 배우고 성장하는 것을 보는 것이 정말 기쁩니다.
계속해서 멋진 디자인을 만들어 가시길 응원하겠습니다.

2 미래의 디자인 분쟁

로베르트: 이전의 대화에서 배운 많은 것들을 반영해 봤어요. 하지만 미래에 대해 고민하게 되면, 새로운 기술과 트렌드가 빠르게 발전함에 따라, 디자인 분쟁도 달

라질 것 같아요. 이렇게 빠르게 변하는 환경에서 어떻게 분쟁을 관리하면 좋을까요?
저자: 좋은 질문이에요, 로베르트. 실제로, 디자인 분야는 항상 변화하고 있고, 그것은 분명히 우리가 마주하는 문제들에 영향을 줍니다. 미래를 준비하기 위해서는, 변화를 받아들이는 태도가 중요합니다.

로베르트: 변화를 받아들이는 태도는 무엇을 의미하나요?
저자: 새로운 기술이나 트렌드가 나타나면, 이것들은 기존의 방식을 바꾸는 데 도움이 될 수 있습니다. 변화를 받아들이는 것은 이러한 기회를 받아들이고, 그것들을 활용하여 더 나은 디자인을 만들 수 있는 능력을 의미합니다.

로베르트: 그렇다면 새로운 기술이나 트렌드에 대응하는 분쟁 관리 전략에는 어떤 것들이 있을까요?
저자: 첫 번째, 기술이나 트렌드를 이해하는 것입니다. 새로운 도구가 어떻게 작동하는지 그리고 어떻게 우리의 디자인 프로세스에 통합될 수 있는지를 이해하는 것이 중요합니다. 이를 통해 우리는 새로운 기술이나 트렌드가 가져오는 변화를 더 잘 이해하고 이에 적응할 수 있습니다.
두 번째, 피드백을 적극적으로 수용하는 것입니다. 변화하는 환경에서는 늘 새로운 문제가 발생합니다. 따라서 지속해서 피드백을 받고, 이를 바탕으로 계속해서 개선해 나가는 것이 중요합니다.
세 번째, 유연성을 유지하는 것입니다. 기존의 방식에 너무 얽매이지 않고, 새로운 해결책을 찾아내는 데 열린 마음을 가지는 것이 중요합니다. 이는 분쟁 관리뿐만 아니라 디자인을 진행할 때도 중요한 태도입니다.

로베르트: 그럼, 미래의 디자인 분쟁을 관리하는 데 중요한 세 가지 전략은 기술과 트렌드 이해, 피드백 수용 그리고 유연성 유지군요.
이것들을 명심하겠습니다.
저자: 네, 그렇습니다. 그리고 이러한 전략들은 단순히 디자인 분쟁을 관리하는 데만 적용되는 것이 아닙니다.

이들은 모든 변화하는 상황에서 유용한 전략들입니다.
변화를 받아들이고 적응하는 능력은 성공적인 디자이너가 되는 데 중요한 역량 중 하나입니다.

로베르트: 정말로 그렇게 생각하게 되네요. 이런 가치 있는 조언을 주셔서 감사합니다. 이 대화를 통해 더 나은 디자이너가 될 수 있을 것 같아요.
저자: 그렇게 생각해 주셔서 감사합니다. 로베르트. 저도 여러분들과 이런 대화를 나누면서 많은 것을 배우게 됩니다. 항상 열린 마음으로 새로운 것을 배우고 변화를 받아들이는 자세를 유지하십시오. 그리고 무엇보다도, 자신의 디자인을 사랑하고 즐기는 것이 가장 중요합니다.

로베르트: 말씀하신 세 가지 전략 중에서, 첫 번째, 전략 기술과 트렌드 이해는 어떻게 해야 하나요? 예를 들어, 인공지능 기술이나 가상현실 같은 새로운 기술이 디자인 분쟁에 영향을 미칠까요?
저자: 새로운 기술이나 트렌드에 대한 이해는 여러 가지 방법을 통해 이루어집니다. 예를 들어, 새로운 기술을 직접 사용해 보거나, 이에 관한 웹 세미나나 튜토리얼을 시청하고, 전문가의 의견을 찾아보는 등의 방법이 있습니다.
인공지능과 가상현실과 같은 새로운 기술은 디자인 분쟁에 많은 영향을 미칠 수 있습니다. 예를 들어, 인공지능을 사용하면 디자인 일부를 자동화할 수 있지만, 이는 누가 그 디자인의 '창작자'라고 할 수 있는지에 관한 질문을 던지게 됩니다. 또한 가상현실을 사용하면 더욱 몰입하게 되는 경험을 제공할 수 있지만, 이는 사용자의 안전과 편안함에 대한 새로운 고려 사항을 제기할 수 있습니다.

로베르트: 그런 관점에서 보면, 기술이나 트렌드에 대한 이해는 정말 중요해 보이네요. 그렇다면 두 번째, 전략인 피드백을 수용하는 것에 대해 조금 더 이야기해 줄 수 있나요?
저자: 피드백은 디자인 프로세스의 중요한 부분입니다. 디자인을 개선하고 분쟁을 관리하는 데 있어, 다른 사람들의 견해와 의견을 듣는 것은 매우 중요합니다. 이를 통해, 디자인에 대한 다양한 시각을 이해하고, 더 나은 해결책을 찾아내는 데 도움

이 됩니다. 피드백을 수용하는 것은, 단순히 다른 사람들의 의견을 듣는 것뿐만 아니라, 이를 디자인에 통합하는 능력을 의미합니다. 이는 종종 디자인의 개선과 분쟁 해결을 위해 자기 아이디어를 재검토하거나 변경해야 하는 것을 의미하기도 합니다.

로베르트: 세 번째, 전략 유연성에 대해서는 어떻게 생각하시나요?
저자: 유연성은 변화하는 환경에 적응하는 데 매우 중요합니다.
디자인 분쟁에서, 이는 여러 가지 해결책을 고려하고, 필요에 따라 방향을 변경할 수 있는 능력을 의미합니다.
유연성을 가지고 있으면, 문제를 여러 각도에서 바라볼 수 있고, 이를 통해 더 나은 해결책을 찾을 수 있습니다.
또한 이는 새로운 기술이나 트렌드를 더 잘 활용할 수 있게 해주며, 이를 통해 디자인 분쟁을 효과적으로 관리할 수 있게 합니다.

로베르트: 이런 관점에서 보면, 변화를 받아들이는 것이 중요함을 확실히 알 수 있네요. 앞으로 이 세 가지 전략을 염두에 두면서 디자인 작업을 계속해 나가야겠습니다.
저자: 그렇게 해주셔서 감사합니다. 변화와 새로운 도전을 받아들이기가 쉽지 않지만, 이것이 우리를 성장시키는 중요한 요소입니다. 이러한 자세를 유지하면서, 자신이 하는 일을 즐기십시오. 이것이 가장 중요합니다.

로베르트: 그럼, 인공지능과 가상현실 외에 어떤 기술이 디자인 분쟁에 영향을 미칠 가능성이 있을까요?
저자: 흥미로운 질문입니다. 기술이 발전함에 따라, 디자인 분야에도 다양한 영향이 있을 수 있습니다. 예를 들어, 블록체인 기술이라면, 이는 디자인 저작권 문제를 다루는 새로운 방법을 제공할 수 있습니다.
블록체인은 누가 원래 디자인을 만들었는지 또는 특정 디자인 요소가 어디서 출발했는지에 대한 불변의 기록을 제공합니다. 이에 따라, 디자인 분쟁이 발생했을 때, 디자이너를 쉽게 확인하고 분쟁을 해결하는 데 도움이 될 수 있습니다.

로베르트: 블록체인이라니. 생각도 못 했어요.
그러면 기술과 트렌드 외에 디자인 분쟁을 피하거나, 관리하는 데 있어서 중요한 요소가 또 있을까요?
저자: 훌륭한 질문이네요. 기술과 트렌드 외에도, 디자인 분쟁을 관리하는 데 있어서 가장 중요한 것은 커뮤니케이션입니다. 명확하고 효과적인 커뮤니케이션을 통해, 디자인 의도를 명확히 전달하고 이해할 수 있습니다.
이는 분쟁을 피하는 데 큰 도움이 될 것입니다. 또한 충분한 이해와 상호 존중이 있어야 합니다. 디자인 프로세스에서 각자의 역할을 이해하고, 다른 사람들의 관점과 아이디어를 존중하는 것이 중요합니다. 이런 자세가 디자인 분쟁을 더욱 효과적으로 관리하고 해결하는 데 도움이 될 것입니다.

로베르트: 그렇군요. 결국, 사람 간의 상호작용이 가장 중요하다는 걸 다시 한번 깨닫게 되네요. 이런 생각들을 어떻게 지속해서 실천할 수 있을까요?
저자: 우리는 모두 사람이니까. 완벽하지 않습니다.
하지만 자신을 계속해서 발전시키려는 의지가 있으면, 이런 생각들을 지속해서 실천하는 데 도움이 될 것입니다.
상호 존중, 열린 마음 그리고 유연성을 지향하며, 항상 다른 사람들의 관점을 이해하려고 노력하세요.
이런 자세가 좋은 디자인과 효과적인 분쟁 관리에 도움이 될 것입니다.

로베르트: 이런 근본적인 가치에 관해 이야기하다 보니, 디자인 분쟁은 단순히 누가 옳고 그른 문제를 넘어서, 더 깊은 차원의 문제인 것을 깨달았어요.
저자: 그렇습니다, 로베르트. 디자인 분쟁은 표면적으로 보면 디자인 요소나 저작권 문제 등으로 보이지만, 사실은 더 복잡한 문제들이 뒤에 숨어 있습니다. 이는 커뮤니케이션, 상호 이해 그리고 존중과 같은 인간 간의 상호작용에 대한 문제일 수도 있습니다. 따라서 분쟁을 해결하려면 이런 복잡한 요소들을 이해하고 고려해야 합니다.

로베르트: 그럼, 저희는 디자인 분쟁이 발생했을 때 어떻게 해결해야 할까요?
저자: 먼저, 문제의 본질을 이해하는 것이 중요합니다.
분쟁의 근원이 무엇인지, 어떤 요소들이 문제를 복잡하게 만드는지를 파악해야 합니다. 그리고 이를 해결하기 위한 효과적인 방법을 찾아야 합니다. 이는 상황에 따라 다를 수 있습니다. 하지만 대부분은 개방적 사고와 상호 존중 그리고 효과적인 커뮤니케이션이 중요합니다.

로베르트: 이런 접근법을 통해 문제를 해결하면, 제가 더 나은 디자인을 만들 수 있을까요?
저자: 그렇습니다, 로베르트. 디자인 분쟁을 효과적으로 관리하고 해결하는 것은 단지 문제 해결뿐만 아니라, 더 나은 디자인을 만들어 내는 데에도 중요한 역할을 합니다.
왜냐하면 이는 다양한 관점과 아이디어를 포함하고, 이를 통합하여 더 큰 가치를 만들어 내는 데 도움이 되기 때문입니다.
따라서 디자인 분쟁은 올바르게 관리되는 한, 더 나은 디자인을 만드는 데 기여할 수 있습니다.

로베르트: 저는 이제 막 새로운 기술들이 디자인 분쟁을 더욱 복잡하게 만들 수도 있겠다는 생각이 들었어요. 예를 들어, 인공지능과 가상현실 같은 기술들은 새로운 창조력을 제공하지만, 동시에 새로운 분쟁 요소들을 가져올 수도 있을 것 같아요.
저자: 그럴 수 있습니다. 로베르트. 인공지능과 가상현실 같은 기술들은 확실히 새로운 차원을 디자인할 수 있게 할 수 있습니다.
그러나 이런 기술들은 동시에 무엇이 창조적인 아이디어이고, 무엇이 복제나 모방인지를 결정하는 데에 더 많은 어려움을 가져올 수도 있습니다.

로베르트: 그러면 인공지능과 가상현실 같은 기술들이 더 많이 사용되면서 생기는 디자인 분쟁을 어떻게 해결하면 좋을까요?
저자: 기존의 방법들을 활용할 수 있지만, 기술들이 가져오는 문제들을 해결하기 위해서는 또 다른 방법들이 필요할 수도 있습니다. 예를 들어, 기계 학습 알고리

즘에 대한 이해와 이런 알고리즘이 어떻게 디자인에 영향을 미치는지를 이해하는 것이 중요할 수 있습니다.
또한 이런 기술들이 디자인 과정에 어떻게 통합되는지 그리고 이런 과정에서 윤리적, 법적 문제들이 발생할 수 있는지를 예측하고 이를 관리하는 것도 중요합니다.

로베르트: 그럼, 미래의 디자인 분쟁은 현재보다 더 복잡해질 수도 있겠네요.
저자: 그럴 수 있습니다, 로베르트. 하지만 동시에, 이런 기술들은 우리에게 새로운 통찰과 해결책을 제공할 수도 있습니다.
기술이 진보하면서 생기는 새로운 문제들을 해결하기 위한 새로운 접근법들이 나타날 수 있습니다. 따라서 기술 발전은 디자인 분쟁을 복잡하게 만들 수 있지만, 동시에 더 나은 디자인을 만들어 내는 데에 필요한 도구와 방법을 제공할 수도 있습니다.

로베르트: 그렇다면 새로운 기술이 불가피하게 미래의 디자인 분쟁을 만들어 낼 것 같은데, 이런 변화를 대비하는 방법은 무엇이 있을까요?
저자: 좋은 질문입니다.
첫째, 디자인 분야에서는 새로운 기술에 대한 지속적인 교육이 중요합니다. 디자인 업계의 전문가들은 인공지능과 가상현실 같은 기술들이 어떻게 작동하는지 그리고 이런 기술들이 디자인에 어떤 영향을 미치는지 이해해야 합니다. 이런 이해는 디자인 분쟁을 더 잘 이해하고, 이를 해결하는 데 도움이 될 것입니다.
둘째, 기술의 발전은 법적, 윤리적 문제를 제기하기도 합니다. 디자인의 새로운 형태들이 생기면서, 기존의 저작권법 등이 이를 제대로 보호하지 못할 수 있습니다. 이런 문제를 해결하기 위해, 디자인과 관련된 법적 규정들이 새로운 기술 트렌드에 맞게 업데이트되어야 합니다.
셋째, 새로운 기술들은 종종 새로운 디자인의 가능성을 제시합니다.
이런 가능성을 최대한 활용하기 위해서는, 디자이너들이 이런 기술들을 활용하는 방법에 대해 더 많이 탐구하고 연구해야 합니다.

로베르트: 그럼, 이런 새로운 기술들이 디자인 분쟁을 초래할 수 있지만, 동시에 이런 분쟁을 해결하는 새로운 방법들을 제공할 수도 있다는 건가요?
저자: 그렇습니다, 로베르트. 기술은 단순히 문제를 초래하는 것이 아니라, 그 문제를 해결하는 방법을 제공하기도 합니다.
디자인 분쟁은 결국, 창의성과 혁신에 대한 문제입니다.
이런 문제를 해결하는 데에는 새로운 기술들이 큰 도움이 될 수 있습니다.

로베르트: 그러면 디자이너들이 앞으로 이러한 변화와 분쟁에 대비하기 위해서는 어떤 준비를 해야 할까요?
저자: 디자이너들은 끊임없이 변화하는 디자인 환경에 적응해야 합니다. 이를 위해 새로운 기술과 트렌드에 관한 꾸준한 연구와 이해가 필요합니다. 또한 앞으로 발생할 수 있는 윤리적, 법적 문제를 예측하고 이에 대비하는 능력도 중요합니다. 마지막으로, 디자이너는 기술을 활용하여 창의적인 해결책을 찾아내는 능력이 필요합니다. 이것은 디자이너가 새로운 기술과 변화하는 환경에서 더욱 뛰어난 성과를 내는 데 도움이 될 것입니다.

로베르트: 저자님의 말씀을 들으니, 디자인 분쟁은 피할 수 없는 부분이지만, 동시에 그것은 진보와 혁신을 끌어내는 원동력이기도 하다는 것을 이해하게 되었습니다. 분쟁 자체가 문제가 아니라, 그 분쟁을 어떻게 해결하고, 그 과정에서 어떻게 성장하고 발전할 것인지가 중요하다는 것을 배웠습니다.
저자: 맞습니다. 디자인 분쟁은 우리가 자신의 창의성과 문제 해결 능력을 향상하는 기회를 제공합니다. 분쟁은 우리에게 새로운 관점을 보여주고, 새로운 해결책을 찾아내는 데 도움을 줍니다. 따라서 우리는 이러한 분쟁을 두려워하지 말고, 오히려 그것을 활용하여 우리의 디자인 실력을 향상하는 데 집중해야 합니다.

로베르트: 인공지능과 가상현실이 등장하면서, 디자인을 바라보는 관점도 많이 바뀌었습니다. 그런데 이런 변화는 어떻게 이뤄지는 건가요? 그리고 이런 변화는 디자인에 어떤 영향을 미치나요?

저자: 디자인은 기본적으로 우리가 사회와 환경을 이해하고 그것을 개선하기 위한 방법론입니다. 따라서 새로운 기술이 등장하면 그 기술을 이해하고 활용하는 방법을 찾는 것이 디자인의 핵심 작업이 됩니다.
인공지능과 가상현실이 등장함에 따라 디자이너들은 이런 기술을 이해하고, 그것을 사용하여 사람들의 삶을 개선하는 새로운 방법을 찾아야 합니다.

로베르트: 그럼, 기술 변화에 따른 디자인의 변화에 대해 구체적인 예를 들어 설명해 줄 수 있을까요?
저자: 예를 들어, 가상현실이 보편화되면 가상현실 환경에서의 사용자 경험을 디자인하는 것이 중요해질 겁니다. 이를 위해 디자이너들은 가상현실의 특성을 이해하고, 가상현실 환경에서 사용자가 편안하게 활동할 방법을 찾아야 합니다. 이런 과정에서 기존에 없던 새로운 디자인 문제와 분쟁이 발생할 수 있지만, 이런 분쟁을 해결하면서 디자인은 계속 발전할 겁니다.

로베르트: 그럼, 이러한 분쟁 해결 과정에서 디자이너는 어떤 역량을 갖춰야 할까요?
저자: 디자이너는 먼저, 새로운 기술에 대한 이해력을 갖춰야 합니다.
그리고 이 기술을 활용하여 사람들의 삶을 개선하는 방법을 찾아내는 창의적인 사고력이 필요합니다. 또한 디자인 분쟁을 해결하기 위해서는 상황을 객관적으로 이해하고, 다양한 관점을 고려하는 통찰력이 필요합니다. 마지막으로, 디자이너는 분쟁의 원인과 해결 방안을 명확하게 전달할 수 있는 커뮤니케이션 능력이 필요합니다. 이런 역량들을 갖춘 디자이너는 기술 변화와 디자인 분쟁에 대해 유연하게 대응할 수 있을 것입니다.

3 대담: 디자인 스토커, 로베르트의 모험

디자인 스토커

◉ 디자이너의 탄생

로베르트: 저자님. 저는 '디자인 스튜디오'를 물려받았는데 어떻게 세상을 흥미롭게 볼 수 있을까요?
저자: 먼저, 당신이 보는 세상을 다양한 각도에서 바라보는 것이 중요합니다. 디자인이란 것은 결국, 사람들의 삶을 개선하고, 문제를 해결하는 과정이니까요.
당신의 디자인이 세상을 어떻게 더 나아지게 할 수 있을지 고민해 보는 것이 좋을 것 같습니다.

로베르트: 그럼, 저는 어떻게 하면 '디자인 스튜디오' 대표 디자이너로 성장할 수 있을까요?
저자: '디자인 스튜디오' 대표 디자이너가 되려면 끊임없이 자기 자신을 계발하고, 시대의 흐름과 기술의 발전을 따라가는 능력이 필요해요.
또한 자기 아이디어와 디자인에 대한 확신과 자신감도 중요하다고 생각해요.
로베르트가 만드는 디자인이 세상을 바꾸고 이롭게 할 수 있다는 것을 잊지 말고요. 디자이너는 자신감을 가지는 것이 무엇보다 중요합니다.

로베르트: 기술적 변화와 디자인 분쟁의 핵심에 서 있다는 것은 어떤 것을 의미하나요?
저자: 기술적 변화는 우리의 삶을 어떻게 바꿀지, 디자인이 어떻게 변화할지 예측하기 어려워요.
하지만 디자이너로서 로베르트가 해야 할 일은 그런 변화를 받아들이고, 그 안에서 새로운 디자인을 창출하는 것입니다.
디자인 분쟁의 핵심에 서 있다는 것은 로베르트 자신이 그런 변화와 분쟁의 중심에서 행동해야 한다는 것을 의미하죠.
로베르트, 당신이 만드는 디자인이 어떻게 사람들의 삶을 바꿀 수 있는지를 항상 고민해야 합니다.

로베르트: 미래의 디자인 세계를 끌어가려면 어떤 준비가 필요할까요?
저자: 미래의 디자인 세계를 끌어가려면 기술적 지식과 창의적 사고 그리고 사회적, 문화적 이해가 필요하다고 생각해요.
기술적 지식은 최신 트렌드를 따라가고, 새로운 도구를 활용하는 데 도움이 될 겁니다.
창의적 사고는 새로운 아이디어를 창출하고, 기존의 문제를 새로운 방식으로 해결하는 데 중요해요.
사회적, 문화적 이해는 로베르트가 만드는 디자인이 사람들의 삶에 어떤 영향을 미칠지 이해하는 데 필요합니다.

로베르트: 이런 것이 저에게 어렵게 느껴지는데, 어떻게 하면 숙달할 수 있을까요?
저자: 로베르트, 지금 말하는 모든 것을 한 번에 배울 필요는 없어요! 중요한 것은 한 단계씩 차근차근 나아가는 것이 중요합니다.
기술적 지식이 필요하다면 공부하거나 훈련을 받아 창의적 사고를 키우려면 다양한 경험을 쌓는 겁니다.
그리고 사회적, 문화적 이해를 넓히려면 다양한 사람들과 소통하고 다른 문화를 이해하려 노력해야 합니다.
한 번에 모든 것을 이해하려 하지 말고, 한 걸음씩 나아가면 됩니다.

로베르트: 알겠습니다. 저도 세계적인 디자이너가 되어서 사람들의 삶에 긍정적인 영향을 미치고 싶어요.
저자: 그런 마음가짐이 바로 세계적인 디자이너가 되는 데 가장 중요한 겁니다.
로베르트. 꿈을 향해 끊임없이 노력하고, 변화를 받아들이며, 새로운 것을 배우려는 태도가 결국, 로베르트가 원하는 방향으로 이끌 겁니다.

로베르트: 그럼, 기술의 발전이 디자인 분쟁을 더욱 복잡하게 만드는 것일까요?
저자: 네, 그럴 수도 있어요.
하지만 다른 관점에서 보면, 기술의 발전은 디자인 분쟁을 해결하는 새로운 방법을 제공하기도 합니다.

기술이 발전함으로써 우리가 해결할 수 있는 문제의 범위가 넓어지는 거지 역할은 그런 기술적 변화를 받아들이고, 그것을 통해 사람들의 삶을 개선하는 방향으로 디자인을 끌어나가는 것이 중요합니다.

◉ 인공지능과 가상현실의 도래

로베르트: 그러면 가상현실과 인공지능 같은 새로운 기술이 미래의 디자인 분쟁을 어떻게 바꿀 수 있을까요?
저자: 가상현실과 인공지능은 디자인의 영역을 크게 확장될 수 있습니다. 가상현실을 통해 우리는 물리적 제한을 넘어서는 새로운 환경과 경험을 디자인할 수 있게 될 거라고 봅니다.
인공지능은 디자인 과정을 자동화하거나 최적화하는 데 도움이 될 수 있을 겁니다. 이런 기술들은 디자인 분쟁의 맥락을 바꾸고, 새로운 유형의 분쟁을 일으킬 수도 있겠지만, 동시에 그런 분쟁을 해결하는 새로운 방법을 제시할 수도 있어요.

로베르트: 이런 급속한 기술 변화 속에서 디자이너로서 자리 잡는 것은 어떤 것일까요?
저자: 변화는 언제나 도전이지만, 동시에 기회라고 볼 수 있습니다.
기술 변화를 두려워하지 말고, 오히려 그것을 활용해 보는 거죠.
새로운 기술이 가져다주는 새로운 시각과 가능성을 활용하면 너는 기존의 디자인에는 없던 독특하고 혁신적인 것을 만들어 낼 수 있습니다.

로베르트: 인공지능과 가상현실이 디자인에 미치는 구체적인 영향은 무엇일까요?
저자: 예를 들어, 사용자가 가상 환경에서 느끼는 감각, 공간 그리고 시간을 디자인하게 될 수 있을 겁니다. 그리고 인공지능은 우리가 디자인하는 방식을 변화시킬 수 있어요.
인공지능을 사용하면 우리는 사용자의 필요와 선호를 더욱 정밀하게 파악하고, 그에 따라 개인화된 디자인을 제공할 수 있게 될 겁니다.

로베르트: 그럼, 이 새로운 기술이 가져다주는 새로운 디자인 분쟁은 무엇일까요?
저자: 기술이 변화하면 그에 따라, 디자인 분쟁도 변화할 수 있으며 가상현실에서는 물리적인 세계에서는 존재하지 않는 새로운 유형의 분쟁이 발생할 수 있을 겁니다.
예컨대, 가상 환경에서의 소유권이나 저작권 그리고 사용자의 개인 정보 보호 등에 대한 문제가 생길 수 있겠죠. 그리고 인공지능은 디자인의 권리와 책임에 대한 새로운 질문을 던질 수 있어요.
만약 인공지능이 디자인을 생성하게 된다면, 그 디자인의 저작권은 누구에게 있는 걸까? 그리고 인공지능이 만든 디자인이 문제를 일으킨다면 그 책임은 누가 지게 될까? 이러한 분쟁들이 발생할 여지가 있습니다.
그래서 인공지능에 관한 법률이 제정되어야 하는 겁니다.
법률이 어떻게 제정되는가에 따라 미래의 디자인 방향이 결정되겠죠.

로베르트: 그렇다면 저는 이런 새로운 기술과 관련된 디자인 분쟁을 어떻게 대처해야 할까요?
저자: 첫째, 새로운 기술과 관련된 법적이고 윤리적인 이슈를 이해하는 것이 중요합니다. 그리고 이런 쟁점들을 고려하여 디자인해야겠죠.
둘째, 사용자의 권리와 이익을 존중하는 디자인을 하는 것이 중요합니다. 사용자의 개인 정보를 보호하고, 사용자의 선택권을 존중하며, 사용자에게 친절하고 이해하기 쉬운 디자인을 제공하는 것입니다.
마지막으로, 새로운 기술이 가져다주는 가능성을 두려워하지 말고, 그것을 최대한 활용해 보는 겁니다. 도덕적 범위를 벗어나지 않도록 말이죠. 기술의 변화는 디자인의 변화를 불러오고, 그 변화는 또 다른 기회를 가져오는 거니까요.

로베르트: 그럼, 인공지능이나 가상현실이 개인적인 창작물을 만들 때의 저작권은 어떻게 다뤄져야 할까요?
저자: 저작권에 관한 문제는 인공지능과 가상현실이 갖는 큰 도전 중 하나입니다. 인공지능이 스스로 창작물을 만들어 내면 그 저작권은 누구에게 돌아가는 것일까요?

이는 아직 명확하게 정립된 법적 기준이 없는 영역이기 때문에, 디자이너로서는 이 문제에 대해 계속해서 유의해야 합니다.
그렇지만, 일반적으로 사용한 인공지능 도구의 제조사 또는 그 도구를 사용하여 창작물을 만든 디자이너가 저작권을 가질 것이라는 점에서 대부분 사람이 동의하고 있습니다.

로베르트: 그러면 가상현실에서는 어떻게 될까요?
그곳에서 창작된 디자인에 대한 저작권은 어떻게 처리되나요?
저자: 가상현실에서의 저작권도 매우 복잡한 문제입니다. 예를 들어, 가상현실의 공간에서 사용자가 창작한 디자인의 경우, 그 저작권은 공간을 제공하는 플랫폼이 회사가 소유하는 것인지, 아니면 사용자가 소유하는 것인지에 대한 논란이 있을 수 있습니다. 이에 대해서도 아직 법적으로 확실하게 정립된 바 없으며, 지속해서 논의되고 있는 상황입니다.

로베르트: 이러한 문제들을 해결하기 위한 제안이나 해법은 무엇이 있나요?
저자: 이런 복잡한 문제들을 해결하기 위해서는 먼저, 이에 대한 이해가 필요합니다. 인공지능과 가상현실의 개발자, 사용자 그리고 법률 전문가들이 모여서 이 문제를 논의하고 해결책을 모색해야 합니다. 그 외에도, 사용자의 개인 정보 보호와 같은 중요한 이슈에 대해서는 더욱 엄격한 규제가 필요할 수 있습니다. 마지막으로, 디자이너들은 이러한 변화와 논란 속에서도 항상 사용자의 이익을 우선시하고, 윤리적인 디자인을 추구해야 합니다.

로베르트: 저는 항상 사용자 경험을 최우선으로 고려하려고 노력했습니다.
그런데 새로운 가상현실 환경에서는 어떻게 사용자 경험을 고려해야 할까요?
저자: 가상현실은 전혀 새로운 유형의 사용자 경험을 제공합니다. 기존의 2차원 디자인에서 경험하는 사용자 경험과는 크게 다릅니다.
사용자는 가상현실에서 3차원 공간 속에서 자유롭게 이동하고 상호작용할 수 있어서 디자인은 이러한 점을 반영하여 사용자가 가상현실 환경에서 자연스럽게 이동하고, 상호작용할 수 있도록 해야 합니다.

로베르트: 그러면 저는 어떻게 디자인을 개선해야 할까요?
저자: 첫째, 사용자의 움직임과 상호작용을 고려해야 합니다. 사용자가 가상현실 환경에서 자유롭게 이동하고 상호작용할 수 있도록 디자인해야 합니다.
둘째, 가상현실은 사용자에게 실제와 유사한 경험을 제공합니다. 따라서 디자인도 이를 반영해야 합니다. 즉, 실제 세계에서의 물리적 법칙을 디자인에 반영하거나, 사용자가 가상현실 환경에서도 직관적으로 이해할 수 있는 디자인을 해야 합니다.

로베르트: 그런데 디자인이 받은 비판은 정당한 것일까요?
저자: 디자인은 주관적인 면이 있습니다.
사람들은 새로운 디자인에 대해 거부감을 느낄 수도 있습니다.
그러나 그것이 디자인이 잘못되었다는 것을 의미하지는 않습니다.
비판은 우리에게 무엇이 잘못되었는지, 어떻게 개선해야 하는지를 알려주는 중요한 피드백입니다. 따라서 디자이너로서는 비판을 수용하고, 그것을 통해 디자인을 개선하는 것이 중요합니다. 물론, 비판이 항상 정당하다는 것은 아닙니다. 하지만 비판을 통해 우리는 다양한 관점을 이해하고, 디자인을 더 나아지게 하는 데 도움이 됩니다.

로베르트: 그러면 저는 어떻게 비판을 수용하고 개선해 나갈 수 있을까요?
저자: 비판을 수용하는 첫걸음은 그 원인을 이해하는 것입니다.
사용자들이 불편함을 느끼는 부분은 무엇인지, 그것이 디자인에서 어떤 요소 때문에 발생하는지를 이해해야 합니다.
그다음으로는 이를 개선하기 위해 어떤 방법이 있을지 고민해 보는 것입니다.
이때, 다양한 사용자의 관점을 고려해야 합니다.
사용자들이 경험하는 환경, 그들의 요구와 기대 그리고 그들이 어떻게 디자인을 이해하는지 등을 고려하면서 디자인을 개선해 나가야 합니다.
마지막으로, 개선된 디자인이 사용자들에게 어떻게 작용하는지 계속해서 피드백을 수집하고, 이를 바탕으로 디자인을 더욱 개선해 나가는 것이 중요합니다.

로베르트: 말씀하신 대로 비판을 수용하고 개선하는 것이 중요하다는 것을 이해했습니다. 그런데 아직도 제가 가상현실 환경에서 디자인을 어떻게 해야 할지에 대해서는 확신이 없습니다. 혹시 좀 더 구체적인 조언을 해주실 수 있을까요?
저자: 가상현실에서의 디자인은 공간적인 경험을 중요시해야 합니다.
즉, 디자인은 사용자가 가상현실에서 자연스럽게 움직이고 상호작용할 수 있도록 도와야 합니다.
이를 위해, 디자인의 모든 요소는 3차원적으로 고려되어야 합니다.
또한 가상현실에서는 실세계와 같은 물리적 법칙이 적용될 수 있습니다. 예를 들어, 객체는 중력에 의해 떨어지고, 사용자는 객체와 상호작용할 수 있어야 합니다.
따라서 디자인에서도 이러한 물리적 법칙을 고려해야 합니다.
가장 중요한 것은, 사용자의 편의와 사용성을 고려해야 한다는 것입니다.
가상현실에서의 사용자 경험은 실세계와 달라서, 사용자가 쉽고 직관적으로 이해하고 사용할 수 있도록 디자인해야 합니다.

로베르트: 그럼, 가상현실 환경에서의 디자인에 대한 경험이 없는 저로서는 어떻게 시작해야 할까요?
저자: 첫째, 가상현실 환경에서의 사용자 경험을 이해하기 위해, 직접 가상현실을 경험해 보는 것이 좋습니다. 가상현실에서 어떤 경험을 할 수 있는지 그리고 그 경험이 어떻게 디자인에 반영될 수 있는지를 이해하려면, 실제로 가상현실을 체험해 보는 것이 가장 효과적입니다.
둘째, 가상현실 환경에서의 디자인을 공부해 보는 것도 중요합니다. 현재 어떤 종류의 디자인이 가상현실에서 사용되고 있는지 그리고 그 디자인이 사용자 경험에 어떤 영향을 미치는지를 학습하면, 가상현실 환경에서의 디자인에 대한 이해가 더욱 깊어질 것입니다.
셋째, 자신의 디자인을 가상현실 환경에서 테스트해 보는 것이 중요합니다.
디자인이 실제로 어떻게 작용하는지를 보는 것은 매우 중요합니다. 사용자들이 디자인을 어떻게 받아들이는지 그리고 디자인이 사용자 경험에 어떤 영향을 미치는지 알게 되면, 디자인을 개선하는 데 큰 도움이 됩니다.

로베르트: 이렇게 가상현실 환경에서의 디자인에 대한 고려 사항을 알게 되니, 기존에 알고 있던 디자인의 방식이나 원칙을 완전히 새롭게 바꿔야 하는 것 같습니다. 이것이 디자인 분쟁의 핵심인가요?

저자: 그렇습니다. 새로운 기술이 등장함에 따라 그에 적응하기 위해서는 기존의 방식이나 원칙을 변경하거나 새롭게 개발해야 하는 경우가 많습니다.

가상현실과 같은 새로운 매체에서 디자인은 그 자체로 새로운 도전과 기회를 제공하며, 이것이 디자인 분쟁을 불러올 수 있습니다.

하지만 이것은 반드시 나쁜 것만은 아닙니다. 디자인 분쟁은 새로운 아이디어와 혁신을 촉진하는 중요한 동력이 될 수 있습니다.

때로는 분쟁을 통해 우리는 새로운 방향성을 발견하고, 우리의 디자인 접근법을 개선할 수 있습니다.

로베르트: 그렇군요. 저는 이 분쟁이 단지 부정적인 것만은 아니라는 사실을 이해하는 데 도움이 되었습니다. 그러면 가상현실 환경에서의 디자인 분쟁을 어떻게 해결하면 좋을까요?

저자: 분쟁 해결에는 여러 가지 방법이 있지만, 가장 중요한 것은 대화입니다. 분쟁이 발생하면 그 원인을 찾아내고 이해하는 것이 중요합니다.

또한 당사자들과의 대화를 통해 각자의 상황을 이해하고, 상호 존중하는 태도를 보이는 것이 중요합니다.

이 외에도, 분쟁을 해결하는 데에는 창의적인 접근법이 필요합니다.

때로는 기존의 방식이나 생각에서 벗어나 새로운 해결책을 찾아내야 할 수도 있습니다. 이런 과정에서 실패할 수도 있지만, 그것이 바로 디자인 과정의 일부입니다. 결국에는 이런 경험이 더 나은 디자이너가 되는 데 도움이 될 것입니다.

로베르트: 네, 저자님. 앞으로의 디자인 분쟁에서도 그런 자세를 가지려고 노력하겠습니다. 감사합니다.

CHAPTER 06

지식재산권의 미래와 혁신

CHAPTER 06

디자인의 전쟁

1. 지식재산권과 기술 혁신의 관계
2. 지식재산권의 미래 탐구
3. 이야기: 디자이너, 로베르트의 기적
4. 대담: 세계 지식재산권의 미래와 현재의 도전들

제6장

지식재산권의 미래와 혁신

1 지식재산권과 기술 혁신의 관계

로베르트: 저자님. 새로운 기술이 생겨나면서 지식재산권과 기술 혁신의 관계에 대해 많이 들었습니다.
이것이 정확히 어떤 관계인지 설명해 줄 수 있을까요?
저자: 네. 기술 혁신과 지식재산권은 매우 밀접한 관계에 있습니다.
기술 혁신이란 새로운 아이디어나 발명을 통해 새로운 제품, 서비스 또는 프로세스를 만들어 내는 것을 의미합니다.
이러한 혁신은 기업이 경쟁력을 유지하고 성장하는 데에 필수적입니다.
한편 지식재산권은 이러한 아이디어나 발명을 보호하는 수단입니다.

로베르트: 그러면 새로운 기술이 출현함에 따라 지식재산권은 어떤 변화를 겪게 되나요?
저자: 새로운 기술의 출현은 지식재산권의 범위와 그 적용 방식을 크게 변화시킵니다. 예를 들어, 인공지능과 가상현실과 같은 신기술이 등장함에 따라 이런 기술을 보호하려는 법적 요구가 증가하고 있습니다.
이러한 기술은 전통적인 지식재산권법의 범위를 넘어서기 때문에, 이를 보호하려면 새로운 접근방식과 법적 해석이 필요합니다.

로베르트: 저자님, 그러면 현대의 지식재산권은 어떻게 발전하고 있나요?
이러한 변화가 어떻게 기술 혁신에 영향을 미치고 있을까요?
저자: 지식재산권은 지속해서 발전하고 있습니다.
우리는 기술 발전에 따른 지식재산권의 확장과 그로 인한 기술 혁신의 가속화를 목격하고 있습니다.
예를 들어, 인공지능과 데이터 분석 기술의 발전에 따라 이러한 기술이 생성하는 결과물에 대한 지식재산권 보호가 필요하게 되었습니다.
이러한 변화는 기술 혁신에 큰 영향을 미칩니다.
새로운 기술에 대한 지식재산권 보호는 기업에 그들의 발명품을 보호하고 투자할 수 있는 자신감을 줍니다.
이는 기술 혁신의 가속화를 촉진하는 요인 중 하나입니다.

로베르트: 그러면 지식재산권은 어떻게 기술 혁신을 촉진하나요?
저자: 지식재산권은 발명가나 기업에 그들의 창의력과 혁신을 보호하고 투자할 수 있는 동기를 부여합니다.
특허나 저작권을 통해 그들의 아이디어나 기술을 보호하면, 그들은 이를 안정적으로 개발하고 상용화할 수 있습니다.
이렇게 보호받은 아이디어나 기술은 새로운 제품, 서비스 또는 프로세스의 형태로 시장에 출시될 수 있습니다.

로베르트: 그렇군요. 그런데 지식재산권이 기술 혁신을 촉진하는 것이라면, 이것이 반드시 긍정적인 결과만을 가져오는 것일까요?
반대로 지식재산권이 기술 혁신을 방해하는 경우도 있나요?
저자: 좋은 질문입니다. 사실 지식재산권이 항상 긍정적인 결과만을 가져오는 것은 아닙니다.
지식재산권이 과도하게 보호되거나 특정 개인이나 기업에 집중되면, 이는 기술 혁신을 방해하는 요인이 될 수 있습니다.
이렇게 되면 새로운 아이디어나 기술의 개발이 억제될 수 있고, 이는 결국 시장의 경쟁력을 떨어뜨릴 수 있습니다.

로베르트: 그러면 지식재산권과 기술 혁신 사이의 균형을 어떻게 유지할 수 있을까요?
저자: 그것은 매우 중요한 문제입니다.
지식재산권과 기술 혁신 사이의 균형은 법적인 해결책과 정책적인 접근방식을 통해 이루어질 수 있습니다.
법적인 해결책으로는 공정 사용이나 특허의 부정적인 영향을 제한하는 법률을 도입하는 것이 있습니다.
그리고 정책적인 접근방식으로는 교육과 공공투자를 통해 기술 혁신을 촉진하는 것이 있습니다.
또한 기술 혁신과 지식재산권 사이의 균형은 지식재산권의 이해와 적용에 대한 교육을 통해서도 이루어질 수 있습니다.
이는 기업이나 발명가들이 자신의 지식재산권을 보호하면서 동시에 공동체의 이익을 고려해야 합니다.

로베르트: 그럼, 인공지능과 가상현실 같은 새로운 기술들이 생겨나면서, 지식재산권의 틀을 재구성하거나 새롭게 정의해야 하는 경우가 많이 발생하나요?
저자: 네, 그렇습니다. 인공지능과 가상현실과 같은 신기술은 전통적인 지식재산권법의 경계를 뛰어넘는 경우를 많이 만들어 냅니다.
예를 들어, 인공지능이 만들어 낸 작품에 대한 저작권 또는 가상현실 환경에서의 특허법적 문제 등이 그런 사례라고 할 수 있습니다.
이러한 새로운 문제들에 대응하기 위해, 지식재산권의 정의를 확장하거나 새롭게 정의하는 노력이 계속 이루어지고 있습니다.

로베르트: 그렇다면 이러한 변화에 디자인 산업은 어떻게 대응하고 있나요? 기술 혁신과 지식재산권의 변화에 디자인 산업이 적응하는 방법에는 어떤 것들이 있나요?
저자: 디자인 산업도 이러한 변화에 맞춰 적응하려고 노력하고 있습니다.
먼저, 디자인의 보호 범위를 확대하는 법률적인 노력이 이루어지고 있습니다.
예를 들어, 전통적인 제품디자인뿐만 아니라 사용자 경험(UX) 디자인이나 인터페이스 디자인 등에 대한 보호도 확대되고 있습니다.
또한 디자인 산업에서는 새로운 기술과 지식재산권의 변화에 맞추어 훈련과 교육 프로그램을 개발하고 있습니다.
이를 통해 디자이너들은 기술 혁신에 따른 지식재산권의 변화에 대응할 수 있는 능력을 키울 수 있습니다.

로베르트: 아, 그런 노력이 이루어지고 있군요. 앞으로 디자인 산업에서는 어떤 변화가 일어날지 궁금해요. 이에 대한 전망은 어떻게 보나요?
저자: 앞으로의 변화를 예측하는 것은 언제나 어렵습니다. 하지만 몇 가지 트렌드를 제시해 볼 수 있습니다.
우선, 기술 혁신이 계속될수록, 디자인 보호의 범위는 계속 확장될 것으로 보입니다. 이는 기술의 진보에 따른 새로운 디자인 형태에 대한 보호가 필요하기 때문입니다.
또한 디자인 산업에서는 지식재산권에 대한 교육과 훈련이 더욱 강조될 것으로 보입니다. 이는 디자인의 가치를 보호하고, 새로운 기술 환경에서 적극적으로 활동하려는 디자이너들에게 필요한 능력입니다.

로베르트: 저자님. 그럼, 인공지능이 만든 디자인에 대한 지식재산권은 어떻게 되나요? 인공지능이 생성한 작품에 대한 저작권은 어떻게 보호되는 건가요?
저자: 인공지능이 만든 디자인에 대한 지식재산권은 아직 확정적인 정리가 이루어지지 않은 분야 중 하나입니다.
전통적으로, 저작권법은 인간이 창작한 작품만을 보호하도록 설계되었습니다.
그러나 인공지능이 창작한 작품에 대한 저작권 보호에 대한 논의는 현재 진행 중입니다.
일부 주장에 따르면, 인공지능이 창작한 작품은 인공지능이 아닌, 인공지능을 개발하거나 운영한 사람 또는 기업이 소유해야 한다는 주장이 있습니다.
다른 주장에 따르면, 인공지능이 창작한 작품은 공공 재산이 되어야 한다는 주장도 있습니다.

로베르트: 그렇군요. 그럼, 인공지능과 가상현실이 발전함에 따라 지식재산권법은 어떻게 변화할까요? 이러한 변화에 대해 디자인 산업은 어떻게 대비해야 할까요?
저자: 인공지능과 가상현실의 발전은 분명히 지식재산권법에 변화를 불러올 것입니다. 그 변화를 예측하기는 어렵지만 앞서 언급한 것처럼, 디자인 보호의 범위를 확장하거나 새로운 저작권 형태를 인정하는 등의 방향으로 변화할 가능성이 큽니다.
디자인 산업은 이러한 변화에 대비하기 위해, 지식재산권에 대한 교육과 이해를 높이는 것이 중요합니다.
또한 디자인 산업 자체도 이러한 변화를 받아들이고 적극적으로 새로운 기술을 활용하는 방향으로 변화를 시도해야 합니다.

로베르트: 그렇군요. 그러면 저도 디자인 산업에서 생존하고 발전하기 위해 지식재산권에 대한 이해를 더욱 강화해야겠군요.
감사합니다, 저자님!
저자: 네, 그렇습니다. 항상 배우는 자세를 갖추고, 변화에 유연하게 대응하는 것이 중요합니다.
행운을 빕니다.

로베르트: 저자님, 설명 감사합니다. 지식재산권과 기술 혁신의 복잡한 관계에 대해 이해하는 데 큰 도움이 되었습니다. 이것은 제 디자인 경험에도 큰 도움이 될 것 같습니다.
저자: 도움이 되어서 기쁩니다. 앞으로도 끊임없이 배우고 탐구하는 자세를 유지하면서 지식재산권과 기술 혁신 사이의 복잡한 관계를 이해하는 데 더 깊게 노력해 보시길 바랍니다.

2 지식재산권의 미래 탐구

로베르트: 지식재산권의 미래에 대해 좀 더 이야기해 주실 수 있나요?
또한 이 변화를 받아들이고 준비하는 방법도 궁금합니다.
저자: 좋은 질문입니다. 가장 중요한 것은 인공지능과 같은 신기술이 지식재산권에 어떤 변화를 불러올지 이해하는 것입니다.
예를 들어, 인공지능은 이미 디자인 분야에서 새로운 형태의 창작물을 만드는 데 사용되고 있습니다. 이는 저작권 보호의 범위를 넘어서는 새로운 이슈를 일으킵니다. 따라서 앞으로 디자인 업계는 이러한 변화를 잘 이해하고 이에 대응하는 전략을 개발해야 할 것입니다.
이는 지식재산권에 대한 교육을 통해 이루어질 수 있습니다.
또한 디자인 산업 자체도 이러한 변화를 받아들이고 적극적으로 새로운 기술을 활용하는 방향으로 변화를 시도해야 합니다.

로베르트: 그럼, 저희가 이 변화를 잘 받아들이려면 어떤 전략을 사용해야 할까요?
저자: 좋은 질문입니다. 첫 번째, 교육입니다. 디자인 업계에서 일하는 사람들은 지식재산권에 대한 교육을 받아야 합니다. 이렇게 하면 지식재산권에 대한 이해가 높아지고, 새로운 기술이 지식재산권에 미치는 영향을 이해하는 데 도움이 됩니다.
두 번째, 변화를 받아들여야 합니다. 새로운 기술이 지식재산권에 미치는 영향을 받아들이기는 쉽지 않습니다. 그러나 이 변화를 받아들임으로써, 디자인 업계는 새로운 기회를 찾아낼 수 있습니다.
세 번째, 적응해야 합니다. 새로운 기술이 빠르게 발전하고 있으므로, 디자인 업계는 이 변화에 빠르게 적응해야 합니다. 이는 새로운 기술을 활용하여 디자인을 만드는 것뿐만 아니라, 새로운 기술이 지식재산권에 미치는 영향에 대한 법률적인 이해를 통해 이루어질 수 있습니다.

로베르트: 그럼, 이러한 변화를 잘 이해하고 대응하기 위해 어떤 자원을 활용할 수 있을까요?

저자: 많은 자원이 있습니다. 대표적으로는 교육과 연구 기관, 전문가의 도움 그리고 정부와 NGO에서 제공하는 다양한 정보와 자원이 있습니다.
또한 기업 내부에서도 변화를 받아들이고 적응하는 데 필요한 자원을 제공하는 것이 중요합니다.

로베르트: 그렇군요. 저자님의 조언 감사드립니다.
이 변화에 잘 대비하기 위해 더 큰 노력을 기울여야겠습니다.
저자: 맞습니다. 기술이 발전함에 따라 변화하는 법과 규정에 대해 항상 알고 있어야 합니다. 그런 다음, 이를 디자인에 적용하여 가치를 창출해야 합니다. 그렇게 해야 기술의 발전을 두려워하지 않고 활용할 수 있습니다.

로베르트: 저자님. 아마도 이러한 변화를 수용하고 적응하기는 쉽지 않을 것 같습니다.
특히, 기존의 방식에 익숙한 디자인 업계에 어떤 조언을 해주실 수 있나요?
저자: 변화에 대응하기는 항상 어렵습니다. 사람들은 새로운 것에 대해 불안감을 느끼고, 때때로 거부감을 가질 수 있습니다. 그러나 변화를 두려워하는 것보다는 변화를 수용하고, 이를 기회로 삼는 것이 중요합니다.
첫째, 변화를 받아들이는 것은 개인적인 자세의 문제입니다. 자신의 사고방식을 개방적으로 유지하고, 새로운 기술과 변화에 대해 꾸준히 배우려는 태도가 필요합니다.
둘째, 변화를 수용하는 것은 협력의 문제입니다. 팀원, 동료, 사업 상대와의 협력을 통해 새로운 아이디어를 생산하고, 변화에 대응하는 전략을 수립할 수 있습니다.
셋째, 변화를 수용하는 것은 실제적인 문제입니다. 신기술을 적용한 새로운 디자인 방식을 실험하고, 이를 실제 작업에 적용해 보는 것이 중요합니다.
이 과정에서 실패할 수도 있지만, 그것은 학습의 일부입니다.

로베르트: 실제적인 문제에 대해서 조금 더 설명해 줄 수 있나요?
어떻게 신기술을 적용해 보는 것이 중요한 건지 이해가 잘되지 않습니다.
저자: 실제적인 문제, 즉 실질적인 행동은 매우 중요합니다. 이론적인 학습이나 이해만으로는 충분하지 않습니다.

새로운 기술을 실제로 적용해 보면서 그 효과나 장단점을 직접 체험해 봐야 합니다.
예를 들어, 인공지능을 활용한 디자인이나 가상현실을 활용한 디자인을 시도해 보는 것이 좋습니다.
이렇게 하면 신기술이 실제로 어떻게 작동하는지, 그리고 이를 통해 이점이나 문제점이 발생하는지 직접 체험할 수 있습니다.
이러한 경험은 이론적인 이해보다 더 깊고 풍부한 지식을 제공합니다.
또한 이러한 실험은 새로운 아이디어를 창출하고, 신기술에 대한 독창적인 접근 방법을 찾는 데 도움이 됩니다.
때때로, 실질적인 행동은 예상치 못한 획기적인 아이디어를 생산하기도 합니다.

로베르트: 저자님. 그렇다면 지식재산권의 미래는 어떻게 될까요?
특히 인공지능과 가상현실 같은 새로운 기술이 활성화되면서 디자인 분야에서의 지식재산권은 어떻게 변화할지 궁금합니다.
저자: 좋은 질문입니다. 기술의 발전은 분명히 지식재산권의 향후 풍경에 영향을 미칠 것입니다.
새로운 기술이 생겨나고, 디자인 분야에 적용되면서 지식재산권이 어떻게 적용되는지에 대한 문제는 중요한 고려 사항이 될 것입니다.
지식재산권의 핵심적인 목적은 창의성을 보호하고, 창작자에게 그들의 작품에서 이익을 얻을 수 있는 권리를 보장하는 것입니다.
그러나 인공지능과 가상현실과 같은 새로운 기술은 이러한 권리를 침해할 수 있습니다.
예를 들어, 인공지능이 형성한 디자인의 경우 그 디자인의 저작권은 누구에게 있어야 할까요?
인공지능을 프로그래밍한 개발자? 아니면 인공지능이 사용한 데이터를 제공한 사람?
이런 문제는 현재의 지식재산권법에서는 명확히 해결되지 않았습니다.
마찬가지로, 가상현실에서 생성된 디자인은 실제 세계에서의 디자인과 같은 보호를 받아야 할까요?

가상현실의 세계는 실제와는 달리 무한한 가능성을 제공합니다.
따라서 그곳에서 생성된 디자인이 현실 세계의 디자인과 같은 보호를 받는 것이 공정한 것인지에 대해서도 논의가 필요합니다.
이런 논의와 연구는 지식재산권의 미래를 결정하는 데 중요한 역할을 할 것입니다. 법과 정책은 기술의 발전에 맞춰 변화해야 하며, 이는 디자인 분야에서도 마찬가지입니다.

로베르트: 그렇군요. 그러니까 기술의 발전이 지식재산권에 미치는 영향을 이해하는 것도 중요하다는 거군요. 그런 관점에서 생각해 본 적은 없었는데, 매우 흥미롭습니다.
저자: 맞습니다. 기술과 법이 상호작용하는 방식을 이해하는 것은 매우 중요합니다. 이를 통해 우리는 변화하는 세상에서 지식재산권이 어떻게 보호되고, 어떻게 적용되어야 하는지 더 잘 이해할 수 있습니다. 그리고 이는 디자이너들이 자기 작품을 보호하고, 그 작품에서 이익을 얻는 데 중요한 역할을 합니다.

로베르트: 그럼, 저자님. 가상현실과 같은 신기술이 더욱 발전함에 따라 디자이너가 지식재산권을 보호하려면 어떤 준비를 해야 할까요?
저자: 매우 중요한 질문입니다. 기술의 발전에 따라 변화하는 지식재산권 환경에서 자기 창작물을 보호하려면, 디자이너는 여러 가지 방법으로 대응해야 합니다.
첫째, 디자이너는 지식재산권에 대한 이해가 필요합니다. 지식재산권법은 복잡하고 국가마다 달라서, 디자이너가 자기 창작물이 어떻게 보호되는지 정확히 이해하는 것이 중요합니다. 이에 대한 이해는 자기 창작물을 효과적으로 보호하고, 불필요한 법적 분쟁을 피하는 데 도움이 됩니다.
둘째, 기술의 변화에 대응하기 위해 지속해서 학습해야 합니다. 새로운 기술이 등장함에 따라 지식재산권의 적용 방식이 변화할 수 있습니다. 따라서 디자이너는 새로운 기술의 출현과 그 기술이 지식재산권에 미치는 영향을 이해하는 것이 필요합니다.
셋째, 법적 조언을 구하는 것도 고려해야 합니다. 특히 복잡한 문제나 분쟁이 발생할 경우, 전문가의 도움을 받는 것이 가장 좋습니다.

로베르트: 그럼, 지식재산권에 대한 이해와 지속적인 학습 그리고 필요한 경우 법적 조언을 구하는 것이 중요하다는 거군요. 그러한 준비를 통해 변화하는 기술 환경 속에서도 자기 창작물을 보호할 수 있겠군요.
저자: 맞습니다. 변화하는 기술 환경 속에서도 창작물을 효과적으로 보호하기 위해서는 지식재산권에 대한 이해와 적절한 대응 방안이 필요합니다.
따라서 이러한 준비는 디자이너에게 큰 도움이 될 것입니다.

로베르트: 저자님. 지금까지의 대화를 통해 디자인 분쟁과 기술 그리고 지식재산권에 대해 많은 것을 배웠습니다.
변화하는 기술 환경 속에서도 창작물을 효과적으로 보호하려면, 끊임없는 학습과 이해 그리고 적절한 대응이 중요하다는 것을 알게 되었습니다.
저자: 맞습니다. 그리고 그것이 바로 디자이너가 미래의 디자인 분쟁에 대비하는 가장 좋은 방법입니다.
신기술이 우리의 일상과 디자인 환경을 변화시키고, 이에 따라 디자인 분쟁도 새로운 양상을 띠게 될 것입니다.
따라서 우리는 이 변화를 받아들이고, 적응하며, 그 안에서 새로운 해결책을 찾아야 합니다.

로베르트: 그렇군요. 끊임없이 배우고, 적응하며, 변화를 받아들이는 것.
이것이 디자이너가 미래의 디자인 분쟁에 대비하는 가장 좋은 자세일 것 같습니다.
저자: 그런 자세를 갖춘 디자이너라면, 미래의 어떠한 디자인 분쟁에도 당당히 맞설 수 있을 것입니다. 앞으로도 계속해서 배우고, 적응하며, 변화를 받아들이는 디자이너로서의 여정을 이어가기를 바랍니다.
이런 많은 변화 속에서도 하나는 변하지 않습니다.
그것은 디자인이 사람들의 삶을 더 나은 방향으로 바꾸는 데 그 목적이 있다는 사실입니다.
디자인 분쟁이라는 도전 앞에서도 우리는 항상 이 목표를 기억하며, 더 나은 디자인을 창조하고, 더 나은 미래를 만드는 데 이바지해야 합니다.

로베르트: 저자님의 말씀을 들으니, 힘이 솟네요. 앞으로의 도전을 기대하게 됩니다. 감사합니다, 저자님. 이런 중요한 교훈을 나눠주셔서.

저자: 아니요, 로베르트. 오히려 디자이너로서 열정과 호기심이 저에게 큰 힘을 주었습니다.

함께 이런 중요한 주제를 탐색할 수 있어서 좋았습니다.

앞으로의 여정에서도 변화를 두려워하지 말고, 새로운 것을 계속 배우며, 그 변화 속에서 당당히 앞으로 나아가길 바랍니다.

3 이야기: 디자이너, 로베르트의 기적

디자인은 창작의 결정체라고 생각한다.

그것은 아이디어를 실제로 만들어 내는 과정이자, 무엇보다 가치 있는 혁신을 불러오는 도구다.

나, 로베르트는 디자이너로서 지식재산권의 중요성을 이해하고 있다.

가상현실, 인공지능과 같은 기술의 발전은 기존의 디자인 패러다임을 완전히 뒤바꾸었다.

그것은 단순히 기존의 세계를 확장하는 것 이상으로, 우리가 인식하는 세계 자체를 재구성해야 한다.

이러한 변화 속에서, 디자인의 가치와 그것이 사회에 미치는 영향에 대해 심도 있게 생각하고 있다.

지식재산권은 창작물의 가치를 인정하고 보호하는 도구이다.

이것은 디자이너가 자기 아이디어를 보호하고, 그것을 통해 혁신을 추구할 수 있도록 해준다.

디자인 분쟁이나 지식재산권 침해와 같은 문제는 물론, 이러한 가치를 부정하거나 무시하는 트렌드가 있다는 것을 이해하고 있다.

디자인의 가치를 알기에, 이러한 문제에 대해 심도 있게 고민해 왔다.

그 과정에서, 저는 디자인의 가치를 존중하고, 그것을 보호하기 위한 새로운 방법을 찾아내었다.

나의 기술적 능력을 활용하여, 디자인과 지식재산권에 대한 새로운 이해를 바탕으로, 나는 나의 창작물을 보호하고, 그것의 가치를 높이는 방법을 발견했다.
이것이 바로 디자이너, 나 로베르트의 기적이다.
기술의 발전과 그것이 만들어 내는 새로운 디자인 환경 속에서, 나는 디자인의 가치를 이해하고, 그것을 보호하며, 그 안에서 새로운 혁신을 창출해 내는 방법을 찾아내야 한다.
디자인은 변화하는 세상을 이해하고, 그것을 더 나은 방향으로 바꾸는 데 필요한 도구다.
그리고 지식재산권은 그 디자인의 가치를 인정하고 보호하는 도구이며, 이 둘은 서로 긴밀하게 연결되어 있다.
나, 로베르트는 디자이너로서, 이러한 관계를 이해하고 그것을 바탕으로 새로운 디자인을 창출해 내는 것, 그것이 바로 나의 모험이다.
그리고 나는 그 모험을 계속해서 이어 나갈 것이다.
디자인의 미래를 위해 그리고 우리 모두의 미래를 위해 지식재산권은 창작의 존중이다.
내 작품이 누군가에게 영감을 준다면, 그것이 나의 기쁨이다.
그러나 내 작품이 제대로 보호받지 못한다면, 그것은 나의 아픔이 될 것이다.
인공지능과 가상현실은 새로운 가능성이자 위험이다.
그것들은 디자인의 경계를 넓힐 수도 있지만, 창작자를 줄일 수도 있다.
새로운 매체는 새로운 표현을 가능하게 한다.
그러나 그 또한 새로운 도전과 문제를 불러온다.
이 새로운 도전을 이겨내지 못하면 디자이너들은 앞으로 수많은 디자인 분쟁이라는 불행한 현실과 마주하게 될 것이다.
그것은 창작의 결과물이 제대로 인정받지 못할 때도 디자인이 올바르게 이해되지 못할 때도 발생하게 될 것이다.
디자이너로서는 이런 현실을 이해해야 한다.
디자인은 존중받아야 한다.
그것은 나의 책임이다.
나는 나의 역량을 활용하여 해결책을 찾아야 한다.

나는 디자인의 가치를 높이는 방법을 발견하는 과정을 맞닥뜨려야 한다.
그것은 기술과 창작의 조합에서 시작해야 한다.
디자인과 지식재산권의 관계를 재정의하는 방법이다.
인공지능과 가상현실은 나의 디자인 세계를 확장해 주고 있다.
새로운 기술의 도입으로, 나는 더욱 복잡하고 정교한 디자인을 만들어 낼 수 있게 되었다.
가상현실 환경에서의 시뮬레이션은 나에게 더욱 효과적인 디자인을 할 수 있게 도와준다.
또한 이런 기술은 디자인의 새로운 영역을 열어주었다.
기존의 평면적인 2차원 디자인에서 벗어나 입체적인 3차원, 심지어는 4차원의 공간디자인을 가능하게 만들고 있다.
이는 나에게 전례 없는 창작의 자유를 안겨주고 있다.
하지만 이런 기술적인 발전은 동시에 나에게 새로운 도전을 만들어 내고 있다.
기술의 발전은 디자인의 경계를 허물어 가고 있다.
창의적인 생각을 하는 사람은 이제는 자신이 굳이 모든 것을 할 필요가 없어지고 있다.
표현은 인공지능이 해주기 때문이다.
이에 따라 디자인의 지식재산권이 더욱 중요해질 것이다.
나의 디자인이 독창적이고 혁신적인 것을 증명하기가 쉽지 않을 수도 있다.
그러나 나는 그 과정에서, 많은 것을 배울 수도 아니면 잃을 수도 있다.
나는 내 작품이 독특하게 만들어진다는 것의 중요성을 깨달았다.
또한 나는 나의 작품을 보호하고 존중받는 것의 중요성도 깨달았다.
나는 내 작품의 가치를 인정받기 위해 노력해야 한다.
나는 내 작품이 다른 사람들에게 영감을 주는 동시에, 내 창작의 가치를 인정받도록 해야 한다.
나는 이 모든 과정을 통해 디자이너로서 그리고 인간으로서의 성장을 이루고자 한다.
나는 분쟁 속에서도 창의성을 잃지 않으려 노력했고, 그로 인해 나만의 독특한 디자인 언어를 찾아냈다.

내 디자인은 나의 이야기, 나의 경험 그리고 나의 시각을 담고 있다.
그것들은 나를 표현하는 도구이며, 나를 나타내는 상징이다.
또한 나는 지식재산권의 중요성을 깊이 이해하고자 했다.
디자인이라는 분야에서 지식재산권은 창작물의 가치를 인정받고 보호받는 수단이기 때문이다.
이것은 나에게는 선택이 아닌 필수적인 부분이 되었다.
지금, 나는 기술의 빠른 발전에 발맞춰 나가며 새로운 디자인의 가능성을 계속 탐색하고 있다.
나의 여정은 아직 끝나지 않았다.
나는 계속해서 새로운 도전과 모험을 통해 나의 디자인을 더욱 세련되게, 더욱 혁신적으로 발전시켜 가고자 한다.
그리고 나는 내 작품을 통해 사람들에게 새로운 경험과 감동이 전달되기를 희망한다.
나의 이야기는 여기서 끝나지 않는다.
나는 기술의 변화와 시대의 흐름 속에서 계속해서 디자인의 미래를 탐색하며, 그 속에서 나의 길을 찾아가고 있다.
이것이 바로 나, 로베르트의 모험 그리고 나의 이야기다.
나의 이야기는 이곳에서 계속될 것이다.
그것은 나의 미래 그리고 디자인의 미래에 관한 이야기가 될 것이다.
나, 로베르트는 이 모험을 통해 디자인의 미래를 탐색하고자 한다.
나는 내가 만든 모든 디자인이 사람들에게 긍정적인 영향을 미칠 수 있도록 노력을 이어갈 것이다.
나의 이야기는 계속되고 있다.
나는 이 모험을 계속할 것이다.
디자인의 미래는 아직 불확실하다.
그러나 나는 그것을 두려워하지 않는다.
나는 그것을 기대한다.
나는 그것을 만들어 가는 것을 기대한다.
나의 모험과 그 모험이 가져올 기적은 아직 진행 중이다.

이것은 끝이 아니다.
이것은 시작일 뿐이다.
디자인의 미래를 위해 그리고 우리 모두의 미래를 위해 나의 여정은 계속될 것이다.
나는 내 여정으로 한 가지를 깨달았다.
그것은 디자인은 단순히 물건을 예쁘게 만드는 것 이상의 의미가 있다는 것이다.
디자인은 사람들이 세상을 이해하고, 세상과 소통하는 방법이다.
디자인은 문화, 과학, 예술, 기술 등의 다양한 분야가 교차하는 지점에서 발생한다.
디자인은 사람들의 생활을 더 나은 방향으로 바꾸는 힘을 가지고 있다.
그리고 디자인은 변화와 함께한다.
디자인은 시대와 문화 그리고 기술의 발전에 따라 지속해서 변화하고 발전한다.
디자인의 변화는 사회의 변화를 반영하는 것이기도 하다.
따라서 디자이너로서 나는 항상 변화에 대한 인식을 두고, 그 변화를 디자인에 반영하려는 노력을 계속 이어가야 한다.
나는 나의 경험을 통해 이 모든 것을 깨달았다.
나는 이러한 경험을 바탕으로 나의 디자인을 더욱 깊이 있고, 더욱 의미 있는 것으로 발전시키려고 한다.
그리고 나는 이러한 경험을 다른 디자이너들과 나누고 싶다.
나는 이렇게 함으로써 디자인이 더욱 세련되고, 더욱 의미 있는 것이 될 수 있도록 이바지하고 싶다.

4 대담: 세계 지식재산권의 미래와 현재의 도전들

로베르트: 삼성과 애플 간의 '세기의 특허 전쟁'이 화제였죠. 이 전쟁이 전 세계적으로 어떤 영향을 미치고 있나요?
저자: 이 전쟁은 전 세계 주요 기업에 큰 영향을 미치고 있습니다.
세계적인 기업들은 특허 대응에 엄청난 자원을 투입하고 있죠.

2011년에만 약 34조 원을 사용했다고 합니다.
이것은 특허 전쟁이 단순히 법적인 싸움이 아니라, 경제적으로도 중대한 의미를 갖는다는 것을 보여줍니다.

로베르트: 그렇다면 이러한 특허 전쟁의 규정을 정하는 기구는 무엇인가요?
저자: 'WIPO(세계지식재산기구)'가 그 역할을 합니다.
WIPO는 산업재산권 보호에 관한 파리협약과 저작권 보호에 관한 베른협약의 사무국에서 출발해 1967년에 설립된 UN 전문기구입니다.
현재 185개국이 가입해 있으며, 특허권, 상표권, 저작권 등 지식재산권 관련 국제조약을 관장하고 있죠.

로베르트: WIPO에서 진행 중인 주요 논의와 협상은 어떤 것들이 있나요?
저자: 현재 WIPO에서는 새로운 국제 규범을 마련하기 위한 다양한 논의와 협상이 진행되고 있습니다.
예를 들어, 시청각 실연자 권리 보호에 관한 '베이징 조약'이 2020년에 발효되었습니다. 이 조약은 시청각 실연자에게 저작인격권을 부여하고, 보호 기간을 확대하는 내용을 담고 있죠.

로베르트: 그렇다면 이러한 국제적인 규범은 어떤 영향을 미칠까요?
저자: 이러한 규범은 국제적으로 지식재산권을 보호하는 체계를 강화합니다.
특히 디지털 환경에서의 권리 보호가 중요해지고 있는데, 베이징 조약은 K-POP이나 한류 드라마와 같은 한류 콘텐츠의 국제적인 보호를 강화하는 데 크게 기여할 것입니다.

로베르트: 그렇다면 WIPO에서 현재 가장 뜨거운 논의 주제는 무엇인가요?
저자: 현재 가장 큰 관심을 받고 있는 주제는 유전 자원, 전통 지식, 전통문화 표현물 보호를 위한 국제 규범 마련입니다.
이는 특히 개도국들이 자국의 유전 자원과 전통 지식을 보호하고자 하는 움직임에서 시작되었죠.
이 논의는 지재권 제도에 큰 파급효과를 미칠 것으로 예상됩니다.

로베르트: 그럼 WIPO에서 현재 논의 중인 다른 중요한 이슈는 무엇이 있나요?
저자: 주요 이슈 중 하나는 저작권의 제한과 예외에 관한 국제 규범 제정입니다.
이는 특히 '개발도상국'[1]에게 중요한 의제로, 저작권의 유연성을 활용해 합법적으로 지식재산권 적용을 회피하려는 노력이 포함되어 있습니다.
또한 방송사업자 보호에 관한 조약 마련도 중요한 협상 주제입니다.
디지털 환경에서의 신호 보호와 관련하여 방송사업자의 권리를 강화하는 논의가 활발히 이루어지고 있죠.

로베르트: 그렇다면 또 다른 중요한 논의는 무엇이 있나요?
저자: 또 다른 중요한 논의는 '디자인법 조약'[2] 제정입니다.
이 조약은 디자인 등록과 보호를 위한 국제적인 절차를 통일하고 간소화하는 것을 목적으로 합니다.
특히 유럽 국가들이 이 조약에 큰 관심을 보이고 있어요.
논의는 현재 진행 중이며, 한국은 이 조약의 서울 유치를 적극 추진하고 있습니다.

로베르트: WIPO의 특허법상설위원회는 어떤 역할을 하고 있나요?
저자: 특허법상설위원회는 국제 특허제도의 발전을 위해 선진국과 개도국 간의 대립을 조율하는 역할을 합니다.
특히 특허권의 제한과 예외, 특허의 품질, 특허와 공중보건 등 다양한 주제에 대해 논의하고 있죠. 양측의 이해관계가 첨예하게 대립하고 있어, 향후 회의의 진행 방향이 매우 중요합니다.

로베르트: WIPO 회의에 참여하는 세계적인 기업들의 역할은 어떤가요?
저자: WIPO 회의에는 MS, GE, 화이자 제약 등 세계적인 기업 관계자들이 참여해 협상 동향을 주시하고 있습니다.

1 개발도상국(開發途上國): 선진국과 최빈국 사이에 있는 국가를 이르는 말이다(출처:위키피디아).

2 디자인법 조약(Design Law Treaty, DLT): DLT 논의는 디자인을 국제적으로 등록해 보호받는 데 있어 국가마다 다른 법 제도를 통일화하고 절차를 간소화해 비용과 시간을 절감하자는 차원에서 2006년 논의가 시작되었다(출처: 위키피디아).

이들은 자국 정부와 긴밀히 대화하며 협상 논리를 제공하는 등 막후에서도 활발한 활동을 펼치고 있어요.

로베르트: 그렇다면 우리 기업들은 어떻게 대응해야 할까요?
저자: 우리 기업들도 세계 시장을 선도하는 세계적 기업답게 전략적으로 대응해야 합니다.
규정을 만드는 단계부터 관여해 유리한 규정을 만드는 '룰 메이커'[3]가 되어야 합니다.
특허 전쟁 시대에서 싸움은 최선을 다해 이기는 것도 중요하지만, 진정한 승리는 싸우지 않고 이기는 것입니다.
지금 WIPO에서는 지식재산 패권을 둘러싼 '게임의 법칙'을 만드는 작업이 한창입니다.
정부는 물론이고 기업, 학계 모두의 적극적인 관심과 참여가 필요합니다.

로베르트: 그 말씀을 듣고 보니, 특허 전쟁에서 이기기 위해서는 단순히 법적인 싸움에만 초점을 맞추는 것이 아니라, 국제 규범을 만드는 과정에도 참여하고 영향력을 행사해야 하는 것이 중요하네요.
저자: 맞습니다, 로베르트. 세계적인 기업의 지위를 확립하고, 국제적인 지식재산권 체계 안에서 우리의 이익을 적극적으로 대변하는 것이 중요합니다.
이를 통해 지식재산권이라는 큰 바다에서 우리가 주도적으로 물결을 일으킬 수 있을 것입니다.
로베르트는 저자의 설명에 인상을 받으며, 국제 지식재산권의 복잡한 세계에서 우리가 어떻게 행동해야 할지 다시 한번 생각해 본다.

---

3 룰 메이커(Rule Maker): 새로운 규칙을 만드는 집단으로 한 산업을 선점하고 그 시장을 좌지우지하는 조직을 말한다(출처: 위키피디아).

CHAPTER 07

디자인 전쟁:

정전과 휴전 사이

디자인의 전쟁

CHAPTER 07

1. 디자인 지식재산권의 중요성
2. 전하는 말

제7장

디자인 전쟁:
정전과 휴전 사이

1 디자인 지식재산권의 중요성

디자인 분쟁을 처음 경험한 것은 대학 시절이었다.
그때 디자인이 다른 사람에게 모방당했다고 느꼈다.
그 사람은 디자인을 무단으로 사용하고, 그것을 자기 작품으로 내세웠다.
그에게 분노했지만, 어떻게 대처해야 할지를 몰랐다.
그것은 지식재산권의 중요성을 깨닫게 해준 나의 첫 번째 경험이었다.
디자인은 창조적 노력의 결정체다.
그것은 디자이너의 아이디어와 노력 그리고 비전을 반영한다. 그런데 그 결정체가 무단으로 사용되거나 모방당한다면, 그것은 디자이너에게 큰 충격이 된다. 디자이너로서 디자인이 무단으로 사용되는 것을 막기 위해 지식재산권을 보호해야 했다. 지식재산권은 디자이너의 창조적 노력을 보호하는 수단이기 때문이다. 디자이너로서 디자인이 무단으로 사용되는 것을 막거나 나의 디자인이 충분히 인정받으려면 지식재산권을 보호해야 한다. 그래야 디자인이 진정한 가치를 인정받을 수 있기 때문이다. 하지만 지식재산권 보호는 쉽지 않다. 특히, 디자인 분야에서의 지식재산권 보호는 복잡한 법적 문제를 수반한다. 그리고 디자이너의 창조적인 활동을 제약하는 요소가 될 수도 있다.

디자이너로서 이러한 문제를 극복하기 위해 끊임없이 노력해야 한다. 지식재산권 보호의 문제는 디자인 분야에서만 한정된 문제가 아니다. 현재, 사회 전반에서 지식재산권의 중요성이 인식되고 있다. 이러한 변화를 주목하고, 그 변화에 발맞춰 우리의 역할을 찾아야 한다.

학창 시절에 겪은 디자인 분쟁은 뇌리에 깊이 박혀 지워지지 않는 것은 디자인이 단순히 예술적인 표현뿐만 아니라, 그 이상인 것을 깨닫게 해주었기 때문이다. 그것은 디자인이라는 창작물을 지키는 동시에, 창작 활동을 지키는 것이었다. 나는 디자이너들이 비슷한 문제를 겪고 있는 것을 알고 있다. 우리가 우리의 디자인을 보호하려는 노력을 함께한다면, 이러한 문제를 인식하는 우리 모두를 하나로 묶어줄 수 있다. 우리가 일상에서 이를 인식하고, 서로의 이해를 깊게 공유하고, 서로를 돕기 시작한다면 그 과정에서 자연스럽게 디자인과 지식재산권 보호에 대한 이해도 깊어질 것이다.

지식재산권을 보호한다는 것이 단순히 우리의 창작물을 넘어서 창의적인 지식과 활동까지 아우르는 것임을 이해하고, 이 인식이 널리 퍼질 때 우리는 비로소 디자인의 진정한 가치와 의미를 인정받을 수 있다.

지식재산권 보호의 중요성을 널리 알리는 것은 여전히 많은 도전을 내포하고 있다. 그러나 우리는 이 도전을 두려워하지 않아야 한다. 우리는 이 도전을 받아들이고, 디자인이 우리의 창조적인 노력과 비전을 표현하는 도구인 것을 잊지 않아야 한다. 그리고 우리는 그 도전과 기회를 통해 디자인을 더욱 발전시켜야 한다. 지식재산권의 중요성에 대한 인식을 널리 퍼트리는 것이, 우리 모두의 문제를 해결하는 데 도움이 될 것이라고 믿어 의심치 않는다.

우리는 이제, 지식재산권 문제가 단순히 법적인 문제뿐만 아니라, 디자이너로서의 도덕적이고, 윤리적인 문제로 이해해야 한다. 디자인은 그 자체로 가치를 가지며, 그것을 지키기 위한 노력은 디자이너로서 존중받아야 할 권리다. 그러나 이 또한 혼자 해결할 수 있는 것이 아니다. 우리가 모두 함께 해결해야 하는 문제이다. 그래서 우리는 우리의 이야기를 널리 공유하고, 다른 사람들이 우리의 경험에서 배울 수 있도록 해야 한다.

디자인을 처음으로 공개했을 때의 사건을 잊을 수 없다. 그때 디자인은 기술적으로는 혁신적이었지만, 다른 디자이너가 이미 저작권을 가진 디자인과 비슷하다는 지적을 받았다. 그 순간에 아무런 반론도 펴지 못했고, 깊은 고민에 빠졌다. 디자인이 정말로 다른 디자이너의 창작물과 비슷한 것인지, 아니면 단지 외관상 비슷해 보이는 것뿐인지 당시에는 솔직히 분간할 수 없었다. 하지만, 이 문제는 시간이 흐른 후에야 매우 중요한 문제였다는 것을 알게 되었다. 왜냐하면 지금껏 배우고, 창작해 온 수년간의 노력이 걸린 문제였기 때문이다. 이 문제를 해결하기 위해, 디자인을 자세히 비교해 보았다. 그 결과, 디자인이 근본적으로 다르다는 것을 깨달았다. 당시의 그 사건이 아주 큰 교훈이 되었다. 그 이후로 디자인이 다른 이의 권리를 침해하지 않도록 주의를 기울여 가며 창의적인 노력을 기울이고, 디자인에 대해 지식재산권을 확보하려고 노력했고, 지금도 그러한 노력을 지속해서 하고 있다. 이 사건 전과 후 나는 전혀 다른 내가 되었다. 나는 지식재산권 문제에 대해 더욱 관심을 가지게 되었고, 나의 디자인은 나만의 창작물이며 그것을 보호하기 위한 노력이 필요하다는 것을 알게 되었다. 나는 법적인 방법뿐만 아니라, 사회적인 측면에서도 디자인을 보호하기 위해 노력하고 있다. 이 사건은 나에게 지식재산권이 그저 법률문제가 아니라는 것을 가르쳐 주었기 때문이다.

이것은 나의 창의성을 발휘해 창조한 디자인을 보호하고, 디자인에 대한 나의 권리를 인정받을 수 있기 때문이다. 그리고 나의 창작물인 지식재산권을 보호하기 위한 노력을 계속해서 이어가야 한다는 것도 알게 되었다.

나의 여정은 계속될 것이다.

계속해서 새로운 여정을 찾아갈 것이다.

그리고 그 여정을 통해 내 디자인은 더욱 성장해 갈 것이다.

이것이 나, 로베르트의 이야기이다.

2 전하는 말

우리는 이렇게 말하곤 합니다.

우리는 디자이너이지만, 동시에 지식재산권을 지키는 사람입니다.

우리는 우리의 디자인을 통해 무언가 새로운 것을 만들어 내는 행위가 얼마나 중요한지를 알고 있습니다.

그러나 그 과정에서 다른 사람의 권리를 침해하거나 창의성을 억압하는 것은 결코, 허용되지 않아야 합니다.

디자인은 창조적인 표현의 한 형태입니다.

그것은 개인의 아이디어와 경험을 통해 만들어집니다. 그러므로 디자인은 창작자의 권리를 인정해야 합니다. 우리는 그것이 우리의 디자인이든, 다른 창작자의 디자인이든 상관없이 존중해야 합니다.

지식재산권을 존중하고 보호하는 것은 우리에게 중요한 가치입니다.

그것은 우리의 디자인을 보호하는 것뿐만 아니라, 다른 창작자의 디자인도 함께 보호하는 것을 의미합니다. 그리고 그것은 디자인이라는 창작 행위 자체를 보호하고 존중하는 것이 됩니다. 우리는 디자이너로서, 우리가 만드는 모든 디자인에 관해 책임감을 느껴야 합니다. 그것은 우리의 아이디어와 노력의 결정체이므로, 그것을 보호하고 존중하는 것은 우리 자신을 보호하고 존중하는 것과 다름없기 때문입니다.

우리는 이 책을 통해 다른 디자이너들에게 전하고 싶은 말이 있습니다. 디자인은 우리 자신의 창의성을 표현하는 수단입니다. 우리가 세상에 무언가 새로운 것을 더하는 방법이기도 합니다. 그러므로 우리는 그것을 통해 나타내는 아이디어와 노력을 존중하고 보호할 의무가 있습니다. 그것이 바로 지식재산권이 중요한 이유이기 때문입니다.

지식재산권이란 쉽게 말해 '창조된 아이디어의 소유권'이라 할 수 있습니다. 이것은 누군가가 아이디어를 먼저 생각하고 그것을 실현한 사람이 그 아이디어를 소유하고, 그것을 이용해 이익을 얻을 권리가 있다는 것을 의미합니다.

우리의 일상생활에서도 이 지식재산권은 매우 중요합니다.

예를 들어, 우리가 음악을 듣거나, 영화를 보거나, 상품을 구매할 때도 지식재산권이 관여하고 있습니다. 그런데 아이디어는 눈에 보이지 않기 때문에, 지식재산권을 침해하는 행위는 무의식 중에 음악이나 영화, 디자인 등의 창작물을 무단으로 복제하거나 배포하는 행위, 플래그가 제품이나 서비스에 상표를 무단으로 사용하는 행위 모두 지식재산권을 침해하는 것입니다. 이러한 침해는 단순히 개인의 권리를 침해하는 것뿐만 아니라, 창작자들의 창의력과 노력을 억누르고, 새로운 아이디어와 기술의 발전을 방해할 수 있습니다. 그 방해로 오롯이 우리에게 다시 돌아오게 됩니다.
우리는 모두 지식재산권을 존중하고, 지키는 데에 적극적으로 참여해야 합니다. 아이디어를 소중히 여기고, 창작자들의 노력을 인정하고 존중하는 것이 바로 그 방법입니다. 그렇게 함으로써 우리는 창의적인 사회를 만들어 갈 수 있습니다. 그리고 그것이 바로 저희와 로베르트가 전하고자 하는 메시지입니다. 또한 우리는 모든 사람에게 이것을 알리고 싶습니다.
아이디어는 하나하나가 소중합니다.
어떤 아이디어든 그것은 당신에게 주어진 독특한 재능입니다.
그리고 그 아이디어를 보호하고, 발전시키는 것이 지식재산권입니다.
디자인권은 이 지식재산권의 하나입니다. 하지만 지식재산권은 단순히 아이디어를 보호하는 것뿐만 아니라 그 아이디어를 통해 새로운 가치를 창출하고, 사회에 공유하는 것을 의미합니다. 그것은 우리가 모두 아이디어를 존중하고 공유하며 발전시켜 나가는 과정을 통해 이뤄지게 됩니다. 결코 한 개인이 이룰 수 있는 것이 아닙니다. 그리고 우리가 모두 창의력을 가지고 있는 존재임을 인식하는 것에서 시작됩니다.
창의력은 그 누구에게나 주어진 재능입니다.
우리는 그 창의력을 통해 새로운 아이디어를 만들어 내고, 아이디어를 통해 우리의 삶을 더욱 풍요롭게 만들 수 있다. 이러한 과정에서 지식재산권은 우리 모두에게 중요한 역할을 합니다. 그것은 우리의 아이디어를 보호하고, 이를 통해 새로운 가치를 창출하며, 그 가치를 사회와 공유하는 역할을 하기 때문입니다. 그래서 지식재산권을 존중하고 보호하는 것이 우리 모두의 책임입니다.
그래서 우리는 이것을 당부하고자 합니다.
우리가 모두 지식재산권을 존중하고 보호하는 문화를 만들어 가는 데 노력이 필요합니다. 그 노력은 그리 어렵지 않습니다. 그 노력은 우리 각자가 일상에서 실천할 수 있는 작은 행동에서 시작됩니다.
예를 들어, 인터넷에서 발견한 창작물을 공유할 때는 출처를 명확히 밝히는 것이 중요합니다. 또한 타인의 아이디어를 인용하거나 참고할 때는 그 출처를 밝히면 됩니다. 이는 단순한 예의가 아니라, 창작자의 노력과 권리를 인정하는 행위입니다. 그리고 그렇게 함으로써 우리는 새로운 아이디어와 창의력을 발전시키고, 우리의 삶을 더욱 풍요롭게 만들 수 있을 것입니다.

◉ 창작자들에게….

모든 창작자에게 전하고자 합니다.
그것은 바로 '당신의 아이디어는 소중하다'라는 것입니다.
당신이 만들어 낸 모든 창작물, 그것이 소설이든, 그림이든, 음악이든 혹은 디자인이든, 그것은 모두 당신의 창의성과 노력의 결정체이며, 그 결정체들은 존중받아야 합니다. 그리고 그 존중은 지식재산권을 통해 이루어져야 합니다. 당신의 창작물은 당신 것이며, 그것을 보호하고 이익을 얻으셔야 할 권리가 있습니다. 그것은 당신의 창의성을 존중하고 인정하는 것이며, 그것이 바로 지식재산권의 본질입니다. 하지만, 지식재산권은 단순히 보호만을 의미하는 것은 아닙니다. 당신의 창작물을 통해 새로운 가치를 창출하고, 그 가치를 사회와 공유하는 것도 중요합니다. 그것은 당신의 창의성이 더욱 빛나는 방법이며, 그것을 통해 당신은 더욱 큰 성취를 이루실 수 있습니다. 그러므로 모든 창작자에게 이것을 말씀드리고 싶습니다.
당신의 창의성을 믿고, 그것을 지키기 위해 노력하십시오. 그리고 당신의 작품을 통해 새로운 가치를 창출하고, 그 가치를 사회와 공유하십시오. 그것이 바로 창작의 본질이며, 그것을 지키는 것이 바로 지식재산권입니다. 이것을 기억하시고, 항상 창작의 길에 임하시길 바랍니다. 그것이 바로 창작의 가치를 최대한으로 끌어올리는 방법입니다.

◉ 기획가에게….

창작물을 관리하고 보호하는 역할을 하시는 분들께 이런 말씀을 전하고 싶습니다.
기획가의 역할은 단순히 관리자가 아니라, 창작물과 창작자의 노력을 인정하고, 지식재산권의 권리를 지키는 것입니다. 그리고 그것은 매우 중요한 역할입니다.
창작물은 단순한 물질적 가치를 넘어서, 창작자의 정신적 노력과 창의성 그리고 열정이 담긴 결과물입니다.
그것을 존중하고 보호하는 것이 바로 그분들의 역할이며, 그것을 통해 창작자의 노력이 존중받고, 창작자들의 창의성이 지속해서 유발되도록 해야 합니다. 또한 창작물을 기획 및 관리자에게 더욱 중요한 것은, 창작물이 사회와 공유되어야 한다는 것입니다.

창작물은 단순히 창작자 것일 뿐만이 아니라, 그것을 통해 사회가 새로운 가치를 얻고, 발전하는 도구가 될 수 있기 때문입니다. 그것을 가능하게 하는 것이 바로 기획자의 역할입니다.

창작을 기획하고 관리하는 사람에게 이 말씀을 드리고 싶습니다.

창작자의 노력을 존중하고, 그들의 권리를 지키며, 그들의 창작물을 사회와 공유하는 것에 노력해야 합니다.

그것이 바로 기획가에게 가장 중요한 역할입니다.

참고문헌

국가법령정보센터, https://www.law.go.kr/

김세창. (2020). '시청각 실연에 관한 베이징 조약 발효. 한국저작권위원', https://www.copyright.or.kr/information-materials/trend/the-copyright/download.do?brdctsno=45784&brdctsfileno=16986

나무위키, https://namu.wiki/

나종갑. (2004). 특허권의 역사적 변화와 자연권적 재산권으로서의 특허권의 변화. 지식재산논단, 1(1), 3-34. https://www.riss.kr/link?id=A107157313

민만호. (2013). 특허제도의 역사, http://www.joongil-ip.com/online/online01.html?a=&m=&cd2=content&page=3&idx=5645&keyfield=&key=&event=06

우리말샘, https://opendict.korean.go.kr/

윤권순. (2006). 베니스 특허법 분석을 통한 특허제도 본질에 대한 고찰. 지식재산연구, 1(1), 3-16. DOI: 10.34122/jip.2006.06.1.1.3

이정목. (2021). 디자인권 관점에서 바라본 제품디자인 개발 프로세스에 관한 연구(박사학위논문), http://www.dcollection.net/handler/kku/200000360051

중일국제특허법률사무소, http://www.joongil-ip.com/index.html

지식재산권 전문 미디어, https://www.ipdaily.co.kr/

특허청, https://www.kipo.go.kr/

한국민족문화대백과사전, https://encykorea.aks.ac.kr/

Beijing Treaty on Audiovisual Performances

FASHION POST, https://fpost.co.kr/board/

S&T GPS, https://now.k2base.re.kr/portal/main/main.do

The National Law Review, https://www.natlawreview.com/

The Times of India, http://timesofindia.indiatimes.com/articleshow/92119145.cms?utm_source=contentofinterest&utm_medium=text&utm_camp인공지능(AI)gn=cppst

Wikipedia, https://ko.wikipedia.org/, https://en.wikipedia.org/

저자 프로필

공공디자이너

손동주, DONG JOO SON

- 現 공공디자인연구소 연구소장
- 공공디자인, 공공디자인 정책 결정에 ChatGPT의 활용, 스마트 공공시설물의 발전에 관한 다수의 논문
- 공공환경 유니버설 디자인 콘텐츠, 범죄예방환경설계(CPTED) 등 다수의 저서
- 20여 년간 공공디자인 및 환경디자인 분야에서 400여 개가 넘는 프로젝트와 연구 활동을 하였다. 공공디자인은 기본적으로 방대한 자료와 더불어 방대한 언어를 활용하는 디자인 분야로써 인문·사회학적 이해뿐만 아니라 사회 현상에 대한 깊은 통찰이 필요하며, 종합적인 기획과 콘텐츠를 접목할 수 있는 능력을 갖추고 물리적 공간의 변화를 넘어 사회·문화적 측면까지 고려하는 디자인 분야다. 이런 공동디자인을 실현하기 위해 디자인의 원리와 접근법을 활용하여 사회문제를 해결하고 서비스를 개선하는 디자이너로 활동하고 있다.

산업디자이너

신윤선, YOON SUN SHIN

- 現 한국디자인전람회 심사위원, 우수디자인(GD) 심사위원, 성남시 공공디자인진흥위원회 평가위원, 성남시 도시공원위원회 평가위원, KIDP 디자인 사업 평가위원
- 제품으로 양산된 디자인에 대해 다수의 국내·외 디자인 특허를 보유하고 있다. 산업디자인 분야에서 20여 년간 디자인 프로젝트를 수행하고 있으며, 제품 및 공간디자인 분야뿐만 아니라 제품을 사용하는 사용자의 경험을 개선하는 UI/UX, 소비자의 브랜드 경험 등 디자인을 중심으로 하는 사용자의 총체적 경험 분야를 연구하는 디자이너로 활동하고 있다.

실내건축디자이너

이정목, JEONG MOK LEE

- 前 특허심판원 자문위원
- 現 서울디자인고등학교 교장, 한국실내건축가협회(KOSID) 감사, 조달청 평가위원
- 디자인을 가르치며 디자이너로서 여러 활동을 하고 있다. 실내건축설계를 포함하여 가구, 조명, 사진, 드로잉 등 다양한 영역으로 업역을 확장해 경계를 넘어선 관점과 태도를 추구한다. 1991년 현대그룹의 계열 건설사에 입사하여 20여 년간 공동주택(Apartment)의 실내건축, 평형설계, 디자인 관련 업무를 하며, 130여 개의 project로 수련하였고, 유한대학교 실내건축학과 전임교수(2012~2023)를 역임하였다. 현재는 사람과 자연에 관한 감성을 구조화하는 실내건축디자이너로 활동하고 있다.

미래를 바꾼 디자인 전쟁

초판발행 2024년 8월 15일

지은이 손동주·신윤선·이정목
펴낸이 안종만·안상준

편 집 사윤지
기획/마케팅 장규식
표지디자인 이은지
표지 작품 이정목
Drawing DALL·E & 손동주
제 작 고철민·김원표

펴낸곳 (주)박영사
서울특별시 금천구 가산디지털2로 53, 210호(가산동, 한라시그마밸리)
등록 1959.3.11. 제300-1959-1호(倫)
전 화 02)733-6771
f a x 02)736-4818
e-mail pys@pybook.co.kr
homepage www.pybook.co.kr
ISBN 979-11-303-4727-1 93360

정 가 22,000원